江苏省高等教育教改研究一般项目成果
南京体育学院校级教改重点项目成果
南京体育学院校级教学团队和课程思政示范项目成果

学校体育政策导论

刘红建　　沈晓莲　主编

东南大学出版社
SOUTHEAST UNIVERSITY PRESS
·南京·

图书在版编目(CIP)数据

学校体育政策导论 / 刘红建,沈晓莲主编. —— 南京:东南大学出版社,2023.9
ISBN 978-7-5766-0818-2

Ⅰ.①学… Ⅱ.①刘… ②沈… Ⅲ.①学校体育—政策—研究—中国 Ⅳ.①G807

中国国家版本馆 CIP 数据核字(2023)第 141132 号

责任编辑:张丽萍　责任校对:张万莹　封面设计:王　玥　责任印制:周荣虎

学校体育政策导论

主　　编	刘红建　沈晓莲
出版发行	东南大学出版社
社　　址	南京市四牌楼 2 号(邮编:210096)
出版人	白云飞
经　　销	全国各地新华书店
印　　刷	南京玉河印刷厂
开　　本	787mm×1092mm　1/16
印　　张	13.5
字　　数	295 千字
版　　次	2023 年 9 月第 1 版
印　　次	2023 年 9 月第 1 次印刷
书　　号	ISBN 978-7-5766-0818-2
定　　价	45.00 元

本社图书若有印装质量问题,请直接与营销部联系,电话:025-83791830。

前言 | PREFACE

学校体育是教育的重要组成部分,其目的既包括学习知识、锻炼身体、增强体质,也包括塑造品格、养成精神。习近平总书记格外关心和重视青少年和学校体育,他教诲孩子们要"文明精神、野蛮体魄,把身体锻炼好,把知识学好"。2020年9月22日习近平总书记在教育文化卫生体育领域专家代表座谈会上的讲话中指出,"要坚持健康第一的教育理念,加强学校体育工作,推动青少年文化学习和体育锻炼协调发展,帮助学生在体育锻炼中享受乐趣、增强体质、健全人格、锻炼意志"。2020年10月,中共中央办公厅、国务院办公厅印发的《关于全面加强和改进新时代学校体育工作的意见》指出,"学校体育是实现立德树人根本任务、提升学生综合素质的基础性工程,是加快推进教育现代化、建设教育强国和体育强国的重要工作,对于弘扬社会主义核心价值观,培养学生爱国主义、集体主义、社会主义精神和奋发向上、顽强拼搏的意志品质,实现以体育智、以体育心具有独特功能",并提出"到2035年,基本形成多样化、现代化、高质量的学校体育教育体系"。在新阶段,学校体育的高质量发展离不开政策的引导、规范和约束,学校体育政策是推进学校体育发展的重要制度保障。

近些年来,我国在学校体育领域出台了一系列政策,构建了层次有序、纵横交错、相对完整的学校体育政策体系,形成了专门的、稳定的、权威的学校体育制度保障,引导与推动着我国学校体育工作的有序发展。2022年6月24日,第十三届全国人大常委会第三十五次会议表决通过了《中华人民共和国体育法(修订草案)》(以下简称《体育法》),并于2023年1月1日起施行。新修订的《体育法》的颁布实施标志着我国体育法治建设进入了新阶段,对于新时代落实全民健身国家战略、加快推进体育强国和健康中国建设作用重大,对于我国学校体育发展同样具有十分重要的意义。作为体育教育专业学生,应当学会从政策学视角思考学校体育,学会利用政策学基本原理分析、解读各类学校体育政策,把握和预测学校体育政策演变规律和未来走向,进而更好地参与学校体育实践。实际上,为了提高体育教育专业在校学生的学校体育政策意识,提升他们解读各类学校体育政策的能力,一些学校专门为体育教育专业学生开设了学校体育政策相关课程,但目前来看国内还没有专门的教材,相关教材参考书也不多。在这种需求的推动下,我们以南京体育学院学校体育学教学团队为基础,组织专门人员编写了这本教材,希望能够为同行们提供一些参考、解决一些问题。

本教材共包括八章,按照"学校体育政策基本理论(第一至第四章)—学校体育子系统政策(第五至第七章)—国外学校体育政策(第八章)"的逻辑思路进行编写。刘红建、沈晓莲担任主编,杨运涛、董鹏和高奎亭担任副主编,具体章节内容及编写者情况如下:第一章为学校体育政策概述(刘红建、杨运涛),第二章为学校体育政策历史(胡晓晗),第三章为学校体育政策体系及功能(郑誉),第四章为学校体育政策过程(高奎亭),第五章为体育课程与教学政策(吴金霖、董鹏),第六章为课外体育政策(邵涛、沈晓莲),第七章为体育教师教育政策(李浩文、沈晓莲),第八章为国外学校体育政策(刘红建、周雯、吴金霖、张文悦)。最后由刘红建、沈晓莲、杨运涛、董鹏和高奎亭审核定稿。

本教材在编写的过程中,得到了不少学校体育同仁的支持和帮助,参阅和借鉴了许多有价值的文献,这些研究成果为本教材提供了丰富的理论参考。由于时间匆忙和水平有限,教材中难免有引用疏漏和偏颇之处,恳请广大专家、读者批评指正。

目 录 CONTENTS

第一章 学校体育政策概述 ………………………………… 001
 第一节 学校体育的结构及地位 ………………… 004
 第二节 学校体育政策内涵及特征 ……………… 010

第二章 学校体育政策历史 ………………………………… 017
 第一节 新中国成立之前的学校体育政策 ……… 019
 第二节 新中国成立到世纪之交的学校体育政策
     ………………………………………… 026
 第三节 21世纪以来的学校体育政策 …………… 031

第三章 学校体育政策体系及功能 ………………………… 037
 第一节 学校体育政策体系 …………………………… 040
 第二节 学校体育政策功能 …………………………… 046

第四章 学校体育政策过程 ………………………………… 059
 第一节 学校体育政策制定 …………………………… 061
 第二节 学校体育政策执行 …………………………… 070
 第三节 学校体育政策评价 …………………………… 077

第五章	体育课程与教学政策	089
	第一节　体育课程与教学政策概述	091
	第二节　我国重要的体育课程与教学政策演变	100
	第三节　我国最新体育与健康课程标准解读	108

第六章	课外体育政策	127
	第一节　课外体育政策概述	130
	第二节　我国重要的课外体育政策演变	134
	第三节　我国最新课外体育政策解读	148

第七章	体育教师教育政策	155
	第一节　体育教师教育政策概述	158
	第二节　我国重要的体育教师教育政策演变	162
	第三节　我国相关体育教师教育政策解读	171

第八章	国外学校体育政策	177
	第一节　美国的学校体育政策	179
	第二节　英国的学校体育政策	187
	第三节　澳大利亚的学校体育政策	194
	第四节　韩国的学校体育政策	202

第一章
学校体育政策概述

【章结构图】

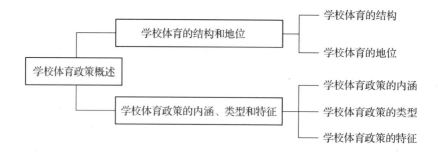

【本章概述】

深入理解学校体育的结构和地位,厘清学校体育政策内涵、类型和特征,是学习"学校体育政策导论"这门课程的基础性环节。本章结合新时代我国学校体育发展实践,从空间范畴、内容要素两个维度深入分析了学校体育的结构,并从教育、体育和健康三个方面厘清了学校体育的地位;在借鉴政策学概念的基础上分析了学校体育政策的内涵和类型,并分析了学校体育政策的目的性、权威性、稳定性以及系统性四个特征。

【情景导入】

学校体育是为了什么?在2021年8月23日北京师范大学召开的一次研讨会上,一位地方体育局局长刘绍辉提议就这个话题进行讨论。讨论会上一位来自杭州的学校体育教研员结合这个话题分享了她的一次亲身经历。她说,几年前杭州某区为了提升体育考核成绩,强令区内所有学校苦练考核项目。考核成绩虽然直线上升,但练得民怨沸腾,很多老师家长抗议:再这样练,要死人的!

于是,这个区的学校体育被迫陷入停顿。这时,有人给他们介绍教学改革联盟的项目,但有个校长觉得这些体育项目难度太大,学校加入联盟后又马上退出了。

"后来,这个校长为自己的选择向全校师生道歉。他为了弥补过错,又带领学校回到了联盟中",这位教研员说,"凡是练习这个联盟新型项目的学校都受益匪浅。关键是这些项目不但给孩子带来切实的体质改善,并且还促进了学校和家长的关系。只要家长支持,一切都好办了"。

学校体育是为全体学生服务的。毛振明和他的团队凭此信念深得人心,赢得了大家的支持。

"毛教授这么好的理念和这么好的项目应该尽快推广到全国各地,让更多孩子受益。"刘绍辉说。为了更精准地为学校提供服务,教学改革联盟最近决定建立大数据库,对每个孩子的体质状况进行数据采集、追踪和分析,从而针对不同孩子的身体状况提供不同的方案。

毛振明表示,他们正在网罗大数据人才,组建强大的队伍。"我们的目标是把最好的大数据专家拉到我们的团队中来,为孩子们的健康服务。"他说。大数据技术的突破让教学改革联盟关注全体学生的体质状况成为可能。大数据概念的核心是预测,与他们的"全员"理念正好契合。除教学改革联盟之外,把大数据引进校园的还有负责推广阳光体育的机构。他们目前正在全国范围内开展校园足球班级联赛。他们的理念与教学改革联盟不谋而合:搞全员足球,普惠全体学生。

有关专家呼吁,中国青少年健康问题已经影响到征兵等国防安全事务,从根本上改善青少年健康是个具有时代紧迫性的问题。全员体育和全员足球是应时代要求而生的理念。

2017在浙江金华召开的"绿茵星生代"全国校园阳光体育足球班级联赛发展研讨会上,中国教育科学研究院体卫艺研究所所长吴键透露,最新监测结果显示:北京52.45%的成人身体超重,一些地区征兵对象出现大面积不合格的现象。吴键说:"2008年,中国人因缺少运动带来的直接和间接经济损失达到200亿美元,约等于当年中国医疗总预算的三分之一。预计到2030年,这个数字将达到675亿美元,超过全国医疗预算。"他认为,推进以校园足球为代表的集体类体育运动,是促进青少年身体健康发展的重要载体。

"没有健康的劳动力,我们凭什么实现中国梦?"吴键的这个问题发人深省。

毛振明认为,解决这个问题要靠地方教育局局长和校长。他说:"过去我给体育老师讲课,一次次强调这个。有个老师听过我六次课,但啥也干不了。我发现需要给教育局局长和校长洗脑。只要他们意识到问题的严重性,就好办了。"

理念的革新往往需要很长时间。在浙江金华举行的校园足球班级联赛研讨会上,国内著名足球专家张路发言时表示,某些领导的意识是校园足球发展的一大障碍。他说:"我去过很多地方调研校园足球。几乎没听到哪儿的领导说现在有多少孩子在踢球,孩子通过踢球身体素质得到了多少提高。没人说!都在说拿了多少冠军,培养了多少尖子运动员。"

还是在这次研讨会上,有个地方体育局副局长和校长马上印证了张路的说法。他们不合时宜地报告他们校园足球取得了多好的成绩,拿了多少冠军,说得台下听众昏昏欲睡,有人甚至打起了呼噜。

一些学校的足球教练和校长私下表示,他们很希望举办全体学生参加的班级联赛,但上面领导一句"你们校队今年拿了第几名啊"让他们备感压力,不得不把更多资源用于校队,搞那种二十几个人踢球、成百上千学生观看的"校园足球"。

这种现象在南京市雨花台区基本绝迹。那里主管校园足球的体育局副局长周文林提出了"慢"理念。他说:"我们搞校园足球涉及很多孩子,要谨慎,一定要遵循一个'慢'字,不要急于出成绩。当我们慢慢来做校园足球的时候,就发现一切都会变得从容不迫。"南京市雨花台区的校园足球追求的不是比赛成绩,而是更关注一些教育方面的细节。雨花台区教育局为此专门出台了一套细则。比如,他们规定,比赛期间教练不能在场地边抽烟,他们需要走到场外偏僻的地方抽烟。否则,他的球队将被罚分。

中国校园体育、包括校园足球的健康发展,不仅需要更多的毛振明、吴键和张路这样的专家,也需要更多刘绍辉和周文林这样的教育和体育局局长。记者采访校园体育这些年有个强烈的感觉:这样有见识有情怀的专家和官员正在与日俱增。我们这个时代给了他们展示才华的机会。

他们是亿万中国孩子和家庭的福音。

(节选自《学校体育到底是为了什么?校园体育悄然变革》,搜狐网,2017 年 8 月 27 日)

尽管我国学校体育存在这样或那样的问题,但党和国家一直十分关注学校体育的发展,出台了许多引导、规范和约束学校体育发展的政策文件。2022 年 6 月 24 日,第十三届全国人大常委会第三十五次会议表决通过了《中华人民共和国体育法(修订草案)》(以下简称《体育法》),并于 2023 年 1 月 1 日起施行。新修订的《体育法》的颁布实施标志着我国体育法治建设进入了新阶段,对于新时代落实全民健身国家战略、加快推进体育强国和健康中国建设作用重大,对于我国青少年和学校体育发展也具有十分重要的意义。那么,如何理解新时期学校体育的结构和地位?如何理解学校体育政策及其特征?本章主要从理论层面回答以上几个问题。

第一节　学校体育的结构及地位

一、学校体育的内涵

我国古代从奴隶社会就开始出现学校的雏形,并且学校里也有体育,如夏朝和商朝的学校已经有了习射内容。到了西周,学校教育以礼教和军事为主,教育内容除德、行之外,主要就是"礼、乐、射、御、书、数"六艺教育,其中"乐、射、御"三种教育形式就有体育的特点。然而,进入封建社会后,我国学校教育重文轻武,教育内容偏重德育、智育,主要以"四书五经"为主,体育并没有在学校教育中占有一席之地。到了清朝末年,随着现代体育思想的传入,我国开始学习日本和欧美各国,开办新式教育,体育内容真正成为学校教育的组成部分,开启了近代学校体育发展的新纪元[①]。

---

① 潘绍伟,于可红.学校体育学:第 3 版[M].北京:高等教育出版社,2015.

从范畴来看,学校体育是学校教育所包含的基本内容之一,也是学校教育不可缺少的重要组成部分,学校体育和其他教育形式共同促进学生的全面发展。它以强身健体、陶冶情操、锻炼意志、塑造人格为出发点和落脚点,面向全体受教育者,使之掌握科学锻炼身体的知识、技术和技能,达到强身健体,终身受益的目的。目前来看,学校体育中的体育与健康课是从幼儿园、小学、中学到大学教育所开设的所有课程中唯一的一门贯穿始终的课程。

从概念来看,学校体育是指在以学校教育为主的环境中,运用身体运动、卫生保健等手段,对受教育者施加影响,促进其身心健康发展的有目的、有计划、有组织的教育活动。学校体育的形式不仅包含体育与健康课程,还包含学校体育相关活动,通过有计划、有组织地运用课程和相关活动,可以提高学生的运动知识和技术技能,在此过程中养成良好的健康行为,并能实现奋勇拼搏、遵守规则、团结协作等相关品德的提升。

资料链接

根据国际健康体育休闲协会顾问斯克尼德尔(Elsa Schneider)女士所做的各国学校体育与运动实施状况综合研究报告,其指出有关各国学校体育之目标主要可分为十六种类型,其共同目标为:① 体育是教育必须的一部分,可改进健康状态、卫生习惯和品性,有助于青年人的身体健康与技术发展;② 促进身心正常发育,锻炼身体,增强体质,养成良好的身体姿态;③ 获得理想的运动技能,克服现代工作生活中的紧张与压力;④ 调节生活节奏,培养品性,养成良好的心理素质;⑤ 培养团结协作的精神,这种精神可表现在其他社会工作与公民的职责方面;⑥ 身体健康,身心调和发展,养成每日运动的习惯;⑦ 健康与体能,发展神经肌肉的协调技能,培养品性,适应国防需要,培养休闲活动技术;⑧ 培养良好习惯,欣赏各种活动,参与各种活动以培养休闲兴趣。

二、学校体育的结构

(一) 从空间范畴看学校体育的结构

这里的空间是指围绕学生主体所开展的体育活动空间。由于青少年学生,特别是中小学生的学习空间主要是在学校,但也离不开家庭和社会,所以学校体育的结构从空间范畴可以分为学校中的体育、家庭中的体育以及社会中的体育。学校中的体育指青少年学生在学校空间范围里所参与的体育与健康课程、课外体育以及课后体育服务等,是有组织、有目的、系统的体育内容;家庭中的体育是指青少年学生在家庭或居住区所进行的与家庭成员共同或单独参与的以强身健体、增强体质为目的的体育活动;社会中的体育是指青少年学生在学校和家庭以外的环境或组织利用课余实践所进行的满足学生自身需要的各种体育活动,包括各种校外体育培训、体育俱乐部等。

【案例分享】

王老师的烦恼

著名教育家苏霍姆林斯基说过,"最完备的社会教育就是学校-家庭教育。建立学校-家庭教育体系是增进学生健康的有效措施和基本条件。不与家庭保持经常的联系,就不可能关心他们的健康"。王老师是南京市一所普通初中的体育教师,平时上课非常认真,也特别爱钻研,时常注重将国家体育与健康课程标准理念贯彻到平时的上课过程中,王老师会特别关照班上的"小胖墩",针对这样的学生他会开出有针对性的"运动处方"。然而,在一次聊天中,王老师却大吐烦恼,原因是他为一名胖墩学生制订了减肥计划,通过一学期的努力,该生的体重也确实减了不少,然而学校放寒假回来后,王老师发现该学生的体重竟比未减之前还涨了不少。想想一学期的努力就这样泡汤,这让他非常恼火,不断叹气。通过这件事情,王老师意识到增强学生体质还真不只是学校和体育教师的事情,家庭和社会同样有着不可推卸的责任。换句话讲,学校体育的发展,家庭和社会力量必须要参与进来,并能和学校形成协同共治的局面,唯有如此,学校体育才能实现高质量发展。

(二) 从内容要素看学校体育的结构

这里的内容要素是指青少年学生实际参与的学校体育内容。潘绍伟、于可红在《学校体育学》教材中对学校体育结构进行了划分,他们将学校体育分为运动教育、健康教育以及教育活动中的体育及校外与家庭体育,这种划分有其合理性。结合当前学校体育发展的实际,我们认为,从内容要素来看学校体育的结构可以分为体育与健康课程、课外体育活动、课余体育训练与竞赛等几类。其中体育与健康课程是以身体练习为主要手段,以学习体育与健康知识、技术和技能为主要内容,以增进学生健康、培养学生终身体育意识为主要目标的课程,体育与健康课程是学校体育的基本内容;课外体育活动是指青少年学生利用课余时间开展的以健身、娱乐为主要内容,以满足学生多种身心需要为主要目的的活动,课外体育活动既包括有组织的大课间、课后体育服务等,也包括课间的学生自我锻炼活动;课余体育训练和竞赛是指青少年学生利用课余时间在学校内外所参与的训练和竞赛活动,旨在全面发展体能和身心素质,提高某项运动的技术水平和能力。课外体育活动、课余体育训练和竞赛是学校体育的重要内容,在学习体育与健康课程的基础上,青少年学生可以进一步提升所学的体育与健康知识、技术和技能,从而提高运动技术水平,实现增强体质、增进健康和体现自我价值的目的。

三、学校体育的地位

(一) 学校体育在教育中的地位

体育作为教育的组成部分,是培养学生全面发展的重要环节,体育和德智美劳等教育内容共同作用于学生主体,促进学生身心发展,达到数和量的提升,并逐步成为全面发展的社会主义建设者和接班人。

学校体育能够传授学生体育的知识、技术和技能等。学校通过对学生进行全面、系统的身体教育,可以使学生掌握体育、卫生保健等方面的基本知识、技术以及科学锻炼身体的方法,在这一过程中,体育知识体系被代代传递、延续和继承,并在传承过程中不断被优化和提升。

学校体育能够培养学生的道德修养和行为规范。体育教学和训练的对抗性,可以促进学生良好的个性心理品质的形成,培养其良好的意志品质。同时,学校体育还为学生的道德行为的表现提供了有利的条件,有助于学生形成良好的道德行为。在体育运动这样一种特殊环境中,学生努力控制和约束自己的不良行为,努力表现出良好的道德风貌,从而为形成良好的道德品质和习惯打下基础。

学校体育能够改善学生的智育水平。科学实践证明,经常锻炼,可以提高大脑皮层细胞活动的强度、均衡性和灵活性。通过体育运动,还可以培养敏锐的感知能力、灵活的思维和想象能力、良好的注意力和记忆力。这一切都有利于学生的智力开发,从而有利于他们学习和运用科学文化知识。

学校体育能够培养学生的审美能力。法国著名雕刻家奥古斯特·罗丹说过:"世界上并不是缺少美,而是缺少发现美的眼睛。"体育运动的美是通过整体美、形式美、形态美、含蓄美、动作美和健康美等形式展现出来的,它具有客观性、社会性、创造性、感染性以及形象性等特征。在学校体育审美情操的陶冶下,青少年学生不仅能够感受到体育所展现的美,增强自己感受美的能力,并且可以学会如何将美在体育运动中通过外在形式展现出来,继而锻炼自己表现美、创造美的能力。

(二) 学校体育在体育中的地位

学校体育为竞技体育输送后备人才。竞技体育的目的在于展示综合国力、振奋民族精神,其目标就是不断提升运动成绩,并最终夺取奖牌。竞技体育的目的性决定了需要广泛的人才基础,并且又要有源源不断的后备人才链,才能保持竞技体育长盛不衰。我国《学校体育工作条例》明确规定:学校应当在体育课教学和课外体育活动的基础上,开展多种形式课余体育训练,提高学生运动技术水平。学校体育通过开设体育与健康课,通过开展课外体育,为青少年儿童认识体育、参与体育并热爱体育打下坚实的身体、体能和技术基础,有利于其更好地进入训练梯队并创造优异成绩。当前,随着我国经济和社会的快速发展,人们对竞技体育的认知更为透彻,我国传统的竞技体育人才选拔制度急需优化和创新。这种背景下越来越需要扩大竞技体育后备人才的来源渠道,优化竞技体育后备人才的教育载体,从而能够让更多的青少年学生加入竞技体育训练竞赛队伍,为国争光。2020年,国家体育总局和教育部联合印发《关于深化体教融合 促进青少年健康发展的意见》(以下简称《意见》),从加强学校体育工作、完善青少年体育赛事体系等多个方面对体教融合工作的发展提出规划和实施意见。《意见》为更好地选拔青少年后备体育人才指明了方向,提出了要求和路径。

【案例分享】

打通"毛细血管" 体教融合仍在探索

关于体教融合的历史脉络,北京体育大学教育学院副院长刘昕介绍:"80年代中后期,我们开始尝试着进行体教结合的模式转型。比较重要的有两个事件,一个是1987年普通高校开始招收高水平运动员,另一件是1992年提出要把运动员的培养在具有条件的一些普通中小学布局。"

进入21世纪,随着北京奥运会的成功举办,我们开始对运动员教育以及后备人才培养体系进行重新审视,加之体教结合实践中逐渐暴露出来的一些问题,体育与教育的关系开始被重构,并出现了"体教融合""教体融合"等提法。刘昕表示:"无论是教体融合还是体教融合,其实内涵是一样的,都应该在价值认同、利益取向、资源配置以及整个运行机制上走向深度融合与一体化设计。"

刘昕认为,2020年《意见》的发布对于体教融合工作来说是一个崭新的里程碑,但在具体落实方面,依然需要解决许多细节问题。"打个比方,在主动脉上我们已经把造血、输血功能调动起来了,但最终通向毛细血管还需要解决很多问题。"刘昕说。这些问题包括大量学校在场地和人力资源方面存在短板、升学制度改革、学生运动员向上发展的通道、青少年赛事体系的构建等。

刘昕认为,对于中国体育和教育发展来说,到了目前的节点,体教融合已成为历史选择的一种必然。

体教融合工作任重道远,需要全社会的力量去推动。在这个过程中,统一的认识、不同部门之间的配合、学生和家长的重视、社会力量的支持,都是不可或缺的环节。

(节选自林德韧、马向菲、刘阳《体教融合,成效几何?》,新华社,2022年5月25日)

学校体育是大众体育的基础,学校体育有利于青少年终身体育意识和行为习惯的形成。20世纪下半叶以来,社会改革和科学技术革命大大改变了社会的生产方式和人们的生活方式,现代社会对人们的体质提出要求,而现代文明又给人体的健康带来一些不良影响。① 因而,处于现代社会的人类更加需要重视体育价值与功能的发挥,更加需要形成终身体育的理念并付诸实践。2022年,我国新修订的《中华人民共和国体育法》第一章第十条明确规定:"国家优先发展青少年和学校体育,坚持体育和教育融合,文化学习和体育锻炼协调,体魄与人格并重,促进青少年全面发展。"作为重点人群,青少年学生的体育习惯养成至关重要。实际上,青少年学生群体的身心发展尚未完全成熟,处于人生观、价值观形成的关键阶段。学校体育是青少年学生由在校体育向终身体育转变的关键期,对终身体育具有十分明显的影响作用和长远效益。② 因此,需要强化学校体育的综合育人功能,特别是要科学地构建综合育人体系,在增进青少年学生身体健康,增强体质的同时,更为重要的是培养青少年学生个体终身体育意识,只有保障青少年学生群体认识终身体育的价值,并通过具体的感知、选择和整合体育要素,才能内化为其终身体育的习惯,锻炼身体也才能成为自觉的行动。

(三)学校体育在健康中的地位

世界卫生组织提出健康不仅仅是指没有疾病,而且还是指身体、心理、社会适应性和道德的完美状态。影响人健康的主要因素包括遗传、环境、生活方式以及医疗保健的获得性四个方面。学校体育是青少年学生改善身体环境、形成良好生活方式的重要手段,对于提升健康有着重要的作用。

学校体育有利于青少年学生的身体健康。通过身体练习和体育活动、竞赛等,能够有效改善骨骼、肌肉等身体组织和器官的生长发育情况,增强学生的体质。有研究发现,体育锻炼能够改变基因结构,改善病变和衰老的基因,进而可以减少基因病变的可能,为后代遗传健康基因奠定基础。同时,学校体育能够为青少年学生提供在各种环境下进行体育锻炼的条件,并能有效提高学生的体能,从而可以增强机体的免疫能力,提高自身抵抗疾病的能力。

2018年9月,习近平总书记在全国教育大会上指出,帮助学生在体育锻炼中享受乐趣、增强体质、健全人格、锤炼意志。③

【案例分享】

习近平谈青少年体质:要文明其精神,野蛮其体魄

据《人民日报》官方微博报道,4月21日上午,习近平总书记来到安康市平利县老县镇考察调研。在镇中心小学,习近平走进五年级一班的课堂,亲切询问孩子们的学习

---

① 赵启军.终身体育——让健康陪伴一生[N].科学时报,2007-05-17.
② 陈克正.关于高校发挥体育综合育人功能的思考[J].中国高等教育,2022(1):21-23.
③ 于素梅.新时代体育强国建设的战略意义[EB/OL].[2021-10-14]. https://m.gmw.cn/baijia/2021/10/14/35231099.html.

和生活情况。习近平说:"现在孩子普遍眼镜化,这是我的隐忧。还有身体的健康程度,由于体育锻炼少,有所下降。文明其精神,野蛮其体魄,我说的'野蛮其体魄'就是强身健体。"

青少年是国家的未来和民族的希望,促进青少年健康也是实施健康中国战略的重要内容。以习近平同志为核心的党中央站在党和国家事业发展薪火相传、后继有人的战略高度,高度重视青少年工作,亲切关怀青少年和儿童的健康成长。

习近平是全民健身的倡导者、践行者。他多次在不同场合讲述自己的健身运动心得,强调全民健身的重要意义。他还十分关注青少年健身运动的普及发展,鼓励青少年积极投身体育锻炼。十八大以来,习近平总书记多次与青少年互动,对当代中国青少年寄予了殷切期望。

(节选自张晓松《习近平谈青少年体质:要文明其精神,野蛮其体魄》,人民网,2020年4月12日,有改动)

学校体育有利于青少年学生的心理健康。学校体育活动和竞赛本身蕴含着各种丰富的刺激,能相应地引起各种各样强烈而深刻的情绪情感。通过学校体育能够帮助青少年学生养成自信、积极、乐观、开朗的人生态度;能够帮助青少年学生缓解心理压力,宣泄、抵消和转移消极情绪。

学校体育有利于青少年学生社会适应性和道德的形成。学校体育中的体育与健康课程、课外体育活动、课余体育训练和竞赛等对学生的社会适应能力的培养有着非常重要的作用。它能够提供学生相互接触和交往的机会,使学生学会正常的交往,有助于青少年学生建立和谐的人际关系,提高社会交往能力。体育运动既能激励学生追求成功,也能锻炼学生不怕失败和承受挫折的能力,有助于学生竞争意识和抵抗挫折能力的提升。学校体育中的竞赛规则和道德规范能够使学生养成良好的规则意识,规范自己的体育行为,并能形成良好的体育道德规范。

第二节 学校体育政策内涵及特征

一、学校体育政策的内涵

(一) 政策的内涵

"政策"是我们耳熟能详的热门词汇,也是当今各国政治、经济和社会生活中最常用的术语之一。如在我们国家,经常在各大媒体上看到或听到关于政治、经济、社会或文化生活方面的各种政策。关于政策的含义有很多权威工具书和研究者做过界定。《辞海》

对"政策"的定义:"是指国家、政党为实现一定历史时期的路线和任务而规定的行动准则和具体措施。"可以看出,《辞海》对"政策"的定义包含了四个方面的内容:第一,政策的制定主体是国家和政党;第二,政策的目的是实现路线和任务;第三,政策的实效是一定历史时期;第四,政策的基本形式是行动准则。政策学者陈振明认为,政策是国家机关、政党及其他政策团体在特定时期为实现或服务于一定社会、政治、经济、文化目标所采取的政治行为或规定的行为准则,它是一系列谋略、法令、措施、办法、方法、条例的总称。

资料链接

1. "路线"。《辞海》将"路线"定义为"国家、政党在一定历史时期指导其活动的基本准则"。如中国共产党第十八次全国代表大会于2012年11月14日通过的《中国共产党章程》,其中规定"中国共产党在社会主义初级阶段的基本路线是:领导和团结全国各族人民,以经济建设为中心,坚持四项基本原则,坚持改革开放,自力更生,艰苦创业,为把我国建设成为富强民主文明和谐美丽的社会主义现代化强国而奋斗"。可见政治路线是党的纲领的具体体现,它决定着党在一定历史时期行动的方向,也决定着党的建设的方向。

2. "方针"。《辞海》将"方针"定义为"国家、政党在一定历史时期内为某一方面的工作确定的指导原则"。更确切地讲,"方针"是指引导事业前进的方向和目标。因此,"方针"既有总体事业前进的方向和目标,也有各个领域事业前进的方向和目标,但都是比较宏观或中观的发展方向和目标。

3. "法律"。在现代人类的生活当中存在着许多的矛盾,当这些矛盾无法解决的时候就需要法规来进行判断和决策。法律是国家制定或认可的,由国家强制力保证实施的,以规定当事人权利和义务为内容的具有普遍约束力的社会规范。法律是人类社会发展的过程化产物,从人类社会早期的行为和社会关系的习惯法的产生,到国家的诞生、诉讼与审判的出现,再到权利和义务的区别开来,在不同的国家在不同的时代,法律被赋予了不同的含义,但一成不变的是:法律是被国家赋予的强制性社会规范。法律的类型很多,按法律的国际因素,可分为国际法与国内法;按法律的地位,可分为母法(即宪法)和子法(即根据宪法制定的其他普通法律,如刑法、民法、行政法、经济法、诉讼法等)。

(二)学校体育政策的内涵

关于学校体育政策,学术界见仁见智,并没有形成统一的认识。王书彦指出,学校体育政策是指国家在一定的历史时期,为了实现一定的学校体育目的和任务制定的法规、命令、措施办法以及计划和方案[①]。高晓峰结合了教育学和政策学的学科概念后认为,学

---

① 王书彦.学校体育政策执行力及其评价指标体系实证研究:以黑龙江省普通中学为例[D].福州:福建师范大学,2009:47-48.

校体育政策是公共权力机构依据特定时期的目标或为解决学校体育问题,通过对社会中各种利益进行选择与整合而制定的用以约束和引导学校体育发展的行为准则。也有学者从动态的视角来审视学校体育政策的概念,持这一观点的学者将学校体育政策看作一种活动过程或政策行为①,认为学校体育政策是学校体育利益表达与整合的政策措施和政策行为,对于实现学生的全面发展和社会经济发展都具有一定的作用②。近年来,学者们对学校体育政策的概念有了进一步的认识。潘凌云认为,从静态的角度看,学校体育政策表现为学校体育改革与发展的各种文本性规范,是静态存在的"文本";而从动态的角度看,学校体育政策是一个囊括政策制定、执行、评估和调整等环节在内的动态、连续的历时性过程。这一论述实际上强调了学校体育政策与学校体育改革和发展的关系③。邓伲姣认为,在静态上,学校体育政策表现为国家学校体育领域的政策文本;在动态上,则是学校体育相关利益主体的表达与整合结果④。

上述概念界定都有其各自的合理性,但相关表述从概念的维度看,仍有进一步提升的空间。因此,为更合理地对政策本身与政策制定行为进行区分,更好地嵌入中国政策运行的逻辑,并结合上述众多学者关于学校体育政策界定的优点。我们认为,学校体育政策是党和政府及其他组织为了达成学校体育目标和促进青少年体质健康而制定的指导方略、发展计划和行动方案。该定义的内涵包括三个方面:一是明确了学校体育政策的外延是党和政府及其他组织的指导方略、发展计划与行动方案;二是强调了学校体育政策的梯度、主次关系,指出了党的指导方略在学校体育政策中的主导性;三是学校体育政策既包括党和政府的最高指导方略,也包括一般的计划与行动方案,体现了学校体育政策的最高指导方略与发展计划、行动方案之间的互动关系,该表述也契合了当前党领导下的中国政治生态与政策运行实践⑤。

二、学校体育政策的类型

关于政策的分类,依据不同的分类标准可能会得出不同的类型,同理,学校体育政策的分类可以依据强制力来分,也可以依据内容要素来分,等等。

1. 从政策的强制力和保障性程度来分,我国学校体育政策可划分为由具备立法权的机关依照法定程序制定的规范性法律文件和由中央及国家部委、地方政府等制定的政策性文件。我国有关学校体育的规范性法律文件包括由全国人大常委会通过的《中华人

---

① 高晓峰.中国学校体育政策变迁研究(1904—2014)[D].北京:北京体育大学,2017:27-28.
② 王鹏.论学校体育政策的内涵及延伸[J].内蒙古师范大学学报(教育科学版),2014,27(8):159-160.
③ 潘凌云,王健.改革开放40年我国学校体育改革与发展的政策审思[J].体育科学,2019,39(5):13-25.
④ 邓伲姣,王华倬.我国学校体育政策话语转变历程与审思[J].体育文化导刊,2020(6):26-32.
⑤ 张文鹏,王健.新中国成立以来学校体育政策的演进:基于政策文本的研究[J].体育科学,2015,35(2):14-23.

民共和国体育法》《中华人民共和国教育法》，由国务院颁布的《学校体育工作条例》《全民健身条例》等行政法规，以及由国家相关部委颁发的《国家学生体质健康标准》《国家体育锻炼标准》《体育传统项目学校管理办法》《学校体育运动风险防控暂行办法》等部门规章。依据发文机构的地位高低，此类规范性法律文件和政策文件的约束力也有所不同。另外，中共中央、国务院及国家有关部委也形成了以决定、意见、计划、标准、通知、方案等为范式的学校体育政策性文件制定的惯习。如由中央人民政府政务院下发的《关于改善各级学校学生健康状况的决定》，由中共中央、国务院联合颁布的《关于加强青少年体育　增强青少年体质的意见》，由国家体育总局等七个部门印发的《青少年体育活动促进计划》等。

2. 从政策内容要素来分，我国学校体育政策可以分为学校体育管理政策、体育与健康课程政策、课外体育活动政策、课余体育训练和竞赛政策以及学校体育教师政策等。从实践情况来看，一般而言，学校体育政策以综合性政策为主，即党和国家制定的学校体育政策大都是从学校体育的整体性视角考虑，制定比较全面的政策设计。当然，针对一定时期内学校体育某项内容也会出台相关的政策，这主要是根据当时的学校体育发展状况而定的。如为贯彻落实中共中央、国务院的要求，2011年7月8日，教育部印发了《切实保证中小学生每天一小时校园体育活动的规定》，从严格执行国家关于保证中小学生每天一小时校园体育活动规定、建立保证中小学生每天一小时校园体育活动的有效工作机制、健全学校体育专项督导制度、建立保证中小学生每天一小时校园体育活动的社会监督机制、建立保证中小学生每天一小时校园体育活动的科学评价机制、建立保证中小学生每天一小时校园体育活动的表彰奖励和问责制度六个方面做了明确规定。

三、学校体育政策的特征

（一）目的性

由于学校体育政策是人们主观能动性的产物，政策的制定受价值取向的影响，具有明显的价值倾向性。换句话讲，学校体育政策是人们根据一定的需要制定出来的，是要解决学校体育发展过程中出现的各种亟须解决的问题，因此具有明确的目的性。没有目的性的学校体育政策是不存在的，基本上所有的学校体育政策都会在政策目标中提出明确的政策目的，并根据政策目的提出具体的政策策略和保障措施，从而达到解决学校体育现实问题的目的。如2020年10月，中共中央办公厅、国务院办公厅印发了《关于全面加强和改进新时代学校体育工作的意见》（中办发〔2020〕36号）（简称《意见》），开篇就明确提出了《意见》的目的：学校体育是实现立德树人根本任务、提升学生综合素质的基础性工程,是加快推进教育现代化、建设教育强国和体育强国的重要工作,对于弘扬社会主义核心价值观,培养学生爱国主义、集体主义、社会主义精神和奋发向上、顽强拼搏的意志品质,实现以体育智、以体育心具有独特功能。

(二) 权威性

学校体育政策一般是由中国共产党的领导机关、全国人民代表大会或政府部门分别或联合制定并颁布的。党和国家的合宪性决定了所颁布的学校体育政策的合法性,以及由此而具有的权威性。在我国,国务院是学校体育的最高行政管理机构,具体管理工作由教育部和国家体育总局分别负责。教育部是直接领导和管理学校体育的最高行政机关,下设体育与艺术教育司,主管各级各类学校的体育工作;国家体育总局下设青少年体育司,主管青少年体育工作。地方各级人民政府是地方学校体育的最高行政管理机关,地方各级教育行政部门和各级体育行政部门均设有学校体育工作的管理机构。由于我国学校体育政策是以上各级党和政府制定并颁布的,是地方、学校管理和开展学校体育工作的直接依据和行动准则,因而具有一定的权威性。

(三) 稳定性

学校体育政策一经制定公布,在一定时期内就不能随意变动,而应保持一定的稳定性。如果朝令夕改、变化频繁,使人无所遵循,学校体育政策就会失去作为规范和准则的作用,进而会影响民众对学校体育政策的信任程度和执行政策的坚定程度。如《学校体育工作条例》于 1990 年 2 月经国务院批准,1990 年 3 月 12 日由国家教委和国家体委正式发布施行,自发布以来一直是我国学校体育工作发展的主要依据和有力保障。应该讲,《学校体育工作条例》是国家制定的关于学校体育工作层次最高、最全面的行政法规,是学校体育法规制度建设的基础,是检查和评估学校体育总的根本依据,对于推动我国学校体育事业发展、全面提高学生健康水平具有深远和长期的战略意义。

(四) 系统性

学校体育政策的系统性可以从横向、纵向两个方面理解。从横向看,一是表现在任何学校体育政策都是在与别的政策相互作用的过程中发挥功能的,它既是一般政策体系中的一个有机组成部分,又拥有自己独立的体系;二是从学校体育政策内部来看,学校体育课程政策、课外体育活动政策、课余体育训练和竞赛政策以及体育教师政策、学校体育管理政策等共同构成了国家的学校体育政策体系。从纵向看,一是党和国家高级别的学校体育政策与地方的学校体育政策存在相互的关系,高级别的学校体育政策是地方政府制定及执行学校体育政策的指导和依据,而地方的学校体育政策则是高级别学校体育政策的具体方案和行动计划。二是学校体育政策在时间的历史链中存在着一定的关系,过去的学校体育政策是制定现在的学校体育政策的基础和前提,现在的学校体育政策又是未来的学校体育政策的基础和前提。学校体育政策是在继承和创新的基础上不断完善和优化的,其最终目的是不断解决一定时期内学校体育发展的重要问题。

【本章小结】

本章主要讨论了学校体育的结构和地位、学校体育政策的内涵和特征。

一、学校体育的结构和地位

(一)学校体育结构:从空间范畴可以分为学校中的体育、家庭中的体育以及社会中的体育;从内容要素来看可以分为体育与健康课程、课外体育活动、课余体育训练与竞赛、学校体育组织管理等。

(二)学校体育的地位:教育地位、体育地位和健康地位。

二、学校体育政策的内涵和特征

(一)学校体育政策的内涵:学校体育政策是党和政府及其他组织为了达成学校体育目标和促进青少年体质健康而制定的指导方略、发展计划和行动方案。

(二)学校体育政策的类型:从政策的强制力和保障性程度来分,我国学校体育政策可划分为由具备立法权的机关依照法定程序制定的规范性法律文件和由中央及国家部委、地方政府等制定的政策性文件;从政策内容要素来分,我国学校体育政策可以分为学校体育管理政策、体育与健康课程政策、课外体育活动政策、课余体育训练和竞赛政策以及学校体育教师政策等。

(三)学校体育政策的特征:目的性、权威性、稳定性以及系统性。

关键术语:学校体育;结构;地位;政策内涵;政策特征

【拓展阅读】

1. 国家体育总局编写组的《深入学习习近平关于体育的重要论述》,人民出版社,2022。(本书由国家体育总局汇编,书中囊括了习近平总书记关于体育发表的重要讲话内容。)

2. 中共中央、国务院、教育部、国家体育总局等国家机构官网,从官方网站了解学校体育政策情况。

3. 《中华人民共和国体育法(2022年修订稿)》《关于全面加强和改进新时代学校体育工作的意见》《关于深化体教融合 促进青少年健康发展的意见》。

【课后思考题】

1. 如何理解我国学校体育的结构?
2. 我国学校体育的地位是什么?
3. 如何理解政策的概念?
4. 我国学校体育政策的内涵是什么?
5. 如何理解我国学校体育政策的类型?
6. 我国学校体育政策的特征是什么?

【参考文献】

1. 潘绍伟,于可红.学校体育学:第3版[M].北京:高等教育出版社,2015.
2. 毛振明.学校体育学[M].北京:高等教育出版社,2001.
3. 刘红建,尤传豹,郭修金.体育政策概论[M].北京:人民体育出版社,2023.
4. 杨莉君.学前教育政策法规概论[M].长沙:湖南师范大学出版社,2008.
5. 张文鹏,王健.新中国成立以来学校体育政策的演进:基于政策文本的研究[J].体育科学,2015,35(2):14-23.

第二章
学校体育政策历史

【章结构图】

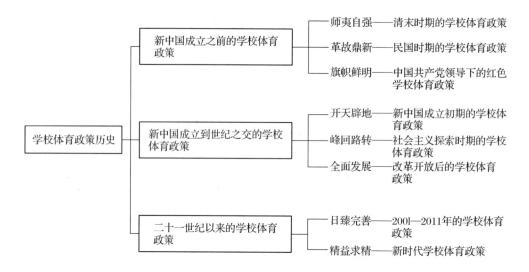

【本章概述】

"百年大计,教育为本。"教育事业与一个国家的人才培养质量息息相关,学校体育作为我国教育事业的重要组成部分,是随着社会历史的进步而逐步完善的,学校体育政策在我国学校体育事业的发展进程中扮演了重要的角色;从其历史演进的角度出发,学校体育政策发端于清末时期,成长于新中国成立之前,经历过战火的洗礼,在政策拟定上也做过许多伟大的尝试,时至今日已经成为各级各类学校开展体育活动、完善课程教学、普及健康知识、养成锻炼习惯的重要依据。本章的主要阶段划分是基于唯物史观和人民史观,较为全面、客观地还原了部分历史,通过政策的演进足以窥见不同社会发展时期我国对学校体育的要求;系统学习其历史演进过程能够对我国学校体育政策有更富于整体性的把握,总结经验教训,为指导当前的学校体育政策提供合理的参考。

【情景导入】

1917年，中国共产党的早期青年领袖恽代英在《青年进步》第4期上发表了他的重要体育论文——《学校体育之研究》。作者首先在关于学校体育的目的上提出了自己的看法，认为学校体育就是"保学生健康""应对于各学生，无论其体质强弱，平均加以注意"，而不是"除例行的体操外，毫不加以注意。而于其中有运动能力者，则注意特甚，以为不如此不足以使学校名誉飞扬"。

论文对当时学校体育中比较普遍存在的"军国民体育"和"选手体育"的做法，均进行了无情的批判，指出军国民体育，其结果就是学生"究其对于强健身体之关系，毫不知晓，终无异于军队之从鞭笞教令中得来学问者而已"。而选手体育的危害呢？则是让更多的人"鹜于虚荣，枉正道以求不可必得之名誉"。

所以恽代英认为："吾国学校之体育，断不可不研究改良"，并提出要"改片断的体育，为有系统的体育；改偏枯的体育，为圆满的体育；改骤进的体育，为渐进的体育；改枯燥的体育，为有兴趣的体育"。

其具体的改革建议和措施就是：一要加授生理卫生学；二要定期对学生进行体格检查；三要增加学生体育锻炼时间；四要提倡在学校中多开展田径、球类运动；五要注意运动安全；六要注意女生特点。总之，学校必须重视体育，学校体育的目的必须明确，学校体育应有好的措施和方法。只要学校体育能对"各学生，无论其体质强弱，平均加以注意。苟各学生之体育皆可以及格，虽夫何特优之运动家，在运动会中不能出人头地，而就学校天职言之，已无愧能尽其职者"。[①]

学校体育是我国教育的重要组成部分，在其发展历程中学校体育政策扮演了助推器的作用，与恽代英等革命先贤对于体育的认识一脉相承诸多先进理念，历史渊源深厚，涉猎内容广泛。了解学校体育的政策历史有助于把握其本质功能，挖掘现实意义。

第一节 新中国成立之前的学校体育政策

一、师夷自强——清末时期的学校体育政策(1902—1912)

清朝末年是我国学校体育的重要历史起点，究其因素主要有二，内部因素是受到了戊戌变法的影响，风雨飘摇的清政府为维系自身统治开始进行"器物变革"的探索；外部因素是鸦片战争打开了中国的国门，带来了世界先进的教育思想理念，我国传统的教育思想受到

---

① 崔乐泉.中国体育通史：第3卷[M].北京：人民体育出版社，2008：218-220.

冲击。这一时期的学校体育政策具有数量匮乏、专门化不足、针对性不强的特征,主要是教育政策中涉及的"学校体育"内容而非专门化政策,但其仍然具有明确的政策目的即培养人才、维系统治;政策的颁布除了由皇帝直接通过诏书下达还逐步出现了专门的管理机构,如学部、京师大学堂等;政策的内容对师资培养、体育课程、课堂教学实践均有涉及;存在形式主要是法律条文。由此可见,"体育是教育的一部分"在我国学校体育政策中有其历史渊源。1902年《钦定学堂章程》的颁布,标志着清政府开始认识到了变革教育制度的必要性。

《钦定学堂章程》又称"壬寅学制",由时任管学大臣张百熙通过效仿日本的学校教育制度拟定,是我国教育史上第一个正式颁布的学校教育制度。政策的着眼点在于通过对学段的划分以对不同年龄阶段学生分别进行教育,每个学段的"课目"均规定了"体操"的存在,尤其强调"体操"课的主要作用为"调护"儿童身体。这是我国历史上最早确立体育课程的新式教育政策。但因为教育行政管理机构的缺位,再加之有较多的科举残留,政策未能推行便当即废止。

图2-1 《钦定学堂章程》原文节选

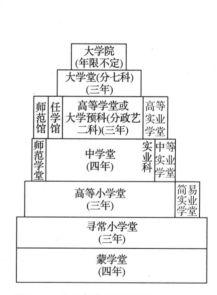

图2-2 "壬寅学制"模式图

1904年清政府在总结"壬寅学制"经验教训的基础上,尝试设立专门的管理机构,又补充确立了《奏定初等小学堂章程》《奏定高等小学堂章程》《奏定中学堂章程》《奏定高等学堂章程》《学务纲要》等21个分门别类的政策,这些政策统称为《奏定学堂章程》,即中国教育史上著名的"癸卯学制",形成了一个完备的全国性学制体系。政策延续了"体操"科目设置并做了补充,如《奏定初等小学堂章程》中规定小学堂学生"体操课"的意义在于"使儿童身体活动,发育均匀,矫正恶习,流动其气血,鼓舞其精神,兼养成其群居不乱、行立有礼之习,并当导以有益之游戏及运动,以舒展其心恩";《奏定高等小学堂章程》规定,高等小学堂学生的体操课"应使其身体各部均齐发育,四肢动作敏捷,精神畅快,志气勇壮,兼养成其乐群和众遵守纪律之习,宜以兵式体操为主";《奏定中学堂章程》规定,"中学堂体操宜讲实用;其普通体操先教以准各法、矫正法、徒手哑铃等体操,再进则教以球竿、棍棒等体操。其兵式体操先教单人教练、柔软体操、小队教练及器械体操再进则更教中队教练、枪剑术、野外演习及大意";《奏定高等学堂章程》还规定,除了以兵式体操为主还要另增一科兵学,主要学习外国军制学、战术学大意、各国战史大意等内容。另外,师范教育、职业教育皆有"体操"一科,主要以兵式体操为主。《奏定学堂章程》将外国先进的体育教育观念注入到我国学校体育政策中,开创了在近代教育政策中设置体育课程的先河。

二、革故鼎新——民国时期的学校体育政策(1912—1949)

1911年辛亥革命取得胜利,中国历史上存在两千多年的封建帝制被推翻。1912年1月中华民国正式成立,虽然革命的果实被袁世凯窃取,但民主共和制度的出现使得中国社会发生了翻天覆地的变化。教育制度也开始在原有的基础上进行了变革,学校体育政策也开始朝着目标更加明确、内容更加丰富、层次更加多样的方向发展。民国时期充斥着动荡和不安,中华民族曾一度陷入内忧外困的境地,中华大地先后经历了军阀混战、抗日战争、解放战争等一系列对学校体育影响重大的历史事件,除了北洋政府和国民党独裁统治时期(国民政府)的学校体育政策,中国共产党也开始在局部执政的过程中推行中央苏区、抗日根据地、解放区学校体育政策。民国时期的学校体育政策起着革故鼎新的作用,为新中国成立后的学校体育事业发展奠定了一定的基础。中华民国成立初期,各地教育事业发展状况不一,教育体制变革势在必行,北洋政府紧急组建教育部,于1912年1月颁布了《普通教育暂行办法》,确立了高等小学校开展体操科的内容——兵式体操;同年7月教育部又会同各省的代表及华侨代表召开中央临时教育会议并于9月份发布了中华民国《学校系统令》即"壬子学制(1913年完善后称'壬子—癸丑学制')",主要对学段的划分进行了系统的界定,未来数年的学校体育政策也是在其基础之上铺陈开来;1915年袁世凯推行《颁布教育要旨》和《特定教育纲要》两项新政,肯定了弘扬"尚武"精神的重要意义,并提出体育与德育并重的教育观念;1916年《国民学校令施行细则》阐明了体操科之于身体发育的重要性,并补充了关于校园体育场地设施的内容,此时学校体育政策依然作为教育政策的一小部分而存在;1919年《推广体育计划案》正式出台,提出了通过重视社会体育谋求学校体育发展的辅助策略,此外受一战日、德两国战败影响,军国民体育教育思想开始受到质疑,《改进学校体育案》正式出台,政策要求缩减兵操时间改良学校体育,以上政策虽落实并不到位,但其作为独立的学校体育政策是一次意义重大的尝试;1922年"壬戌学制"的确立宣告着我国近现代学制基本雏形的形成——"六三三四"学制,为民国及其之后的学校体育政策颁布提供了时间框架;1923年《中小学课程标准纲要》正式出台,"体操科"正式更名为"体育科",兵操在学校体育中被彻底废除,体育课的课程内容也开始出现了田径、球类运动等项目。

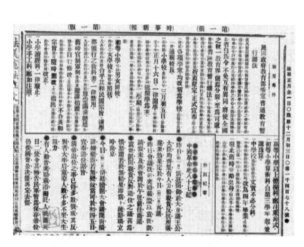

图 2-3　1912 年 1 月 21 日刊登于上海《时事新报》上的《普通教育暂行办法》

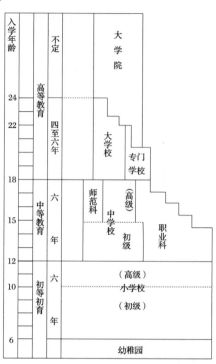

图 2-4　"壬戌学制"示意图

1928 年东北易帜,国民政府对全国实现了"形式上的统一",国民政府高度重视教育工作,建立了相对完整的教育法规体系,教育质量得到了一定程度的提升。1929 年颁布的《国民体育法》中对学校体育做了明文规定:高中及以上学校须将体育作为必修科,没有体育成绩将无法毕业,在法律层面承认了学校体育的学科地位;同年,《学校卫生实施方案》由教育部和卫生部联合颁布,该政策主要包含了医疗保健、生理健康教育等多个方面,同年 11 月《学校学生健康检查规则》将 5 月 15 日定为"儿童健康检阅日";1932 年教育部公布《国民体育实施方案》,方案以《国民体育法》为基础,对基础设施、财政投入、师资规范、成绩考评等方面又作了补充说明;1936 年,原《初等小学校体操科教授要目草案》和《高等小学校体操科教授要目草案》(均为 1916 年颁布)变更为《小学体育教授细目》,是体操到体育课程名称跨时代的转变[①];1931 年到 1941 年,《高级中学普通科体育课程标准》《暂行大学体育课程纲要》《小学体育实施方案》《中等学校体育实施方案》依次颁布,这些政策依照不同学段学校体育的发展实际和学生需求制定了课程标准,从时间维度来

---

① 高晓峰.中国学校体育政策变迁研究(1904—2014)[D].北京:北京体育大学,2017.

看,其主要内容是随着社会发展而不断完善的。

1937年抗日战争全面爆发。1938年,国民党临时全国代表大会召开,通过了《抗战救国纲领》,明确了施行战时教育方针的学校教育方针,学校体育政策也做了相应的调整。《战时各级教育实施方案纲要》于同年出台,其中要求学校体育要将体育课和军事训练结合起来,并对中等以上学校采取军事管理方法;1939年《体育教育改进案》出台,对战时学校体育政策提出的要求是"培养自卫能力、保证健康素质和信仰领袖";1940年《小学体育实施方案》和《中学体育实施方案》相继出台,按照年龄的分类标准从身体发育、健康态度、技能要求等方面做了学校体育工作的界定。除此之外,这一时期还有类似于《二十七年度学生集训改进办法》《高中以上学校新生入学训练实施纲要》《学生军训服装暂行办法》等军事化特色显著的特征作为补充。

随着1945年抗日战争取得胜利,国民党反动派第一时间发动了国内战争,国民党的战时学校体育政策也做出相应的调整。1947年,国民党《中华民国宪法》将"健全体格"作为体育工作的核心概念;1948年新修订的《体育课程标准》针对小学生和中学生的生理特点与健康需求做出了内容上的调整;国民党退守台湾,除大陆的体育师范院校有所保留外,随着中华人民共和国的成立,多数体育政策被废止。

三、 旗帜鲜明——中国共产党领导下的红色学校体育政策

1919年,五四运动后,提倡男女平等、收回体育主权等社会思潮催生了红色体育思想,但受制于当时艰苦卓绝的历史条件,未能形成系统的纲领和政策,主要体现在毛泽东、恽代英、李大钊、杨贤江、萧楚女等早期共产党人的主张中;1927年大革命失败后,红军转向乡村建立了井冈山等革命根据地,红军面临着"白色恐怖"的包围封锁,创造了将军事训练和日常锻炼相结合的体育运动形式;1931年随着第三次反围剿成功,在赣南、闽西根据地的基础上,中华苏维埃共和国(又称中央革命根据地)正式宣告成立,临时中央政府得以建立,各项社会事业也开始如火如荼地开展起来。教育事业得到了党的高度重视,红色学校体育正是在这样的社会背景下登上了历史舞台。

图2-5 毛泽东《体育之研究》

1931年11月,中华苏维埃第一次全国工农兵代表大会通过了《宪法大纲》,大纲明确规定,在中国共产党的领导下,劳苦大众及其子女有享受文化教育的权利。同年分管体育的一级机构中央教育人民委员部(简称教育部)正式成立;1933年中国共产主义青年团中央局(简称少共中央局)成立,其专门负责青少年体育工作,下设青年团、少先队等,是负责红色体育的第二级体育机构;同年6月,中华苏维埃共和国赤色体育委员会正式成立,是负责红色体育工作的第三级机构;另外,还补充设立了红军俱乐部、社团俱乐部、儿童俱乐部等四级机构[①]。

1933年6月,《各种赤色体育规则》由中华苏维埃共和国少年先锋队中央总队部编辑印刷,对于篮球、足球、网球等运动的场地设计、器材制作、比赛规则做了详细界定;同年10月,教育部颁布《小学课程与教则草案》,草案明确了知识、技能、身体的重要性,并按照学生的生理健康特点和现实需要对不同年级学生的体育课程教则做了整体划分。1934年2月,《中华苏维埃共和国小学校制度暂行条例》正式发布,运动被划归为游戏的范畴,条例还指出了运动场地、器材的重要性,对运动用具的购置保管要另定规则[②]。1934年4月《苏维埃教育法规》作为指导苏区教育的教育法规文件大全正式出台,其中与学校体育内容相关的文件主要有此前颁布的《小学课程与教则草案》《苏维埃共和国小学校制度条例》《小学课程教学大纲》等,法规的主要着眼点是基础设施建设和教学方法选择,同时强调了"训练广大劳苦大众成为共产主义建设者"的苏维埃文化教育总方针,也提出体育教育的目的是"强健体质、遵守规则、团结精神",还应该注重"以人为本",发挥好学生的创造性和自治能力;同月,《小学课程教则大纲》明确,儿童教育也是阶级斗争与革命战争的

图2-6 1932年朱德同志在中央苏区福建省长汀检阅了
少年先锋队的军操、游戏、野外演习后的合影

---

① 王增明,吉云波,徐国营.中国红色体育丰碑[M].北京:人民体育出版社,2018:38.
② 马振东.中央苏区红色体育[M].北京:新华出版社,2019:53.

一种武器,并对体育课时和课程内容做了规定,规定小学和高级小学的游戏时间为每周8小时,并要从学生兴趣出发,满足智力、体力增长需要。除此之外还公布了一系列完善列宁小学管理、丰富体育教学内容的政策,如《小学管理大纲》《办学指南编辑大意》《初级列宁小学组织大纲》《高级列宁小学组织大纲》《小学体育运动教学法》。值得注意的是,这一时期针对年龄、项目还推出了专门的教材读本和游戏方法,出台了《田径训练法》《柔软体操》《少队游戏》《少队体操》等文件。另外,干部学校的体育工作也有条不紊地开展起来,为体育师资的培养拓宽了渠道。

1934年10月,在第五次反围剿失利后,为了保存中央革命红军的主力,摆脱国民党追击,中央红军开始了两万五千里长征,并于1936年结束长征到达陕北。1937年抗日战争全面爆发,国共两党达成"合作抗日"的共识,中央苏区的红军奉命下山,并整训成新四军开赴抗日战场,与到达陕北会师成功的红军在全国范围内陆续建立了晋察冀、晋绥、陕甘宁、晋冀豫、冀鲁豫、山东等抗日根据地,中国共产党教育事业的工作中心也随之转移。

1937年8月,《抗日救国十大纲领》正式出台,对于教育事业,纲领创造性地提出了"普及的、义务的、免费的教育方案"。在服务于抗日战争的基础上,中国共产党在中央苏区学校体育工作的先进经验积累的基础上,探索出了既满足教育需要又满足战争需要的抗战教育方针,而学校体育政策是其重要组成部分。1938年8月,陕甘宁边区教育部发布《小学法》,奠定了体育的课程地位即作为主要课程之一,体育的课程目标为"锻炼儿童的健康体格"。此外,《陕甘宁边区实施义务教育暂行办法》(1940)、《陕甘宁边区小学教育实施纲要》(1941)、《陕甘宁边区小学规程》(1941)等政策也作为学校体育工作的补充相继发布。1942年,华中抗日根据地颁布《小学课程标准总纲》,详细规定了体育课的形式和时间安排;同年《陕甘宁边区暂行中学规程草案》还对课外体育活动做了规定,原来的体育课改为了军事训练,推动了体育课与课外体育活动的一体化。需要注意的是,原中央苏区的体育法规、教育规程在解放区同样得到了延续。由于历史条件的限制,体育法规的拟定、颁布、执行都困难重重,一般主要是体现在边区政府和教育厅的行文中,如《陕甘宁边区抗战时期小学应加强军事化的通知》《中央关于开展抗日民主地区的国民教育的指示》《赤卫队训练教材》等[①]。

抗日战争结束后,国民党反动派迅速发起内战,为期三年的解放战争爆发,抗日根据地逐步转变为解放区,解放区教育事业依然是我党工作的重中之重,为中华人民共和国的成立储备了人才资源,这一时期的学校体育政策在之前的基础上仅做微调。1946年,陕甘宁边区出台《战时教育方案》,既明确了思想政治教育工作的意义所在,同时继续贯彻此前的革命方针,小学体育课程内容中也增加了放哨、转移、坚壁清野等演习内容。

---

① 王增明,吉云波,徐国营.中国红色体育丰碑[M].北京:人民体育出版社,2018:155.

1948年,东北解放区第三次教育会议于8月召开,会议颁布了《关于教育工作的指示》,规定了学校教育制度实行小学四二制,中学三三制,并将体育作为文化课程列入必修课程。1949年6月,随着北平的和平解放,恢复教育事业、变革教育方针成为中国共产党的工作中心。华北小学教育会议胜利召开,并拟定了《小学教育暂行实施办法》,关于体育课程改革,办法中明确了体育时间为"15~20分钟的晨操或课间操及集体游戏"。

总的来说,红色学校体育政策带有旗帜鲜明的革命性和群众性,是早期中国共产党人探索通过教育事业巩固民生福祉的重要组成部分。虽然局限于艰难困苦,受尽了战火洗礼,但依然克服了物质紧缺的弊端,为革命服务培养共产主义接班人的文化教育方针也得到了贯彻,有助于各类学生文化素养和体育知识的提升。

第二节 新中国成立到世纪之交的学校体育政策

一、开天辟地——新中国成立初期的学校体育政策(1949—1958)

1949年新中国成立后,面临着万象更新、百业待举的局面,社会主义改造也逐渐步入正轨,党和政府为了推动各项社会事业的发展,相继出台多种多样的社会政策,其中加强国防建设和促进工业发展成为当时社会的主旋律。1949年,中国人民政治协商会议通过的《中国人民政治协商会议共同纲领》涉及了"提倡国民体育"的相关内容,指出了体育工作的重要性。由于旧中国连年动乱,社会动荡不安且生产力水平较低,我国学生缺乏安定的成长环境,进而导致身体素质无法满足社会主义建设的需要。因此,通过体育增强学生体质成为学校体育工作的重点任务。毛泽东于1951年首先提出"健康第一"的重要观点,他认为"健康第一,学习第二"。"健康第一"奠定了我国学校体育发展的重要基调,一直贯穿于国家颁布的体育政策中。1951年,《关于改善各级学校学生健康状况的决定》出台,政策颁布的目的是纠正各级各类学校广泛存在的"不重视学生健康思想以及对学生健康不负责任"的态度和认识,政策颁布之后,学生的健康状况得到了一定的改善。同年11月,中华全国体育总会公布推行第一套广播体操,1951年11月24日,由教育部、国家体委、卫生部等8大部门联合印发的《关于推行第一套广播体操(成人、少年、儿童各一套)的通知》应运而生,这套广播体操具有难度较低、便于推广的特点,得到了各级各类学校的积极响应。为进一步加强体育工作的管理效率,确保政策的贯彻落实,我国的体育组织及管理机构开始得到逐步的完善。1952年,中央人民政府体育运动委员会、体育指导处(隶属教育部)依次成立。1953年,高教部、中央体委、教育部联合颁布《关于正确发展学校体育运动、防止伤害事故的联合指示》,对学校体育活动的安全性问题提出了具体要求。1954年,《准备劳动与卫国体育制度暂行条例和项目标准》(简称劳卫制)正式出台,政策强调了其教育对象为全体劳动人民,其教育目的是通过进行全面的教育将广大人民群众培养成健康、勇敢、乐观的祖国保卫者和社会主义建设者。同年,国家体委、教育部、卫生部、团中央、全国学联等部门联合印发了《关于在中等以上学校中开展群众性体育运动的联合指示》,掀起了全国群众性学校体育活动的热潮。1955年7月30日,第一届全国人大第二次会议通过的《中华人民共和国发展国民经济的第一个五年计划》中提出:"在全国人民中,首先在厂矿、学校、部队和机关青年中,广泛地开展体育运动,以增强人民体质。"1955年,国家体委、青年团中央联合印发的《关于在青年中开展国防体育活动的联合指示》强调"开展国防体育活动是对青年进行国防教育的重要方法之一""使我国年青一代在任何时候都能担当去抵抗帝国主义的侵略,保卫我们伟大祖国的神圣责任"。同年,国家体委在参照苏联模式和经验基础上,在北京、天津、上海试办3所青少年业余体校。1956年我国第一个《中、小学体育教育大纲》《中、小学体育课程标准》《中、小学体育教学计划》相继出台,标志着关于体育课的具体政策也实现了从无到有的历史性跨越,具有首创性的特点。

图2-7 广播体操宣传画

二、峰回路转——社会主义探索时期的学校体育政策(1959—1978)

这一时期我国的社会主义建设遭遇了一系列挫折,自1958开始,"大跃进"运动席卷全国,再加之三年困难时期,我国国民经济和各项事业的发展面临着前所未有的停滞不前局面,党和国家的首要任务是解决国民经济发展中的困难。三年困难时期,为了缓解饥饿问题,保证学习精力,对体育活动不做要求,大量学校开始不注重体育活动的组织和体育课的授课,这直接导致了体育课课时的减少甚至课程的取消。与此同时我国青少年的营养摄入受到严重影响,因为营养不良和锻炼缺乏导致的学生体质严重下降成为首要的社会问题。伴随着社会主义探索的跌宕起伏,我国学校体育政策也在不断调整和完善。

1958年,团中央宣传部专门设立文体处,负责青年体育工作。同年10月,由国家体委颁布的《劳动卫国体育制度条例》正式出台,延续了1954年的劳卫制精神,该政策以"鼓励人民积极参加体育锻炼,促进体育运动的广泛开展,提高运动技术水平,使人民身强力壮,意志坚强,更好地为社会主义建设和保卫祖国服务"为根本目标,通过体育锻炼来促进社会生产和加强国防建设的重要性得到了又一次强调。1958年6月,国家体委印发《中华人民共和国体育运动竞赛制度(草案)》。这一政策的颁布为青少年参与体育竞赛和相关部门承办青少年体育竞赛提供了制度支撑。为贯彻好毛泽东"身体好,学习好,工作好"的三好重要指示,营造青少年积极参与体育运动的氛围,共青团中央于1959年颁布了《关于更广泛地组织青少年参加体育运动的指示》,又相继印发《关于在青少年中广泛组织乒乓球竞赛的通知》(1959)、《关于在青少年中广泛开展田径运动竞赛和大力开展游泳活动的联合通知》(1960)。1961年,根据中央"八字方针"的要求,《教育部直属高等学校暂行工作条例(草案)》《全日制中学暂行工作条例(草案)》《全日制小学暂行工作条例(草案)》正式发布。同年9月《中学五十条》《小学四十条》,以及《关于试行条例的指示》发布,明确指出提升教育质量是一项具有战略意义的任务,三大条例均对学校体育卫生工作做出了具体要求,其目的是通过有步骤地改善校舍、教学、体育、卫生、生活方面的设备,培养学生良好的生活习惯和劳动习惯,促进其身心得到正常发展。除此之外,还对卫生常识教育、安全教育、伤害事故处理做了完整的规定,这体现了党和国家对学校体育卫生工作的关怀与重视,有助于学校体育工作的规范化健康发展。需要特别注意的是,1965年3月11日,国家体委颁发《青少年体育锻炼标准条例(草案)》和《青少年体育锻炼标准少年级、一级、二级项目标准(草案)》。这一条例的实施为我国学生的体质测试提供了具体的指标依据,对引导学生有序参与体育锻炼、改善身体发育状况、恢复体育课正常教学有深刻的指导意义。1975年,《国家体育锻炼标准》由国务院正式批准试行,该政策总则部分明确:为了鼓励和推动人民群众,特别是青少年、儿童积极参加体育锻炼,以增强体质,提高运动技术水平,培养共产主义道德品质,更好地为社会主义现代化建设和保卫祖国服务。

这一时期的学校体育政策具有很强的政治色彩,前期受时代限制,具有一定的浮夸风现象,中后期转为注重青少年军事体育、竞技体育业余训练的发展,取得了一定的进展。其目的在于号召广大人民群众,通过体育锻炼增强体质,提振投身社会主义建设的信心和决心,引导青少年强身健体,为成为合格的社会主义接班人而努力。

三、全面发展——改革开放后的学校体育政策(1979—2000)

十年动乱后,社会各项事业的重建成为党和国家的工作重点。1978年12月,随着十一届三中全会的胜利召开,确立了改革开放的发展方针,经历了三年的恢复和重建,学校体育工作打开了崭新局面。

1979年10月,教育部、国家体委联合印发《中小学体育工作暂行规定》,对学校体育的任务和评定标准进行了明确,补充说明了关于体育课堂教学、课外体育活动、体育基础设施和体育师资管理等方面的内容,这一规定使学校体育工作朝着规范化、制度化的方向更进一步。为检查各地"扬州会议"提出的建议的落实情况,1980年2月,国家体委印发《关于认真贯彻落实全国学校体育卫生工作经验交流会议精神 抓好学校体育工作的意见》,要求各级体委把抓好学校体育工作当成自己的一项重点任务扎实推进,并由共青团、教育、卫生部门开展联合检查。1981年,由教育部、卫生部、国家体委及国家民委联合颁布的《关于进一步建立、健全"体质、健康卡片",进行全国学生体质、健康调查研究的实施方案》开始正式生效,我国各级各类学校的体质健康数据库相继建立,对青少年体质健康状况的数据统计和科学监测逐渐步入正轨。针对改革开放初期中国社会的发展状况及人才需求,使学校体育的发展紧跟时代步伐,增强其适应性,一系列具体政策相继颁布,《关于加强中小学体育师资队伍建设的意见》(1986)对学校体育的师资建设起到规范化引导作用;《全日制中学体育教学大纲》(1987修订)、《中学生体育合格标准》(1988)和《中、小学体育教学计划》(1988)成为体育课堂教学和中、长期体育课程设置的重要参照;《中小学体育器材设施配备目录》(1989)为学校体育基础设施的增补与完善提供了重要参考。

二十世纪末,随着改革开放取得一定成效,再加上党的工作中心转向经济建设,针对高速发展的社会生产力以及暴露出的许多社会问题,我国的法治环境需要得到进一步优化,教育体制改革也逐渐深入,《中华人民共和国教师法》(1993)、《中华人民共和国教育法》(1995)、《中华人民共和国体育法》(1995)相继颁布,教育、体育系统的法治化建设逐渐提档升级。

1990年,随着《学校体育工作条例》的贯彻落实,使得体育在全面发展教育中的地位得到进一步强调,学校体育作为正式独立的教育形态进入了新的发展阶段,这一时期的青少年和学校体育政策的主要任务是进行完善与升级,以适应新的社会发展状况。1990年《学校体育工作条例》正式出台,条例规定了学校体育工作的基本任务是:增进学生身心健康,增强学生体质;使学生掌握体育基本知识,培养学生体育运动能力和习惯;提高学生运动技术水平,为国家培养体育后备人才;对学生进行品德教育,增强组织纪律性,培养学生的勇敢、顽强、进取精神。《学校体育工作条例》的颁布实施对强化青少年体育工作,普及体育运动,加强体教结合工作产生了重要的促进作用。

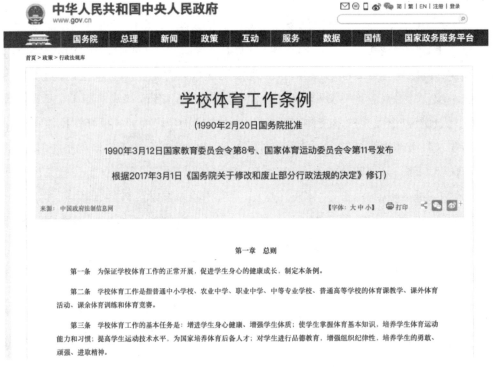

图 2-8　中国政府法制信息网的《学校体育工作条例》节选

　　1992年,由国家教委颁布的《九年义务教育全日制小学教学大纲(试用)》和《九年义务教育初级中学教学大纲(试用)》正式出台,对我国中小学体育课程标准的设立、体育教材的编写、体育课堂教学实践具有引领意义,是义务教育阶段体育教学的纲领性文件,引导着我国学校体育教学朝着更加科学化、规范化的方向发展。同年,国家教委经过充分调研,综合9个城市的体育中考试点工作,决定对学校体育评价方式做出重大革新——将体育首次列入升学考试制度,这是对《学校体育工作条例》(1990)第九条的积极探索和贯彻执行,在一定程度上提升了学校体育的学科地位。1993年,国家教委做出机构调整,原社会科学研究与艺术教育司的艺术教育处合并到体育卫生司,正式更名为体育卫生与艺术教育司(即体卫艺司),同年,《中国教育改革和发展纲要》正式印发,纲要从顶层设计的角度出发,指明了我国教育改革的发展方向、主要任务和重大举措,政策精神主要体现为"改善学生体育卫生工作,动员全社会关注青少年体质健康,在设施条件上予以保障",在纲要的积极引领下,学校体育的教育观念得到了丰富和发展。同年,为切实激发青少年体育发展活力,进一步整合社会资源,深化体育改革,打破地方保护主义,提升运动人才的流动性,国家体委印发《关于深化体育改革的意见》,意见指出,青少年体育改革,应该以高水平运动队建设和体育俱乐部组织为重要抓手,联合社会力量,提高企业、高校等各行业社会组织的参与程度,为开拓新的训练渠道、扩大训练面提供新的参考。1995年,国务院正式发布《全民健身计划纲要》,正式开启了中国体育史上的"全民健身计划"时代。[①] 纲要的实施对青少年、儿童做了具体的规定,将其视为推广全民健身的重点工作。《中华人民共和国体育法》于1995年正式颁布,法律颁布的目的之一是为青年、少年、儿童体育活动保驾护航,极大推动了我国学校体育领域的法制化进程。1996年12月体卫艺司颁布《全日制普通高级中学体育教学大纲(试验)》,首次为学校体育领域引入了"终身教育"的概念,代表了可持续发展教育观在体育教育领域的最新导向,对于我国深化学校体育改革具有促进作用,为新世纪开创体育教育教学新局面创造了前提。1998年,教育部制定了《面向21世纪教育振兴行动计划》,计划重点推行了"跨世纪园丁工程",其目的是为新世纪素质教育提供人才支撑,作为贯彻这一政策的补充,教育部又于1999年制定了《园丁工程全国体育教师培训方案》,为我国学校体育事业的发展培养了一批师德高尚、专业知识能力较强的骨干教师。1999年6月,《中共中央国务院关于深化教育改革全面推进素质教育的决定》(以下简称《决定》)正式公布,"素质教育"丰富了学校体育的发展内涵,《决定》明确指出,要以"健康第一"为整体性要求,同时要求学生养成锻炼习惯、习得运动技能。

回顾历史,这一时期的学校体育工作完成了拨乱反正的历史任务,为适应改革开放初期社会对学校体育的要求,国家开始注重学校体育的内外部工作,如体育与卫生、学校体育课程建设、基础设施、师资建设等,对学生体质健康的监测和落实也取得重大进步。展望未来,它还为新世纪的教育事业发展奠定了坚实的政策基础,提供了重要的法律支撑,在配套政策的推行下,相关职能部门的分工也进一步精准和细化。

第三节 21世纪以来的学校体育政策

一、日臻完善——2001—2011年的学校体育政策

进入新世纪,基础教育体育课程改革提上日程,教育部分别于2001、2003年印发《体育与健康课程标准(实验稿)》《普通高中体育与健康课程标准(实验稿)》,至此,新中国成立以来沿用半个世纪之久的"教学大纲"变成了"课程标准",体现了国家课程纲领性文件由指令性向指导性的方向转变。2002年教育部颁布《学生伤害事故处理办法》,办法对于引导学生自愿参加意外伤害保险有积极作用。2005年《教育部关于进一步加强普通高等

[①] 刘红建,高奎亭,徐百超. 中国全民健身政策体系演进历程、优势特征及效能转化研究[J]. 体育学研究,2022,36(1):91-102.

学校体育工作的若干意见》《教育部关于开展普通高等学校高水平运动队建设评估工作的通知》出台,再次对体教结合中"教"的地位进行了强调。同年,为改变"一个学校只有少数学生参加运动会"的现象,更多地吸引学生积极参加学校体育竞赛,推动运动会、体育节等体育文化形式的发展,教育部出台了《关于在全国中小学课外文体活动工程示范区研制开发集体竞赛项目的通知》。2006年《关于开展全国亿万学生阳光体育运动的决定》正式出台,"每天锻炼一小时"开始成为各级各类学校增强学生体质、养成锻炼习惯的重点工作。2007年为贯彻落实"科学发展观",强调素质教育的"重要性",以便于将党的教育方针更好地融入青少年体育工作,中共中央、国务院印发《关于加强青少年体育增强青少年体质的意见》,是迄今为止颁布的最高规格的青少年体育政策。这一政策强调了学校体育工作的战略地位,突出了学校体育在国家发展全局中的重要作用,向广大教育工作者阐明了"亟待解决的青少年体质下降并不是单纯因为缺乏锻炼"等问题,为学生们带来了"阳光体育""冬季长跑""体育大课间"等活动。同年,教育部要求各级各类学校的学校体育工作要严格按照《国家学生体质健康标准》执行。

【案例分享】

各地认真贯彻落实中央7号文件精神　大力加强青少年体育工作[①]

《中共中央　国务院关于加强青少年体育增强青少年体质的意见》(以下简称中央7号文件)下发一年多来,各地结合实际认真贯彻落实,大力加强青少年体育工作,努力促进青少年学生健康成长。

各地党委、政府高度重视青少年体育工作,进一步加大对学校体育工作的支持力度。北京、内蒙古、辽宁、江苏、浙江、安徽、江西、山东、河南、湖北、湖南、广西、陕西、新疆等14个省(区、市),以党委和政府名义下发文件,提出了本地区落实中央7号文件的具体实施意见。内蒙古自治区要求各级政府把学校体育卫生工作所需经费列入部门年度预算,每学年每生体育卫生经费不低于公用经费的10%。新疆维吾尔自治区规定各级政府和教育行政部门要把学校体育工作专项经费纳入教育经费给予保障,学校公用经费的8%用于学校体育工作,并做到同步增长。宁夏回族自治区财政投资2亿元对5个地级市的100所城镇中小学现有田径场进行改造。河南省从2008年开始,利用5年时间,每年投入3 000万元,共1.5亿元完成农村小学体育场地建设、器材配备。山东省、江苏省提出,到2010年,各级各类学校按照《国家学校体育卫生条件基本标准》,配齐配足学校体育卫生场地器材设施。安徽、江西、四川等15个省份将部分农村初中体育场地建设纳入国家正在实施的农村初中校舍改造工程建设规划,长期较为薄弱的学校体育条件开始得到改善。

---

① http://www.moe.gov.cn/jyb_xwfb/gzdt_gzdt/moe_1485/tnull_41711.html.

按照中央7号文件要求,各地教育行政部门和各级各类学校切实把加强学校体育、大力开展阳光体育运动作为推进素质教育的重要突破口和有力抓手。许多省市进一步端正了办学思想,在深化基础教育课程改革、切实减轻学生过重课业负担、保障体育教学课时、落实学生每天一小时锻炼时间、加强体育教师队伍建设等方面,制定了相应政策措施,取得了明显进展。北京市规定,从2007年9月1日起,所有中小学校早晨到校时间一律在原有基础上延后20分钟。天津市对中小学书面家庭作业做了明确的时间限制,确保中小学生的体育锻炼和课外活动时间。新疆维吾尔自治区决定从2008年起,取消小学阶段的学科竞赛,把小学教育的立足点放在学生的身心健康发展上。浙江省要求每周减少1节地方课时,增加1课时用于学生课后集体体育锻炼。湖北省把学生每天1小时体育锻炼列入作息时间表加以确保。上海市制订的新课程方案明确要求将"三课两操两活动"列入总课时,把保证学生每天锻炼一小时的要求落到实处。

与此同时,各地进一步加强了对落实中央7号文件的检查和督促。山东省对违规办学行为进行了检查,对随意调减体育课时的学校校长进行了处分,并从2008年开始,在高中学业水平考试中增加体育科目,高校对自主招生和保送生进行体质测试,达不到《国家学生体质健康标准》"合格"以上的考生不能录取。北京市每年举行《国家学生体质健康标准》测试赛,对学生体质健康状况进行测试对比,并向社会公布测试比赛结果。陕西省、湖南省把每天锻炼1小时落实情况列入校长考核和办学评估指标体系,实行评先表彰"一票否决"。浙江省规定,凡教育强县(市、区)有教育行政部门给学校下达升学指标,学生课业负担的确过重的情况,一经查实,取消教育强县(市、区)称号。辽宁省印发了《加强学校体育增强学生体质督导评估实施方案》,明确规定将督导评估结果作为考核领导干部政绩的重要内容,作为表彰奖励的重要依据。

在贯彻中央7号文件过程中,各地还注重加强体育师资队伍尤其是农村体育师资队伍建设。浙江、河南、湖北、湖南等省明确了专职体育教师的配备标准、福利待遇,加强了体育教师、班主任和有体育特长教师的培训,并采取教师送教、中心校统一配专职体育教师等办法,进一步加强农村教师队伍建设。新疆维吾尔自治区规定,专职体育教师和每周担任8节课以上体育课的兼职体育教师每人每年配备一套不低于中档水平的运动服装(含运动鞋),并根据实际情况解决体育教师室外作业补助。

二、精益求精——新时代的学校体育政策

十八大以来,我国的现代化建设已取得了一定的成就,中国特色社会主义进入新时代。与此同时,我国青少年的身体健康状况并不理想,由于过重的学业压力和多样化电子产品的介入,在青少年中出现了一系列健康问题,以习近平同志为核心的党中央领导

集体格外重视我国青少年和学校体育工作,多次强调其高质量发展的重要性。

2012年10月,党的十八大报告将"立德树人"确立为我国教育的根本任务。2013年,《中共中央关于全面深化改革若干重大问题的决定》正式发布,做出了"强化体育课和课外锻炼,促进青少年身心健康"的重要部署。2015年,教育部发布《学校体育运动风险防控暂行办法》,为教师、学生的合法权益保障提供了政策支撑。2016年,《青少年体育"十三五"规划》发布,提出要健全相关政策,引入市场机制,调动全社会的积极性和创造性。同年,国务院办公厅发布《关于强化学校体育促进学生身心健康全面发展的意见》,该意见拓展了青少年体育活动的内容,遴选出重点发展的青少年集体项目、基础项目、冰雪项目等。2017年11月,国家体育总局、教育部、国家发展改革委、民政部、财政部、共青团中央、中央文明办等单位联合印发《青少年体育活动促进计划》,该计划旨在服务于全民健身国家战略,着眼于青少年的身心健康,引导广大青少年积极参与体育锻炼。计划指出了执行的关键是坚持政府主导、部门协作和社会参与,探索建立有益于体育活动开展的体制机制,在全社会营造关注青少年身体健康的良好氛围。这一时期,针对学校体育领域的重难点环节,还出台了一系列配套措施,如《学校体育运动风险防控暂行办法》(2015)、《教育部国家体育总局关于推进学校体育场馆向社会开放的实施意见》、《学校体育美育兼职教师管理办法》(2017),以上政策的着眼点细致入微,其目的是为长期存在的师资力量分配不均、事故权责界定不明等问题提供纾缓路径。2018年,总书记提出新时代青少年体育发展理念的核心是"享受乐趣、增强体质、健全人格、锤炼意志"。2020年8月31日国家体育总局和教育部联合发布了《关于深化体教融合 促进青少年健康发展的意见》,我国体教结合工作画上圆满句号,"体教融合"模式首次正式提出。同年,中共中央办公厅、国务院办公厅共同印发《关于全面加强和改进新时代学校体育工作的意见》,意见指出新时代的学校体育工作要紧紧围绕深化教学改革、改善办学条件与完善评价机制等方面,力图推动青少年文化学习和体育锻炼协调发展,合理构建具有创新性的育人体系。

【案例分享】

人民网评:践行健康第一理念,推进体教融合[①]

日前,教育部发布2022年工作要点,引起广泛关注。工作要点包含六大项35个条款,不仅再次把"双减"摆在突出位置,更涉及落实教育优先发展战略地位、深化巩固校园安全专项整顿成效、统筹推进乡村教育振兴和教育振兴乡村工作等多方面。

践行健康第一理念,推进体教融合,是实现"五育"并举,促进学生健康成长、全面发展目标的重要内容。去年,"双减"政策正式落地,推动基础教育发生了系统性变革,

---

① https://baijiahao.baidu.com/s?id=1724290025485728614&wfr=spider&for=pc.

也为践行健康第一理念创造了更好的育人环境。在今年工作要点第二项"加快完善德智体美劳全面培养的育人体系,促进学生健康成长全面发展"方面,强调要深入推进"双减",继续把"双减"工作摆在突出位置、重中之重。课内外的作业和校外培训负担减轻了,青少年学生才有更多时间和精力参与体育锻炼;只有学校、家庭、全社会真正树立起健康第一的理念,摆脱功利的教育观,在行动上改变以牺牲身心健康换取考试分数的做法,才能实现学校教育、家庭教育与"双减"政策的同向而行,真正为孩子的成长营造一个健康的生态。

没有体育的教育是不完整的,离开教育的体育是不牢固的。今年教育部提出了举办首届中国青少年足球联赛,筹备首届全国学生(青年)运动会等工作要点。推进体教融合,是促进青少年身心健康的一个重要抓手。要从观念层面重塑体育与教育的关系,需要认识到,体育本身就是教育不可分割的重要组成部分,是育人的一个重要手段。

体教融合指向的是所有学生的体育锻炼,只有充分发挥体育的教育功能,帮助学生在体育锻炼中增强体质、健全人格、享受乐趣、锻炼意志,实现"以体育人"的价值,才能更好帮助青少年实现文化学习和体育锻炼的协调发展。2020年国家体育总局和教育部联合印发《关于深化体教融合 促进青少年健康发展的意见》(以下简称《意见》),为深化体教融合,破解影响学生身心健康发展的深层次矛盾和问题指明了方向。《意见》也在机制创新方面提出完善青少年体育赛事体系,为青少年竞赛体系和学校竞赛体系有机融合搭建平台。举办首届中国青少年足球联赛,筹备首届全国学生(青年)运动会等内容,也是落实《意见》的要求,是完善青少年体育赛事体系的具体措施。毕竟,无论是否走上运动员的发展道路,健康的身体和积极阳光的心理,会让每个青少年受益终生。

健康是1,只有有了这个1,后面才能连续无数的0。只有身心健康,才能够创造无限可能,才能实现人生目标,才能更好肩负起时代赋予的使命。

正值冬奥赛事火热进行,包括谷爱凌、任子威等在内的中国运动健儿们拼搏赛场,无惧挑战,通过他们的精彩表现,我们感受到了体育的魅力,也是以推进体教融合为青少年筑牢身心健康好基础的最佳诠释。

践行健康第一理念,推进体教融合,实现青少年文化学习和体育锻炼的协调发展,把培养竞技运动员和面向全体学生的体育竞赛有机结合起来,是夯实健康之基的必由之路。

【课后思考题】

1. 不同历史时期学校体育政策的宗旨是什么?
2. 通过对不同历史时期学校体育政策的了解,能否简要归纳其演进特征?

3. 学校体育政策的着眼点主要是哪些方面?

4. 结合自身的学习生活经历,你能对学校体育政策完善的哪些方面提出建议?

5. 新中国成立后的学校体育政策与新中国成立前有何异同?

6. 你认为学校体育政策是如何践行"立德树人"教育目标的?

【参考文献】

1. 崔乐泉.中国体育通史:第3卷[M].北京:人民体育出版社,2008.

2. 高晓峰.中国学校体育政策变迁研究(1904—2014)[D].北京:北京体育大学,2017.

3. 王增明,吉云波,徐国营.中国红色体育丰碑[M].北京:人民体育出版社,2018.

4. 马振东.中央苏区红色体育[M].北京:新华出版社,2019.

5. 刘红建,高奎亭,徐百超.中国全民健身政策体系演进历程、优势特征及效能转化研究[J].体育学研究,2022,36(1):91-102.

6. 李晋裕.学校体育史[M].海口:海南出版社,2000.

7. 潘绍伟,于可红.学校体育学:第3版[M].北京:高等教育出版社,2015.

8. 宁骚.公共政策学[M].北京:高等教育出版社,2018.

9. 褚宏启.教育政策学[M].北京:北京师范大学出版社,2011.

第三章
学校体育政策体系及功能

【章结构图】

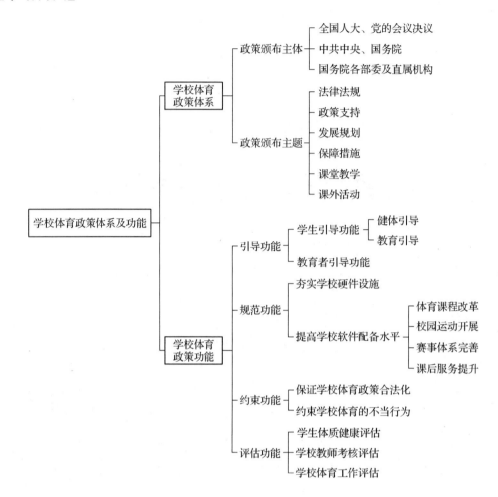

【本章概述】

本章主要针对学校体育政策体系及功能进行解读。首先,针对学校体育政策体系的划分,本章从学校体育政策的颁布主体和学校体育政策的颁布主题两个维度进行分析。其中,学校体育政策的颁布主体划分成三个层次:以全国人大、党的会议决议为第一权威层,中共中央和国务院为第二权威层,国务院各部委及直属机构为第三权威层;学校体育政策的颁布主题划分成法律法规、政策支持、发展规划、保障措施、课堂教学、课外活动方面。其次,根据学校体育政策的不同,对政策功能的解读也不同。基于此,本章将学校体育政策的功能归结于引导、规范、约束、评估四个功能。

【情景导入】

习近平总书记关于学校体育的部分论述

我们要分类指导,从娃娃抓起,扎扎实实提高竞技体育水平,持之以恒开展群众体育,不断由体育大国向体育强国迈进。

——2014年2月,同国际奥委会主席巴赫交谈时的讲话

少年强、青年强则中国强。少年强、青年强是多方面的,既包括思想品德、学习成绩、创新能力、动手能力,也包括身体健康、体魄强壮、体育精神。希望通过你们在这届青奥会上的精彩表现,带动全国广大青少年都积极投身体育锻炼,既把学习搞得好好的,又把身体搞得棒棒的,做到德智体美全面发展,将来成为祖国建设的栋梁之材。

——2014年8月15日,看望南京青奥会中国体育代表团时的讲话

各相关单位特别是宣传、文化、科技、体育机构要积极了解少年儿童、尊重少年儿童、关心少年儿童、服务少年儿童,为少年儿童提供良好的社会环境。

——2016年9月10日,在北京市八一学校考察时的讲话

要树立健康第一的教育理念,开齐开足体育课,帮助学生在体育锻炼中享受乐趣、增强体质、健全人格、锻炼意志。

——2018年9月10日,在全国教育大会上的讲话

文明其精神,野蛮其体魄。我说的"野蛮其体魄"就是强身健体。

——2020年4月21日,在陕西省安康市平利县考察时的讲话

广泛开展全民健身活动,加强青少年体育工作,促进群众体育和竞技体育全面发展,加快建设体育强国。

——2022年10月25日,在中国共产党第二十次全国代表大会上的报告

在以习近平同志为核心的党中央领导下,全社会为促进青少年健康成长开展了大量工作,国家先后发布了《国务院办公厅关于强化学校体育促进学生身心健康全面发展的意见》《关于以2022年北京冬奥会为契机大力发展冰雪运动的意见》《国务院办公厅关于新时代推进普通高中育人方式改革的指导意见》《中共中央、国务院关于深化教育教学改革全面提高义务教育质量的意见》《关于进一步减轻义务教育阶段学生作业负担和校外培训负担的意见》《全民健身计划(2021—2025年)》等文件。体育总局联合六部门制定了《青少年体育活动促进计划》,联合教育部出台了《关于深化体教融合 促进青少年健康发展的意见》等。这些政策措施充分体现了党和政府在青少年体育工作中的主导作用,为推动解决困扰开展青少年体育活动的问题、全面提高青少年健康水平提供了强大的政策保障。

随着我国现代化进程的不断深入,体育越来越承载着民族复兴的伟大重任。青少

年是祖国的未来,发展学校体育迫在眉睫。因此,习近平总书记对于学校体育的发展做出很多论述,国家也出台了很多学校体育政策。部分学生对此或许会提出一些问题:学校体育为何如此重要?为什么要颁布如此多的学校体育政策?学校体育政策到底是什么?学校体育政策包括哪些内容?学校体育政策到底有哪些功能?为什么将学校体育政策的体系与功能放在同一章节?在学习完本章过后,这些问题都将会得到解答。

第一节　学校体育政策体系

政策体系是由在时间和空间上相互联系、相互作用的政策构成的有机整体,而不是各孤立政策的简单相加。任何政策都是作为政策体系的组成部分而存在的,它与政策体系既相互依赖,又相互制约。政策体系是由各单项政策组成的,是以各单项政策的相互联系为基础的。[1] 在阶层社会中,任何一个党派或一个政府都代表着某一阶层的利益。公共政策是为公众利益而制定的,集中反映社会公众的利益,在政治上表现出明显的倾向性和目的性。公共政策是以对社会问题的感知为基础的。在其实施过程中,通常需要针对具体的实施状况,设计出一套科学的评价战略,并对其实施结果进行及时的反馈和调整。

我国的体育政策是公共政策体系中,为化解我国社会中的体育类公共问题与矛盾,由政府部门或体育社团组织代表国家意志制定的,用于规范和引导有关机构及个人的行动方案与行为准则,体育政策指导体育发展方向,是行业发展的基本依据。[2] 体育政策受到社会、政治等诸多因素的影响。从时间维度看,新中国成立后,我国体育政策从"人治"逐步走向"法制",达到"基本法制化"的效果,并且在发展过程中不断革新以满足时代的要求。新时代以来,我国重视体育的发展,颁布多项体育政策,着力于体育事业的落实发展。纵观中国体育的发展史,无论是从政治、经济层面,还是社会层面,国家和地方的体育政策都与实际需求存在很大差距。

学校体育和体育是互相独立却又不可分割的。学校体育与体育最大的不同之处是,学校体育隶属体育教育,由国家教育部门管理,而体育与智育、德育、美育、劳育并举构成了国家教育的基本组成部分。从外延来看,我国学校体育和体育事业发展的总体目标基本一致,即增强体质、锻炼意志、促进身心健康发展;从内涵来看,学校体育与体育下位的

---

[1] 黄英,刘斌. 论政策体系的结构与功能[J]. 理论探讨,1992(4):51-54.
[2] 李益群,李静. 政府与体育的公共政策研究[J]. 北京体育大学学报,2003,26(2):151-153.

健身体育、竞技体育、休闲体育等密切相关。即使学校体育政策与体育政策的内涵不尽相同,但依旧紧密相连。学校体育工作的开展,既是促进青少年体质健康的重要方面,又是全面建设社会主义现代化体育强国的根基性工程。[①]

学校体育政策是针对学校教育领域内的体育问题,为贯彻教育政策和体育政策而制定的具体行动方案,其主要作用是保障学校体育能够按照党和国家的教育培养目标开展工作。政策体系是以政治体系的全部现形政策为要素构成的具有管理社会功能的有机整体。[②] 学校体育政策体系是由政府(政党)制定的用以规范和管理学校体育发展的学校体育政策有机整体。学校体育作为促进学生身体素质提升的重要体育活动,是学校教育的重要组成部分。完善学校体育政策体系,着力提升发展学校体育立德树人、综合育人的质量与效益是建设体育强国、教育强国的题中之义。[③]

学校体育政策体系由各学校体育政策组成,组成学校体育政策体系的各个政策都是围绕规范和促进学校体育发展这一共同目标而制定的。不同的学校体育政策有序互动形成一个相对稳定的有机整体并不断发展完善。党的十八大以来,我国制定了以《中华人民共和国宪法》《中华人民共和国体育法》《中华人民共和国教育法》等为基础的学校体育政策,颁布了《关于进一步加强学校体育工作若干意见的通知》等行政法规、《学校体育工作条例》等部门规章以及地方性法规,建构出多主体、多主题、多层次的框架。在纵向上,学校体育政策的分布呈现出学校体育总政策、学校体育基本政策、学校体育具体政策的序列性,具有层次性;在横向上,学校体育政策根据政策主题的不同进行划分。

一、学校体育政策的颁布主体

关于政策颁布主体的权威性,大致可分为三个层次:以全国人大、党的会议决议为最高层次;其次是中共中央和国务院;第三层次是国务院各部委及直属机构。[④]

(一) 全国人大、党的会议决议

宪法作为国家根本大法,是所有政策制定的风向标。在宪法文本中,体育被涵盖入总纲、国家机构职能等宪法核心内容中,发展体育不但成为宪法总纲中的基本政策,也是国家的职责[⑤]。以宪法为指引,全国人大颁布了《中华人民共和国教育法》《中华人

---

① 蒋艳. 新时代青少年体育发展政策的改革逻辑与实践指向[J]. 南京社会科学,2020(12):59-63.
② 黄英,刘斌. 论政策体系的结构与功能[J]. 理论探讨,1992(4):51-54.
③ 徐上斐,胡海建,王强. 新时代学校体育治理现代化的应然特征、现实困境与路径选择[J]. 沈阳体育学院学报,2022,41(5):42-48.
④ 郑代良. 改革开放以来中国高新技术产业政策研究:基于政策文本的分析[D]. 武汉:华中科技大学,2011.
⑤ 胡弘弘,田骥威. 规范视角下我国宪法文本中的"体育条款"[J]. 学习与探索,2022(8):82-89.

民共和国体育法》(以下简称《体育法》)等,将青少年和学校体育置于优先发展的战略地位。

(二) 中共中央和国务院

为响应国家的总政策,2007年,中共中央、国务院印发《关于加强青少年体育增强青少年体质的意见》是我国对学校体育进行研究的开始。五年后,由于政策的具体实施效果与预期效果有所偏差,中共中央、国务院再次发文《国务院办公厅转发教育部等部门关于进一步加强学校体育工作若干意见的通知》,明确加强学校体育的总体思路和主要目标,落实加强学校体育的重点任务,进一步强调学校体育的重要性和必要性。自2012年起,国家对学校体育的重视程度逐步提高,有关学校体育政策的数量开始逐年增多,学校体育被推举到一个新的高度。伴随着经济和社会的发展,以习近平同志为核心的党中央领导集体对于学校体育的社会地位做出了新的调整。2013年11月习近平在会见巴赫时提到,体育事业的发展关系着中华民族的伟大复兴。[1] 同年,党的十八届三中全会通过的《中共中央关于全面深化改革若干重大问题的决定》提出,"强化体育课和课外锻炼,促进青少年身心健康、体魄强健",学校体育的地位进一步凸显。在由体育大国走向体育强国的背景之下,《关于进一步加强学校体育工作若干意见的通知》和促进学生体质监测等一系列文件的陆续出台,为学校体育发展奠定了坚实基础。2016年5月,国务院办公厅印发《关于强化学校体育促进学生身心健康全面发展的意见》提出"强化学校体育"[2]的命题。随着学校体育改革的效果初显,2019年7月国务院颁布《中共中央 国务院关于深化教育教学改革全面提高义务教育质量的意见》,提出"'五育'并举"的新概念,进一步"强化体育锻炼"[3],将学校体育上升到国家战略高度。2020年10月,中共中央办公厅、国务院办公厅印发《关于全面加强和改进新时代学校体育工作的意见》,体现出国家对于学校体育的重视程度,彰显出学校体育的社会地位,意图打造具有新时代特征的学校体育,弘扬具备新时代特征的学校体育文化。2021年,中共中央办公厅、国务院办公厅印发的《关于进一步减轻义务教育阶段学生作业负担和校外培训负担的意见》提出进一步为学校体育的发展保驾护航。

---

[1] 杜尚泽.习近平会见国际奥委会主席巴赫并接受奥林匹克金质勋章[N].人民日报,2013-11-20(1).
[2] 中国政府网.关于强化学校体育促进学生身心健康全面发展的意见[EB/OL].(2016-05-06)[2023-01-11]. http://www.gov.cn/xinwen/2016-05/06/content_5070968.htm.
[3] 中共中央 国务院关于深化教育教学改革全面提高义务教育质量的意见[EB/OL].(2019-07-08)[2023-01-13]. http://www.gov.cn/zhengce/2019/07/08/content_5407361.htm?trs=1&ivk_sa=1024320u.

> 【案例分享】
>
> **习近平在教育文化卫生体育领域专家代表座谈会上的讲话**
>
> 第四,加快体育强国建设。体育是提高人民健康水平的重要途径,是满足人民群众对美好生活向往、促进人的全面发展的重要手段,是促进经济社会发展的重要动力,是展示国家文化软实力的重要平台。
>
> 要坚持健康第一的教育理念,加强学校体育工作,推动青少年文化学习和体育锻炼协调发展,帮助学生在体育锻炼中享受乐趣、增强体质、健全人格、锻炼意志。
>
> (节选自《习近平在教育文化卫生体育领域专家代表座谈会上的讲话》,中国政府网,2020年9月22日)

(三)国务院各部委及直属机构

新时代,新体育。为进一步响应国家推广校园足球的政策,教育部联合国家发展改革委、财政部、新闻出版广电总局、国家体育总局、共青团中央共6部门印发《关于加快发展青少年校园足球的实施意见》,以推进校园足球的普及。在为传统的体育教学注入新模式的同时,打造运动特色学校,实现家校协同,促进学生生理与心理的健康发展。此外教育部还印发《学校体育美育兼职教师管理办法》《学校体育运动风险防控暂行办法》《国家学校体育卫生条件基本标准》,从师资力量、运动风险、卫生条件入手,保障学校体育的发展。《学生体质健康监测评价办法》《中小学校体育工作评估办法》《中小学校体育工作督导评估办法》以及《小学生体育合格标准实施办法》(1993)、《中学生体育合格标准的试行办法》(1987)等一系列文件健全了学校体育的监测、评估、督导办法,为学校体育的可持续发展提供了政策支撑。恰逢2022年北京冬奥会,教育部等部门印发《关于加快推进全国青少年冰雪运动进校园的指导意见》,将冰雪运动纳入学校体育。伴随着学校体育的多维度、深层次发展,体育总局、教育部提出以体育人、以教育人、深化体教融合,将体育与教育紧密结合在一起,共同促进学生体质健康发展。

二、学校体育政策的颁布主题

从《中华人民共和国宪法》到《关于提升学校体育课后服务水平 促进中小学生健康成长的通知》,学校体育政策的主题涵盖了法律法规、政策支持、发展规划、保障措施、课堂教学、课外活动等各个方面。

(一)法律法规

法律法规一般由位于第一权威层的全国人大颁布,多强调从宏观层面上进行调控,从顶层设计上制定规则,推出多样的青少年和学校体育活动、健全青少年和学校体育工作制度,以期发展体育运动,引导体育的发展与完善,达到弘扬中国特色体育精神,培育中华厚重体育文化的目的。

(二) 政策支持

不同层级的权威主体对学校体育的发展都各有支持,下发的文件从《关于加强青少年体育增强青少年体质的意见》到《关于全面加强和改进新时代学校体育工作的意见》,再到《关于深化体教融合 促进青少年健康发展的意见》。每一权威层各司其职,从宏观调控到微观聚焦,从顶层设计引申到基层实践,从增强青少年体质到促进青少年身心健康发展,从身体健康到心理健康。各权威层层层递进,挖掘出更丰富的学校体育内涵,彰显了更独特的学校体育魅力。

(三) 课堂教学、课后活动

关于课堂教学、课外活动方面的政策,也是各权威层通力配合的结果。从建立健全学校体育工作机制,充分保证体育课和课外活动;到确保学生体育课程和课余活动时间,切实提高学校教育质量;到加强学校体育工作,保证体育课时和课外锻炼时间得到落实;再到如今的切实保障体育课、开足开齐体育课。从"充分保证"到"确保"到"加强落实",用词的严谨体现出国家层面对于学校体育的重视程度,体育课程之于学校体育的重视程度。自中共中央颁发《中国足球改革发展总体方案》以来,教育部、国家体育总局联合教育部发布了多个关于强调开展校园足球的文件。国家从体育建设全局和教育全局角度着手,成立全国青少年校园足球领导小组,以校园足球为抓手,加大足球教学在体育课程的比例,校园足球成为学校体育的重点项目和主要考核内容,学校体育也成为普及足球运动、培养足球文化的主要阵地与基础工程[1]。乘着2022年北京冬奥会的东风,第一权威层提出以青少年为重点人群在学校体育开展冰雪运动的计划,开展"百万青少年冰雪运动"和"校园冰雪工程",加强学校体育的冰雪设施条件建设,力争到2025年建成5 000所冰雪特色学校[2]。为响应上层建筑的号召,国务院、国家体育总局、教育部、发改委等纷纷采取具体举措,颁布《冰雪运动发展规划(2016—2025年)》《北京2022年冬奥会和冬残奥会中小学生奥林匹克教育计划》《关于加快推进全国青少年冰雪运动进校园的指导意见》等一系列政策,浩浩荡荡地拉开我国发展冰雪运动的大幕。自2016年以来,随着相关政策的陆续出台,各权威层互联互通,我国校园冰雪运动取得了较为明显的成效。

(四) 保障措施

在围绕学校体育发展所颁布的各政策实施过程之中,诸如国务院颁布《体育强国建设纲要》、中共中央办公厅联合国务院办公厅印发《关于进一步减轻义务教育阶段学生作

---

[1] 王登峰.从"有"到"强":新时代青少年校园足球的战略定位与发展方向[J].体育科学,2018,38(4):3-7.
[2] 刘硕阳,季芳.冰雪进校园 共筑冬奥梦[N].人民日报.2019-05-11(7).

业负担和校外培训负担的意见》等,将社会对于青少年学业的高度重视部分转移到青少年的体质健康上来,为课内外政策的实施提供具体的保障。

在各权威层的领导下,学校体育政策所包括的范围在不断扩大,学校体育政策所展现的内涵在不断深入。各部门互融互通,共同为青少年的体质健康建言献策,以推动学校体育的发展,厚植竞技体育后备人才培育基础,为我国成为现代化体育强国筑牢坚实根基。

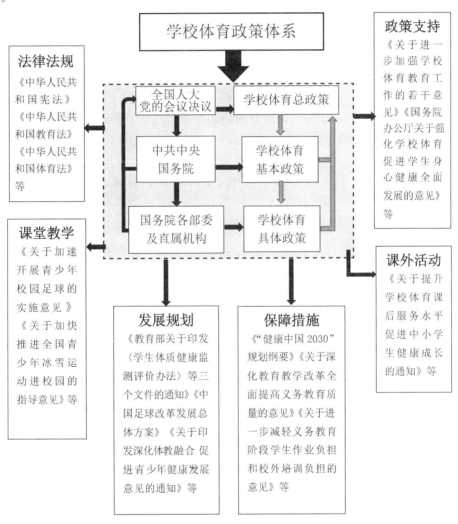

图3-1 学校体育政策体系

第二节 学校体育政策功能

学校体育是我国教育事业的重要组成部分,是落实新时代"健康第一"[①]的指导思想,是促进学生身心健康发展的重要保障。学校体育以体育人、以体育智,不仅促进学生的身心健康发展,更有促进学生德育、智育发展的作用。"健康第一",没有健康的体格,就难以完成在校的学习任务,更难以适应社会的工作。

鉴于学校体育的重要功能,我国颁布多项学校体育政策,从国家纲领性文件出发,到学校基本政策的提出,再到各部门落实具体政策,自上而下,高效贯通,紧密结合。伴随学校体育政策的颁布实施,学校体育政策的功能也逐步凸显。所谓的学校体育政策功能是指学校体育政策在人类发展和社会进步中产生的效益与作用。

一、引导功能:促进学生身心健康发展,提高教育者技能与素质

(一) 学生引导功能

学校体育政策是为解决学生体质问题所提出的,政策的落脚点理应落于学生主体。学生引导功能是学校体育政策促进落实学生全面发展的主要功能表现,是学校体育政策的根本目标,也是学校体育政策的核心功能。学生引导功能主要包括健体引导功能和教育引导功能。

1. 健体引导功能

学校体育政策的健体引导功能,是学校体育政策的初衷,是最原始、最本质和最独特的功能。健体引导功能的充分利用,是学校体育政策的重要目标。学校体育政策的惠及主体多以青少年为主。伴随着生长发育期的到来,青少年时期的形体姿态发展进入关键阶段。定期定量的体育活动、锻炼可以增加软骨的厚度,增强骨质的密度,增加骨质的结节和隆起,增强骨头的强度和抗压能力,尤其能促进脊柱的发育,如脊柱、骨盆等。同时,肌肉也会变得更加强壮,致使拥有完美的体形。经常性的锻炼影响学生的心血管的形态结构和功能,长时间从事某种体育活动,会导致学生的心脏变大、供血变多、心率变低、学生的四肢骨骼增粗增长,在一定程度上提高学生的全身机能,促进学生的健康发展。

青少年由于年龄和阅历的限制,大部分时间意识不到个人体态良好的重要性,不明晰正确的形体姿态。一方面,学生在学业上的压力较大,大部分时间都在为应试做准备,

---

[①] 《习近平在全国教育大会上强调 坚持中国特色社会主义教育发展道路 培养德智体美劳全面发展的社会主义建设者和接班人》,《人民日报》2018年9月11日。

形体姿态意识薄弱,同时可支配的个人时间较少,导致参与体育活动的自主性相对更弱;另一方面,学生的自我约束力和毅力较差。本就担负着学业重任的学生,在运动之后一旦产生疲劳的感觉,就很容易产生一种心理惰性,不愿再继续坚持。

针对此类现象,中共中央、国务院《关于加强青少年体育增强青少年体质的意见》(2007年)(以下简称《意见》)中开始高度重视青少年体育工作,引导学生健全发展。《意见》中指出"青少年的体质健康水平不仅关系个人健康成长和幸福生活,而且关系整个民族健康素质,关系我国人才培养的质量",强调做好青少年体育工作必须以健康为第一要义,把增强学生体质健康作为学校教育的重要目标之一,体与教的融合初具探索。《意见》中要求通过组织体育课和学生体育活动,举办群众性的青少年体育活动和竞赛,开展"全国亿万学生阳光体育运动",引导学生走向操场、走进大自然、走到阳光下,以明显提高学生的耐力、力量、速度等体能素质,降低学生的营养不良率、肥胖率和近视率,引导青少年进行正确的体育锻炼,养成良好的体育锻炼习惯,培养健康的生活作息习惯,塑造优良的身体体态,呈现完美的身体状态。《全民健身计划(2011—2015年)》引导学生开展课余体育训练,倡导科学、健康的体育健身和生活理念。《国务院办公厅关于进一步加强学校体育教育工作的若干意见》进一步强调发挥学校体育的作用,引导学生加强体育锻炼,提高学生的身体素质水平,体与教的融合雏形凸显。《国务院办公厅关于强化学校体育促进学生身心健康全面发展的意见》引导课堂教学与课外活动相结合,在举办群体活动的同时杂糅运动类竞赛,在培养学生兴趣的同时提高他们的素质与技能。《关于深化体教融合 促进青少年健康发展的意见》中进一步强调引导加强学校体育工作,重视学生的身体素质,体与教的融合进入深度模式。《"十四五"体育发展规划》明确加强体教融合,促进青少年体育健康发展,培育青少年体育社会组织,鼓励青少年体育俱乐部发展,建立衔接有序的竞赛、训练和培训体系。同时,完善青少年体育竞赛活动体系,联合教育部门整合学校比赛、U系列比赛等各级各类体育赛事活动,增强青少年体质健康。

2. 教育引导功能

学校体育是关于人的教育,是一项复杂的教学活动。学校体育的目标指向不仅针对学生的身体素质,更注重对其心理、智力的发展。体育锻炼可以直接给人愉悦、欢快的心情,减少压力、焦虑,改善精神状态。进行体育锻炼可以带动人的脑力劳动,在培养人的坚强意志和良好的适应能力的同时能提高智力。学校体育政策不仅引导学生的健体发展,在育心、育智的方面更有着无可替代的引导作用。例如,教育部发文的《关于全面深化课程改革落实立德树人根本任务的意见》中通过课程改革引导落实立德树人,重视学生的德育、智育发展。《国务院办公厅关于强化学校体育促进学生身心健康全面发展的意见》在强调学生身体健康的同时重视学生的心理健康,身与心两手抓,促进体与教的深度融合。《中长期青年发展规划(2016—2025年)》中提到:加强青年心理健康教育和服务,注重加强对青年的人文关怀和心理疏导,引导青年自尊自信、理性平和、积极向上,培养良好的心理素质和意志品质,促进青年身心和谐发展,指导青年正确处理个人与他人、个人与集体、个人与社会的关系。《中共中央 国务院关于深化教育教学改革全面提高义务教育质量的意见》提出"五育并举",以解决素质教育落实不到位的问题,在突出德育实效、提升智育水平、强化体育锻炼、增强美育熏陶、加强劳动教育等方面提出了具体目标,构建德智体美劳全面培养的教育体系。

(二) 教育者引导功能

新时代我国社会主要矛盾的新要求导致了对优质师资的需求迅猛增长,我国教师的素质要求由以量为导向的发展方式到以质取胜的内涵式发展方式进行转化、合并。《中华人民共和国体育法》(2022)将体育科目纳入初中、高中学业水平考试范围,体育教师的地位提升到了一个崭新的高度。习近平总书记在二十大报告中对新时期体育的发展提出了具体化的要求,也对新时期体育教师的角色定位、发展做出了明确的指导和崭新的期望。

学校体育政策的具体实施主体在于学校的教育者,学校体育政策在保证教育者数量的同时,引导教育者的教学态度、教学行为,提高教育者的技能与素质,制定教育者的未来工作计划,以完成更详实的短周期、长周期教学目标。例如《关于全面加强和改进新时代学校体育工作的实施方案》中提出:逐步完善教育模式,逐步完善"健康知识+基本运动技能+专项运动技能"的学校体育教学模式,明确设置分学段课程要点和目标,全面提升教学质量和课堂管理,注重个性化、差异化教学,引导教育者探索与新课程改革相适应的特色教学模式。

【案例分享】

教育部:"十三五"期间全国义务教育阶段每年新增体育教师约 2 万人

记者从今天(3日)教育部召开的新闻发布会上获悉,推动建立聘用优秀退役运动员为体育教师或教练员的制度;通过免费师范生、贫困地区定向招生、特岗教师等渠道,补充体育教师。"十三五"期间,全国义务教育阶段体育教师由50.2万增加到59.5万,每年新增体育教师约2万人,年均增速4.3%。体育教师学历水平明显提高,社会地位不断提高。

(节选自潘虹旭、韩文旸《教育部:"十三五"期间全国义务教育阶段每年新增体育教师约2万人》,环球网,2021年9月3日)

二、规范功能:夯实学校体育硬件设施,提高学校体育软件配备水平

任何一个国家要维护它的利益,为实现一定历史时期的体育路线和指导思想,为达到一定的目标,为协调各方面关系,缓和各方面的矛盾,都要制定一些体育行动准则,这些行动准则就是体育政策。[①] 学校体育政策作为我国学校体育工作改革与发展的一项重

---

① 罗加冰,夏崇德.建立体育政策学的必要性[J].体育与科学,1988,9(6):21-22.

要制度规范,对于我国学校体育、教育改革与发展起着重要的调控作用①。

(一) 夯实学校体育硬件设施

学校体育硬件设施是学生强身健体,消除身心疲劳,形成健康、科学向上的体育锻炼之风的重要条件。学校体育政策的颁布提高了建设健全学校体育硬件设施的意识,夯实了学校体育硬件设施的落实。

中共中央、国务院《关于加强青少年体育增强青少年体质的意见》提出规范学校体育设施建设。《公共文化体育设施条例》要求各级政府认真落实根据城区的不同规划不同的学校体育设施,尤其是体育场地的建设。"农民体育健身工程"要求建设农村中小学体育设施,改善农村学校体育条件。在进行公共体育设施建设时应与学校体育设施建设统筹考虑,进行综合的资源利用。场馆建成以后,在课余和节假日向学生开放。

【案例分享】

广州:试点推动课余时间向中小学生免费开放学校体育场馆

"中小学大多配备体育场馆,平时放学时间,有的会提供给本校学生开展体育锻炼,周六日、节假日、寒暑假等课余时间基本处于闲置状态。"在广州市十六届人大一次会议期间,市人大代表郑庭伟关注到这一问题,提出中小学校体育场馆在休息日、节假日、寒暑假等时间向中小学生免费开放的建议。

郑庭伟建议在周一至周五的放学课余时间、星期六日、节假日、寒暑假,中小学的羽毛球、乒乓球、篮球等体育场馆免费向本校中小学生开放。同时提到,在做好疫情防控的前提下,对外校中小学生开放,实名登记并控制人数。

推进体育场馆课余时间向中小学生免费开放

广州市教育局日前在答复中介绍,2015—2017年,市区两级投入17.5亿元实施学校体育卫生基础设施改造提升工程,共升级改造2 422个学校体育卫生基础设施项目。2018年以来,市区两级财政投入1.2亿元新改扩建和修缮校园足球场205块。

市教育局表示,一方面充分提高校内体育场地课后使用效率,以"双减"政策为契机,将丰富多彩的体育活动列入课后服务"标配"项目,以班级、社团、兴趣小组为单位开展体育锻炼活动,落实课后托管学校体育场馆向本校学生免费开放,助力提升学生体质。

另一方面,在即将出台的《广州市深化体教融合促进青少年健康发展实施方案》中,明确"符合开放条件的学校应当在课余时间和节假日向学生开放体育场地设施"。同时,将"推进学校体育场馆向学生开放"纳入学校体育年度工作要点,推动各区各中小学校创造条件在休息日、节假日、寒暑假等课余时间向中小学生免费开放。

---

① 王鹏.论学校体育政策的内涵及延伸[J].内蒙古师范大学学报(教育科学版),2014,27(8):159-160.

> **花都 15 所学校体育场地已试点开放**
>
> 目前,11 个区义务教育阶段学校均实现课后托管期间学校体育场馆免费向本校学生开放。部分中小学校利用学校体育场馆在课余时间和节假日免费提供给本学校体育特色团队或社团骨干学生训练。
>
> 部分区教育局开始探索并实施学校体育场馆节假日面向辖区中小学生免费开放。例如,花都区教育局制定《学校体育场地节假日向中小学生开放实施意见(试行)》,选定花都区实验中学等 15 所具备开放条件的学校作为学校体育场地节假日向学校中小学生开放试点,从 2022 年暑假开始面向辖区中小学生免费开放。
>
> **新建学校体育场所应为独立区域**
>
> 市教育局表示,将继续统筹协调学校体育场地在课余时间向学生开放和向公众开放,推动周末、节假日和寒暑假向中小学生开放和向公众开放,优先满足学生课后校内托管、学校体育特色队伍日常训练和集训、赛事活动。
>
> 对于新建学校,要求科学合理规划运动场地(馆)位置,将体育运动场所设置为独立区域,并有独立的通道进出体育设施区,或者通过物理方式与其他功能区隔断。对于不符合对外开放的学校体育设施,科学安排改建,确保学校体育场馆与教学生活场所有物理隔断,做到成熟一批开放一批。此外,将推动向社会开放的学校体育设施上线"群体通"平台,为公众提供丰富的平台订场资源。
>
> (引自魏丽娜《广州试点推动课余时间向中小学生免费开放学校体育场馆》,广州日报,2022 年 11 月 4 日)

(二)提高学校体育软件配备水平

学校体育政策规范了学校体育的整体发展。《体育强国建设纲要》将青少年体育发展促进工程作为重大工程之一,对学校体育的发展做出更严格的规范。《"十四五"体育发展规划》提出体教深度融合建设,以期"联合教育部门共同制定体育传统特色学校相关政策和标准,加强师资培训、体育训练和赛事活动体系建设,到 2025 年创建 8 万所体育传统特色学校"。学校体育政策提高了学校体育的软件配备水平,体现在体育课程改革、校园运动开展、赛事体系完善、课后服务提升等方面。

1. 体育课程改革

学校体育政策规范体育课程的改革。《教育部关于全面深化课程改革落实立德树人根本任务的意见》中规定教育部和各地定期开展优秀教学成果评选和教学名师评选,将研究和破解课程改革重点、难点问题的成果作为评选的重要内容。为了追随新时代的发展,适应新时代体育发展的需要,《关于全面加强和改进新时代学校体育工作的意见》对体育课程改革提出了新想法、新要求。

【案例分享】

《中共中央办公厅 国务院办公厅关于全面加强和改进新时代学校体育工作的意见》(节选)

开齐开足上好体育课。严格落实学校体育课程开设刚性要求,不断拓宽课程领域,逐步增加课时,丰富课程内容。义务教育阶段和高中阶段学校严格按照国家课程方案和课程标准开齐开足上好体育课。鼓励基础教育阶段学校每天开设1节体育课。高等教育阶段学校要将体育纳入人才培养方案,学生体质健康达标、修满体育学分方可毕业。鼓励高校和科研院所将体育课程纳入研究生教育公共课程体系。

加强体育课程和教材体系建设。学校体育课程注重大中小幼相衔接,聚焦提升学生核心素养。学前教育阶段开展适合幼儿身心特点的游戏活动,培养体育兴趣爱好,促进运动机能协调发展。义务教育阶段体育课程帮助学生掌握1至2项运动技能,引导学生树立正确健康观。高中阶段体育课程进一步发展学生运动专长,引导学生养成健康生活方式,形成积极向上的健全人格。职业教育体育课程与职业技能培养相结合,培养身心健康的技术人才。高等教育阶段体育课程与创新人才培养相结合,培养具有崇高精神追求、高尚人格修养的高素质人才。学校体育教材体系建设要扎根中国、融通中外,充分体现思想性、教育性、创新性、实践性,根据学生年龄特点和身心发展规律,围绕课程目标和运动项目特点,精选教学素材,丰富教学资源。

2. 校园运动开展

学校体育政策规范校园运动的开展。近几年,国家大力支持足球进校园,推广冰雪运动进校园,为此制定多个单项政策。《中国足球改革发展总体方案》提出规范校园足球的发展,大力推广校园足球,充分发挥其育人功能。在全国中小学体育课中,增加体育课程的课时比例。强化足球特长生文化课的教学管理,健全考试招生政策,激发学生长期参与足球运动的积极性。大力推进中小学足球队的创建,加快完善高校、高中、初中、小学四级足球比赛的规范化和贯通机制。随着校园足球改革试验的不断深入,《关于加速开展青少年校园足球的实施意见》从提高校园足球普及水平、深化足球教学改革、加强足球课外锻炼训练、完善校园足球竞赛体系、畅通优秀足球苗子的成长通道五个方面更具体地规范了发展校园足球的举措。针对校园足球的发展成效,《体育发展"十三五"规划》进一步规范了校园足球的未来发展趋势,要求落实《中国足球改革发展总体方案》《中国足球协会调整改革方案》。各相关部门继续积极协调,以青少年为中心,大力推广和发展社会足球,持续扩大足球人口,打牢足球发展的根基。同时,完善我国的足球比赛制度和专业联赛制度,进一步健全我国职业足球俱乐部的法人治理结构,促进其现代企业制度的建立,使其在市场经济中的地位得到真正的体现。在未来,探讨足球职业联赛的发展规律,以正确处理好国家队、联赛、青少年足球发展之间的关系,统筹资源、协调各方利益,共同为国争光。对于冰雪运动,四部门发布《教育部等四部门关于加快推进全国青少年冰雪运动进校园的指导意见》,通过政策规范,推动校园冰雪运动的普及发展,包括积极开展冰雪项目教学活动、加强冰雪运动教学指导、丰富课外冰雪项目体育活动、加大青少年冰雪运动场地建设和经费投入等,积极统筹学校体育工作,切实加强青少年冰雪运动安全教育工作,推进人才培养体系改革。《"十四五"体育发展规划》中进一步提出了加强冰雪运动进校园的顶层设计,广泛建立校园冰雪项目学生社团和校外实践基地,鼓励高等院校建设高水平冰雪运动队,加强冰雪运动特色学校遴选和建设。

3. 赛事体系完善

学校体育政策规范赛事体系的完善。为鼓励更多的学生参与到体育竞赛中来,体育总局制定了更为清晰、更为公平的赛事管理机制与赛事体系。

【案例分享】

《河北省体育局 河北省教育厅印发
〈关于深化体教融合 促进青少年健康发展的实施意见〉的通知》(节选)

健全青少年赛事管理机制。义务教育、高中和大学阶段学生体育赛事由教育、体育部门共同组织,拟定赛事计划,统一注册资格。职业化的青少年体育赛事由各单项协会主办、教育部门学生体育协会配合。各级教育、体育部门每年12月底前制定本级下年度学生竞赛计划,并向社会发布。(省教育厅、省体育局,各市、县政府,雄安新区管委会)

完善青少年体育赛事体系。教育、体育部门整合学校比赛、U系列比赛等各级各类青少年体育赛事,建立分学段(小学、初中、高中、大学)、跨区域(县、市、省、国家)的四级青少年体育赛事体系,利用课余时间组织校内比赛、周末组织校际比赛、假期组织跨区域及全国性比赛。各级教育、体育部门完善和规范学生体育竞赛制度,实行分级办赛,分类管理,丰富赛事设置,畅通青少年有序参赛渠道,推动青少年竞赛体系和学校竞赛体系有机融合。(省教育厅、省体育局,各市、县政府,雄安新区管委会)

4. 课后服务提升

学校体育政策规范课后服务的提升。国务院办公厅印发的《关于强化学校体育促进学生身心健康全面发展的意见》提出"健全学生体育锻炼制度,学校要将学生在校内开展的课外体育活动纳入教学计划,列入作息时间安排,与体育课教学内容相衔接,切实保证学生每天一小时校园体育活动落到实处"。在《关于进一步减轻义务教育阶段学生作业负担和校外培训负担的意见》中"全面压减作业总量和时长,减轻学生过重作业负担"的号召下,学生的学习时间被强制缩短,学生拥有更多可以自由支配的课后时间。双减政策颁布落实以后,《关于提升学校体育课后服务水平 促进中小学生健康成长的通知》(以下简称《通知》)对学校体育课后服务做出及时的规范。《通知》从丰富拓展活动课程门类、科学规划活动课程内容、切实加强课程资源建设三方面进行课后体育服务提升,强调根据学生年龄段的不同分别设计不同的班型和相应的教育教学内容,既要满足部分学生"零起点入门"需求,又要满足部分学生提高拓展需求。各地体育部门按照需求牵引、以用为本的原则,组织制作并遴选推荐一批适合学生利用课后和课余时间学习的优质体育类视频教学资源,积极配合教育部门加强对学校体育课后服务活动课程建设的工作指导。

三、约束功能:保证学校体育政策的合法化,约束学校体育的不当行为

学校体育政策以学校体育为落脚点,政策的颁布约束学校体育的不当行为,促进学校体育的长远发展。在我国现代化发展征程中,学校体育政策充当着约束者的角色。在保证学校体育政策合法化的基础上落实学校体育政策,约束不当行为,实现学校体育政策的调整与完善,促使学校体育政策的发展。

(一)保证学校体育政策的合法化

保证学校体育政策的合法化,指的是对政策制定活动进行监控以使政策的制定严格遵守法定的程序和原则,并且审查所制定的政策是否符合宪法和有关法规。学校体育政策无时无刻不在对规定的学校体育内容进行约束,使得学校体育政策牢牢把握《中华人民共和国宪法》这个中心,围绕《中华人民共和国体育法》《中华人民共和国教育法》制定出合理、规范的学校体育政策。

(二)约束学校体育的不当行为

目前,学校体育教师的工作量过大,除常规的体育课堂教学外还有大量的课外工作,比如课间操、课外体育活动以及学校运动队的训练等,重压之下导致体育教师工作热情不高,钻研教学不足,部分体育教师产生畏难情绪,影响了体育课堂的效果。同时,大多数体育教师不理解课程改革的目的,缺少必要的教学技巧,也没有足够的时间来研究和探索这些问题,导致体育教学改革仅流于形式。在部分学校,体育课时被占用、体育教师被生病的现象尚且一直存在。

针对上述有关学校体育的不当行为,国家出台相关政策以解决此类问题。2012年我国出台的《国务院关于加强教师队伍建设的意见》《教育部国家发展改革委财政部关于深化教师教育改革的意见》等不仅为我国师资队伍的发展和建设提供了理论依据,也为我国师资培养体系的改革提供了政策和组织保证。深入推进基础教育改革,提高对学校体育教师的要求,加强对相关部门的约束,营造有利于学校体育事业健康发展的良好环境。为进一步贯彻落实党的十九大精神,2018年《中共中央 国务院关于全面深化新时代教师队伍建设改革的意见》的颁布提出加快建设高水平、高质量的教师队伍,加速教育现代

化。随之出台的《中国教育现代化2035》和《加快推进教育现代化实施方案(2018—2022年)》对我国的现代化教育进行了初步的设想与规划,为我国教育现代化建设开辟了新的道路。新时代,《关于全面加强和改进新时代学校体育工作的意见》提出要严格落实学校体育课程开设刚性要求,不断丰富课程内容、拓宽课程领域,逐步增加课时。还有要加强体育课程和教材体系建设。学校体育教学模式要求教师不仅仅是专业知识技能的传递者,还要坚持健康第一的理念,完善体育教师综合素质,促进学生能够在体育锻炼中享受乐趣、增强体质、健全人格、锤炼意志。同时,教师还要树立学科交叉意识,有机融合各学科的美育内容,推进课程教学、社会实践和校园文化建设的深度融合,大力开展以美育为主题的跨学科教育教学和课外校外实践活动。《关于进一步减轻义务教育阶段学生作业负担和校外培训负担的意见》要求学校和家长引导学生放学回家后完成剩余书面作业,进行必要的课业学习,从事力所能及的家务劳动,开展适宜的体育锻炼,开展阅读和文艺活动;个别学生经努力仍完不成书面作业的,也应按时就寝。

针对实践中学校体育课时被占用的问题,2022年《中华人民共和国体育法》修订草案二次审议稿时强调:在青少年和学校体育方面,新法要求学校必须按照国家有关规定开齐开足体育课,确保体育课时不被占用;学校应当将在校内开展的学生课外体育活动纳入教学计划,与体育课教学内容相衔接,保障学生在校期间每天参加不少于一小时体育锻炼。

四、评估功能:评估学生体质健康、学校教师考核、学校体育工作

政策评估是运用科学的方法和技术,根据一定的价值和事实标准,通过特定的过程和步骤,对政策执行过程中的价值和事实因素进行分析,初步判断政策的发展,从而对政策进行调整、修正与制订。学校体育政策的评估功能指针对学校体育政策中的某项措施或者某个方面进行各种评价,包括对学生体质健康的评估、对学校教师考核的评估以及对学校体育工作的评估。

(一) 学生体质健康评估

学校体育政策对学生体质健康进行评估。2007年中共中央、国务院《关于加强青少年体育增强青少年体质的意见》提出全面实施《国家学生体质健康标准》,把健康素质作为评价学生全面健康发展的重要指标,尽快构建与素质教育相适应的考核评估体系,使其在促进青少年身体健康方面起到积极的引导作用。对高中阶段的升学体育考试进行了全面组织,逐步增加体育成绩在学生的综合素质和高考成绩中的比重;在中学毕业考试中积极推进体育测验。在全国范围内推广《国家学生体质健康标准》测试报告制度、公告制度、招生体检制度等。2012年《关于进一步加强学校体育教育工作的若干意见》完善

了学生体质健康测试和评价制度,要求"教育部会同有关部门修订并全面实施《国家学生体质健康标准》,做好学生健康检查制度、学生体质健康监测制度与国家学生体质健康标准测试制度的配套衔接"。2014年《学生体质健康监测评价办法》等三个文件的颁布对学生体质健康评估工作做出了进一步指示:各地要将学生体质健康监测评价纳入教育现代化指标体系,作为考试制度建设和改革的重要内容;将学校体育工作评估作为监测教育发展和考核学校工作的重要途径纳入教育督导检查计划。建立学校体育工作专项督导制度和重点地区学校体育工作挂牌督导制度,逐步形成科学规范、导向明确、诚信可靠、保障有力的学生体质健康监测评价制度。通过政府主导、第三方监测、社会监督等多种渠道汇聚、分析和公布学生体质健康变化趋势、学校体育工作进展情况等信息。

(二)学校教师考核评估

学校体育政策对学校教师进行考核评估。为适应新时代体育发展的要求,体育教师的角色要呈现多样化。在学校体育教学中,一般都是以有目的的、有计划的方式来完成学生的体育基础知识和各种运动技术的传授,以增强学生的体质,提高他们的身体素质,培养他们的体育精神。由于学校体育教师地位的重要性与特殊性,学校体育政策有必要对其进行考核与评估。

【案例分享】
《教育部等六部门关于加强新时代高校教师队伍建设改革的指导意见》(节选)

深化高校教师考核评价制度改革。突出质量导向,注重凭能力、实绩和贡献评价教师,坚决扭转轻教学、轻育人等倾向,克服唯论文、唯帽子、唯职称、唯学历、唯奖项等弊病。规范高等学校 SCI 等论文相关指标使用,避免 SCI、SSCI、A&HCI、CSSCI 等引文数据使用中的绝对化,坚决摒弃"以刊评文",破除论文"SCI 至上"。合理设置考核评价周期,探索长周期评价。注重个体评价与团队评价相结合。建立考核评价结果分级反馈机制。建立院校评估、本科教学评估、学科评估和教师评价政策联动机制,优化、调整制约和影响教师考核评价政策落实的评价指标。

(三)学校体育工作评估

学校体育政策对学校体育工作进行评估。《关于进一步加强学校体育教育工作的若干意见》中提出实施学校体育工作评估制度、实行学校体育报告公示制度,要求教育部研究制订以评价学生体质健康水平和基本运动技能为主要内容的学校体育工作评估标准和实施办法,通过公告栏、家长会和校园网等方式定期通报学生体育活动情况,把握学生体质健康发展变化趋势,有效指导学校体育工作。2020年《关于深化体教融合 促进青少年健康发展的意见》(以下简称《意见》)对体育教学工作提出了新的要求,实行新的监测办法。《意见》明确了体育课程学业质量要求,制定学生运动项目技能等级评定标准和高等学校体育学类专业教学质量国家标准,以促进学校体育质量稳步提升。同时建立中小学体育课程实施情况监测制度,定期开展体育课程国家基础教育质量监测。《意见》推进学校体育评价改革,提出改进中考体育测试内容、方式和计分办法,科学确定并逐步提高分值。用好学生综合素质评价档案,高校根据人才培养目标和专业学习需要,将学生综合素质评价结果作为招生录取的重要参考。2021年10月,国家体育总局发布的《"十四五"体育发展规划》中强调对各政策计划执行的监测评估,将计划执行情况作为监督各级体育部门、事业单位和体育社团的重要工作评价标准。建立动态调控机制,强化规划执行监督,及时发现、处理、优化实施战略,并对其进行中期评价、总结,保证计划的整体目标和任务按时完成。

【本章小结】

本章主要讨论了学校体育政策的体系及功能。

一、学校体育政策的体系划分

(一)按照颁布主体分为:以全国人大、党的会议决议为第一权威层,中共中央和国务院为第二权威层,国务院各部委及直属机构为第三权威层。

(二)按照颁布主题分为:法律法规、政策支持、发展规划、保障措施、课堂教学、课外活动。

二、学校体育政策的功能包括

(一)引导功能:促进学生身心健康发展,提高教育者技能与素质。

(二)规范功能:夯实学校体育硬件设施,提高学校体育软件配备水平。

(三)约束功能:保证学校体育政策的合法化,约束学校体育的不当行为。

(四)评估功能:评估学生体质健康、学校教师考核、学校体育工作。

关键术语:颁布主体;颁布主题;引导;规范;约束;评估

【拓展阅读】

1. 国家体育总局编写组的《深入学习习近平关于体育的重要论述》,人民出版社,2022。(本书由国家体育总局汇编,书中囊括了习近平总书记关于体育发表的重要讲话内容。)

2. 中共中央、国务院、国家体育总局、教育部的官网报道。(从官方网站了解学校体育政策的颁布情况,对其进行整理并分类,分析出学校体育政策的体系与功能。)

3. 观看国内主流媒体发表的文章,分析掌握其中的观点。主流媒体包括:以《人民日报》、新华社、中央电视台、中央人民广播电台、《求是》杂志、《光明日报》、《经济日报》为代表的中央级新闻媒体;以各省(自治区、直辖市)党报、电台和电视台的新闻综合频道为代表的区域性媒体;以各大中城市党报、电台和电视台的新闻综合频道为代表的城市媒体;以新华网、人民网等为代表的国家重点扶持的大型新闻网站等。

【课后思考题】

1. 我国的体育政策是什么?
2. 我国的学校体育政策是什么?学校体育与体育的关系是什么?
3. 我国的学校体育政策体系是什么?
4. 学校体育政策体系如何划分?
5. 学校体育政策的功能有哪些?
6. 成立研究小组,对下列内容展开讨论:

(1) 谈一谈你对学校体育政策体系的理解。

(2) 你认为学校体育政策的功能还有哪些?请阐述你的理由。

【参考文献】

1. 李志军.公共政策评估[M].北京:经济管理出版社,2022.
2. 教育部课题组.习近平总书记教育重要论述讲义[M].北京:高等教育出版社,2020.
3. 国家体育总局编写组.深入学习习近平关于体育的重要论述[M].北京:人民出版社,2022.
4. 王书彦.学校体育政策执行力理论与实证研究[M].哈尔滨:黑龙江教育出版社,2010.
5. 张振华,毛振明.学校体育教材教法[M].北京:北京师范大学出版社,2016.

第四章
学校体育政策过程

【章结构图】

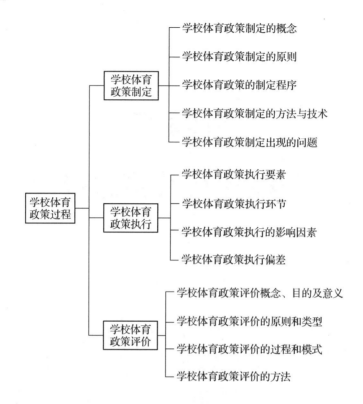

【本章概述】

学校体育政策过程大致包含政策制定、政策执行与政策评价三大环节,任何一个环节都影响着政策落实的整体效果。首先,学校体育政策文本是政策制定的产物,制定过程遵循一定的原则与程序。其次,制定好的学校体育政策必须贯彻执行,只有通过执行才能真正体现政策的价值,也只有很好地执行才能检验政策的实践效果。最后,学校体育政策评价是客观呈现政策实践效果的有效途径,对于政策持续、修正还是中介起着十分重要的意义。因此,本章节着重对学校体育政策的三大环节进行陈述。

正如David Easton所指出的:"一项政策是由配置价值的一系列决定和行动构成。[①]"学校体育政策过程是一个相对复杂、连续不断的演进过程,它由一系列相互关联的"决策环节"组合而成。简而言之,学校体育政策过程就是对学校体育政策从酝酿到终止的过程,是学校体育政策主体对政策对象开展学校体育管理的过程。依据不同阶段的侧重点不同,大致可以将整个过程划分为学校体育政策制定、执行、评价三个阶段。

---

① Easton D. The political system:An inquiry into the state of political science[M]. New York:Knopf,1953:15.

第一节 学校体育政策制定

一、学校体育政策制定的概念

政策制定是指产生一系列可行的政策备选方案来解决问题的过程。在这个阶段，一些潜在的政策首先被确定，其可行性也被初步评估。[①] 政策制定过程是利益相关者偏好表达和诉求实现的过程，同时也是公共资源权威分配的过程。政策制定在一般情况下需要三个条件：政治上可接受、行政上可实行、技术上可操作。德罗尔认为，最佳决策模型包括三个阶段：(1) 总的政策决定，即如何做出决策的决策；(2) 通常意义上的决策，即关于实质性问题的决策；(3) 政策再决定，即根据反馈而变更原来的决策。[②]

学校体育政策是国家实现学校体育发展目标的重要干预手段，它明确了学校体育特定时期的发展方向，是研究学校体育改革与发展的重要组成部分。学校体育政策制定就是政党、政府等社会实体，根据一定历史时期的社会现状和学校体育工作现实以及开展过程中遇到的问题，提出学校体育工作的行动依据和行为准则的过程，是开展学校体育工作的重要环节。通过制定学校体育政策，使国家的学校体育目的和任务转变为具体的政策条文，进而指导学校体育实践，会对整个学校体育工作产生广泛而深刻的影响。学校体育政策制定的科学化水平，决定了学校体育政策的科学化水平，并在很大程度上决定了整个学校体育工作的质量。要提高学校体育工作质量，首先要求有一系列赖以遵守的科学的学校体育政策。

二、学校体育政策制定的原则

(一) 效益原则

制定政策的目的，是为了取得良好的执行效益。在制定学校体育政策的时候，必须考虑到执行过程，确保学校体育政策的执行有利于促进学校体育事业的发展，能够带来良好的社会效益。这就是效益原则的要求。效益原则要求制定学校体育政策必须做到

[①] 吴逊，饶墨仕，迈克尔·豪利特，等. 公共政策过程：制定、实施与管理[M]. 上海：格致出版社，2016.
[②] 吴锡泓，金荣枰. 政策学的主要理论[M]. 金东日，译. 上海：复旦大学出版社，2005.

适用、适时、适度。任何一项适用的学校体育政策的制定,都必须从一定的社会实际出发,与政治、经济和学校体育发展状况相适应,符合国民学校体育意向,既有实施新政策的需要,又有实施新政策的可能,例如《国务院办公厅关于强化学校体育促进学生身心健康全面发展的意见》。

（二）统筹原则

根据系统论原理,制定学校体育政策必须遵循统筹原则。系统论认为,系统是指由相互作用的若干部分或要素组成的复合体。在自然界和社会领域内,系统都是普遍存在的,整个人类社会是由经济系统、政治系统、军事系统和学校体育系统组成的大系统。学校体育系统是整个社会系统的一个子系统,但是在它独立发挥作用的时候,它又是一个大系统,是一个包括体育与健康课程、课外体育活动、课余体育训练与竞赛等子系统的大系统。根据系统的整体性特征,我们在制定学校体育政策时必须遵循统筹原则,从整个社会发展的大背景出发来考虑学校体育发展,加强宏观调控,充分发挥各种学校体育因素的作用,重点要考虑以下两方面内容。

（1）树立大学校体育观,促进学校体育与整个社会协调发展。大学校体育观认为,学校体育是整个社会大系统的一个子系统、一个组成部分,学校体育的发展受社会发展的制约,并促进社会的发展,学校体育必须为社会发展服务,并在促进社会发展的同时使自身得到发展。

（2）立足于提高学校体育的整体效益,促进学校体育内部各子系统和各个要素的协调发展。要正确认识学校体育内部各子系统之间的相互影响和作用,加强宏观调控,打破条块分割、各自为政的格局,加强横向联系,充分挖掘各个部分的潜力,减少浪费,形成强大的合力,提高学校体育的整体效益。

（三）弹性原则

弹性原则是由系统的动态性特征所决定的。唯物辩证法认为,普遍联系是事物存在的一个根本特征。事物间的联系,表现为每个系统都不可能孤立地存在,都必须与其他系统发生联系,每个系统内部各子系统及其各个组成部分或要素,也必然处于普遍联系之中[①]。为了提高学校体育政策的现实适应性,保证学校体育政策的相对稳定,制定学校体育政策必须遵循弹性原则。弹性原则要求在学校体育政策的质、量、度的规定方面留有余地,保留一定的伸缩范围,使学校体育政策在客观条件发生某种变化

---

① 孙锦涛.教育政策学(21世纪教育经济与管理系列教材)[M].北京:中国人民大学出版社,2010.

时仍能适用,并能够根据情况的变化不断地进行自我调节,产生新的政策功能。遵循弹性原则是提高学校体育政策实施效益的必要保证。依据这一原则,制定学校体育政策要用发展的观点来看待和分析事物,使学校体育政策的制定有一定的预见性和超前性。

(四) 科学性原则

学校体育政策对学校体育工作的影响是巨大的。科学的学校体育政策会给学校体育带来良好的效益,反之,不科学的、特别是错误的学校体育政策,会给学校体育工作乃至整个社会发展带来巨大的损失,正所谓"差之毫厘,谬以千里"。制定学校体育政策,首先要求有科学理论作指导。马克思主义哲学和现代思维科学,揭示了自然、社会和思维发展的一般规律,为我们提供了科学的世界观和方法论;学校体育学与社会学、经济学等社会科学息息相关,这些科学理论共同构成了我们制定学校体育政策重要的理论基础。制定学校体育政策的另一个重要依据是学校体育科研成果。学校体育科研成果是学校体育科学理论与体育发展现实相结合的产物,往往具有较强的针对性,是学校体育决策可信赖的参考依据。学校体育科研成果要参与学校体育决策的前期过程,而不能仅仅用于学校体育决策的后期论证。学校体育政策制定者要增强科研意识,积极利用学校体育科研成果,坚决克服那种"想当然"、拍脑袋的决策作风。

三、学校体育政策的制定程序

学校体育政策的制定是一个非常复杂的过程,它受各种各样因素的影响。就其制定的程序来看,与一般政策区别不大,主要是在学校体育行政管理部门主导下完成的。随着我国政治文明的不断发展,在制定学校体育政策的时候越来越多地采用专家起草、集体论证等民主决策的方法,并往往要经过较长时间的实践,不断调整,使政策更能反映广大政策对象的利益。学校体育政策的出台大都基于现实出现的问题,当现实中的学校体育矛盾激化,并已不能依据现有的政策进行调整和解决时,就证明已有的政策不能适应新形势的需要,而要对其进行修改和调整。当政策环境发生重大变化,对原有政策进行"修修补补"已不足以解决问题时,就必须重新制定一项新的学校体育政策。

学校体育政策的制定受到多种因素的影响,不可能遵循同一个制定模式,但是从总体上看,我国学校体育政策制定的程序一般分为以下四个阶段(如图4-1所示)。

图 4-1 我国学校体育政策制定的程序

（一）学校体育政策问题的确定

学校体育政策问题的确定是整个学校体育政策制定过程的起点。学校体育问题总是客观存在的，如学生体质状况不佳、场地器材不足、资金短缺、教师队伍数量不足且素质有待提高、体育器械配备达标率不高等。这些问题种类繁多、数量巨大，它们是学校体育政策问题的起点。但是要成为学校体育政策问题得取决于特定的问题是否能够引起公众和政府部门的关注，即由学校体育问题转化为学校体育政策问题，并进一步合法地进入学校体育政策的议程，最终成为学校体育政策。因此，学校体育政策过程通常很难是一个理想化的理性决策过程，而是一种协商的过程。为了减少领导者的主观愿望和自己的价值偏好对学校体育政策问题的影响，在认定学校体育政策问题时必须注意两点：一是要有尽可能多的人参与学校体育政策问题的认定，尽量照顾到各方面的利益群体；二是尽可能多地倾听来自不同方面的声音。

（二）学校体育政策议程的设立

并非每个被界定为学校体育政策问题的问题都由政府来解决。问题必须要细化为政策议程，即制定政策解决问题的议论、商讨、规划的议事程序。这一过程中不同政策主体之间的交互作用将最终决定政府对学校体育政策问题的作为或不作为。在我国，由于党和政府作为社会利益的代表者，它们在学校体育政策制定的权力结构中处于政策中枢的特殊地位，所以它们拥有对整个社会资源进行权威性分配的权力，对学校体育问题能否进入政策议程也具有决定性的影响。在此情况下，常常是党和政府主动寻求和发现问题，并把问题直接列入自己的议事日程，从而使这些问题并不经过公众议程而直接形成学校体育政策问题。可以说，党组织和政府是我国各种重大政策问题的主要提出者，在学校体育政策问题的认定过程中发挥着主导作用。

（三）学校体育政策的决定

当学校体育政策议程确定之后，就要进行学校体育政策决定，即决策阶段。从我国学校体育决策的发展历程来看，我国的学校体育决策经历了由传统经验型决策向理性型决策再向现代的综合型决策发展的阶段。新中国成立初期，我国的学校体育政策科学化水平较低，主要是根据自身的经验来进行决策，而且大多是模仿、移植国外（主要指苏联）的学校体育政策，由于水土不服而大打折扣。改革开放之后，学校体育决策得到极大的改善，决策的科学化、民主化与绩效化水平不断提高，并走出了一条从点到面、由浅入深、循序渐进的渐进式决策模式和综合式决策模式的道路。学校体育政策决策的程序应当规范,也应当严格,但这样带来的影响是双面的。有规则、有程序体现了民主,但有时可能造成效率低下或消磨了创新,这是一对永恒的矛盾。

(四)学校体育政策的文本出台

在学校体育政策被正式采纳之前,它必须以书面的形式表达出来,最后以官方文件的形式公布于众,在成为正式的官方文件之前往往要经过反复的修改;学校体育政策经过一定实践检验具有相对稳定性之后,可以以法律的形式体现出来。

四、学校体育政策制定的方法与技术

根据方法与技术的作用范围,制定学校体育政策的方法与技术可分为预测的方法与技术、对策的方法与技术、决策的方法与技术等。

(一)预测的方法与技术

预测应用具有广泛性、复杂性和多样性,与此相适应,预测的方法与技术种类繁多。但常用的预测方法与技术有十几种,其他的都是由这十几种演化而来的。这里介绍最主要的两种。

1. 回归分析预测法

它是一种处理变量之间相互关系的数理统计方法,即从事物变化的因果关系出发来进行预测。它首先根据统计资料求得因果关系的相关系数,相关系数越大,因果关系越密切;然后根据相关系数确定回归方程,预测今后的发展。回归分析主要解决以下两个方面的问题:

第一,确定几个特定的变量之间是否存在相互关系,如果存在,则找出它们之间合适的数学表达方式。

第二,根据一个或几个变量的值,预测另一个变量的取值,并且求出预测所达到的精确度。

一般来说,求一个变量对另一个变量的因果关系,叫一元线性回归预测;求多个变量之间的因果关系叫多元线性回归预测。

2. 趋势外推法

这是根据历史和现存资料推出发展趋势,进而推测未来发展情况的方法,包括移动平均数预测法、指数平滑预测法和时间序列法等。其特点是把统计数据规则化为直线或某种曲线,并用方程式表示出来。

(二)对策的方法与技术

根据学校体育政策的制定程序,提出学校体育政策问题之后的一系列工作,包括确定学校体育政策目标、拟订学校体育政策方案等,属于对策过程。对策过程常要用到以下几种方法:

1. 德尔菲法

德尔菲原是古希腊的一个城市,是传说中预知之神阿波罗的神庙所在地,它被美国兰德公司用作其于1910年创造的对策方法的名称。德尔菲法的实质是利用众多专家的本领对某一领域的问题提出对策的方法。其主要特征是采用"并联"或"背靠背"的形式向专家征询意见,专家们互不见面,互不知名,更不互相交换意见,而是独立地提出意见。这些意见经组织者归纳、整理后,又反馈给各位专家,由专家们再提出意见。如此经过多轮反复,组织者根据最后的意见提出对策方案。"背靠背"地征询答案,可以使专家们避免从众心理和人情世故等因素的干扰,毫无拘束地发表意见;多轮反复征询意见,可以使意见最终集中于某一特定的区域,趋于统一。

德尔菲法系统由三个要素组成:一是一名组织协调者;二是一群专家;三是一套特制的征询卡片和程序。

组织协调者的工作程序是:

——拟订问题提纲,明确提出问题。

——挑选征询对象,一般为10~50人,重要问题100人左右。

——发出征询卡,说明注意事项。

——收集、综合、整理专家意见,形成文字表述或图表表述。

——反馈征询结果,一般反复二至四次。

——提出对策方案。

2. 头脑风暴法

根据暴风雨来得猛、去得快的特点,人们设计了头脑风暴法,其宗旨是要充分发挥个人的智慧和潜力,以达到对策的目标。由组织者提供或创设自由、和谐的环境和气氛,让参加会议的人不受任何拘束,有机会自由地发表意见,以便于所有的人都能充分地利用自己的经验,展开自己的想象力。最后,由组织者对各种意见进行归纳、整理。

采用头脑风暴法要注意以下几点:(1)与会者可以只谈观点,无须论证;(2)与会者分别自由地发表意见,不讨论,不批判,不争论;(3)有一定时限;(4)可以同时提出多种方案;(5)组织者不当场作出结论。

3. 哥顿法

此法是美国人哥顿于1964年发明的。它是通过会议的形式让大家提出对策方案。开始阶段,为了避免大家的思路受到限制,会议主持人暂不公布所要研究的问题和所要达到的目的,只提出一个相关的中心议题,要求大家根据这个议题发表意见,提出方案。当会议进行到适当的时候,会议主持人再把所要研究的问题和会议目的公布出来,让与会者在前阶段所提办法的基础上,发挥智慧和潜力,提出较为合理的对策方案。

(三) 决策的方法与技术

一般来说,判断学校体育政策方案优劣的依据是其可行性和效益值。可行性越大,效益值越高,学校体育政策方案的质量就越高,反之就越低。下面介绍三种主要的决策方法与技术。

1. 决策树决策技术

当我们面对着纷繁复杂的决策空间时,往往很难进行条理清楚、准确无误的思考,特别是在对不同的学校体育政策方案作出抉择时,往往要涉及对多种因素的分析、比较。为此,可以使用决策树决策技术(或叫决策树)。决策树决策技术是由使用树形图而得名的,就是在对方案进行分析、评价时,将各方案的情况绘制成图,然后通过数学计算,比较出各方案的优劣。其主要特点是使决策过程条理化,分步骤进行。

决策树决策技术的主要步骤是:提出问题(决策点),弄清问题的含义、难点及主要的信息特征;从决策点出发,制定解决问题的可能的行动方案,并画出决策树;估算各个行动方案的效益期望值;在决策树上进行综合评审,对应淘汰的方案予以"剪枝",最后留下的便是最佳方案。

决策树图见图 4-2。

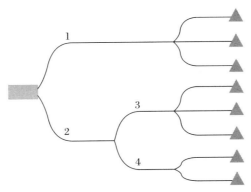

注:▇ 表示决策点 ▲ 表示方案的结果节点

图 4-2 决策树示例图

2. 会审法

会审法就是由专家小组或领导集体通过会审对不同的学校体育政策方案直接做出选择的方法[1]。在会审中,专家小组或领导集体通过对不同学校体育政策方案的可行性和效益值做出判断,进而选择出最佳方案。此外,还可以通过集体评审,扬各方案之长,弃各方案之短,通过取长补短而产生出新的方案。

---

[1] 孙锦涛.教育政策学(21世纪教育经济与管理系列教材)[M].北京:中国人民大学出版社,2010.

3. 实验决策法

为了考察学校体育政策的可行性和效益值,做出正确的政策方案选择,人们往往通过选择或创设适宜环境,在小范围内实施学校体育政策方案,进行实验和试点,这就是实验决策法。学校体育政策实验可以分为两种类型:(1)同质实验,即在不同的环境条件下实施相同的学校体育政策方案,从而考察该方案的适应性和效益值。(2)异质实验,即在相同环境条件下实施不同的学校体育政策方案,以求了解各个政策方案的可行性和效益值,做出优劣比较和方案选择。实验决策法是一种广义的模拟。由于其结论可以最大限度地接近实践效应,利用实验决策法进行学校体育决策,可以最大限度地减少失误,提高学校体育政策的可行性和效益值。

五、学校体育政策制定出现的问题

(一) 政策目标制定的模糊化

在学校体育政策的制定中,政策方案应具有严格的执行界限、明确的目标和标准等。而学校体育政策目标制定的模糊化会导致政策制定以及执行出现问题。公共政策学家马特兰德认为:"政策模糊无好坏之分,但组织会根据政策内容的模糊程度选择不同的执行策略。"[1]当前,我国学校体育政策在制定的过程中,存在一系列目标、标准和边界含糊不清的政策和法规,对政策执行活动提出模糊的指导性规定和说明,没有涉及具体的目标和标准要求。如2016年国务院办公厅印发的《关于强化学校体育促进学生身心健康全面发展的意见》中规定:"各级政府要切实加大学校体育经费投入力度,地方各级人民政府在安排财政转移支付资金和本级财力时要对学校体育给予倾斜。各级教育部门要根据需求将学校体育工作经费纳入年度预算,学校要保障体育工作的经费需求。"以上内容虽然是在对学校体育经费投入提出指导性说明,但其目标设置较为笼统,多是对经费投入情况的原则性表述,而缺乏了对资金投入总体和阶段目标的量化分析。学校体育政策制定的模糊不清不仅会增加各级学校体育主管部门执行过程中的决策成本、监控成本,亦会增加学校和教师政策执行的灰色成本和不适应成本。长此以往,政策就变成了一纸空文。

(二) 政策配套制定时的不匹配

政策协调性是指一项可执行的政策在其适用的时空范围内,与其他政策或者外部环境间互不抵触,否则便会破坏政策系统的基本结构,进而引发政策功能系统紊乱或者崩溃,最终难以实现政策目标。[2]学校体育政策协调性问题主要体现在由于政策不配套造

---

[1] 李声宇. 目标模糊如何影响公共组织的研究述评[J]. 公共行政评论,2016,9(6):164-188.
[2] 张莉清,姜志远,曹光强,等. 我国学校体育政策制定问题探析与提升途径[J]. 北京体育大学学报,2019,42(5):55-62.

成政策目标落空。因缺乏配套政策从而影响总体执行效果的案例很多,学校体育意外伤害防控就是一个典例。我国中小学学生因参加学校体育活动而发生意外伤害事故的现象屡屡出现,政策制定者很早便意识到这一问题,但只是在总体的方针性政策中做了指导性的说明,却未制定风险防控和伤害处置的具体方案。2006年颁布的《教育部 国家体育总局关于进一步加强学校体育工作切实提高学生健康素质的意见》中就提到:"切实加强学校体育的安全保障。要加强对师生的安全教育,对体育教师安全方面的培训和对学生的校园安全教育要长抓不懈。"但直到2015年教育部才印发了《学校体育运动风险防控暂行办法》这一具体的配套性政策。在该配套政策出台以前,意外防护政策一直处于缺乏相应的法律保障和有效的解决机制的"真空期",一些地方的学校体育行政部门和学校选择通过减少体育活动时间或者直接叫停存在风险的体育项目来规避学校体育运动风险,防止因学生意外伤害引起的责任纠纷,这就直接导致具备对抗性或者对身体要求比较高的项目难以走入体育教学。如很多学校怕出现事故,取消体操、篮球、足球、长跑等项目,这严重制约了学校体育的开展和教学质量的提高。总之,学校体育政策体系是一个动态、复杂的系统,缺乏及时的相关配套政策,就无法通过具体的方案为政策执行铺路搭桥,最终导致政策目标难以落实。

(三) 政策内容制定的片面化

政策的合理性即政策是否反映了客观存在的真实情况或者事物的发展规律。[①] 如果学校体育政策制定违背客观规律,或者政策目标和标准脱离实际条件,就会付出沉重代价。当前我国学校体育政策内容存在一定的不合理性,表现出片面化特征,具体体现在以下两个方面:一方面是评价指标片面化。如,以体质健康测试项目的成绩评价学校体育工作的好坏,忽略了运动技能的考核,不利于体育教学的开展和学生运动技术水平的提高,致使学校重视体质测试项目,忽视技能教学。这就导致学生们很难形成很好的运动技能,得不到技战术的全面发展,更别提发展一个终生的体育项目了。另一个方面是政策文本的片面性。目前的学校体育政策体系内容过于偏重学生体质健康,不利于发挥学校体育的多重价值,无法满足学生的多元化体育需求,不能实现学生的全面发展。如"体育中考"的最终评价大多还是来源于针对体质的测试,也就引发了"测什么练什么"的现象。虽然在2016年国务院办公厅印发的《关于强化学校体育促进学生身心健康全面发展的意见》中突出了体育的多元价值,但仍然广泛存在上体育课就是为了参加体育测试的思想。

(四) 政策内容制定的不稳定性

学校体育政策稳定是指在政策规定的有效实施期限范围内,维护政策自身的权威

---

① 丁煌.政策制定的科学性与政策执行的有效性[J].南京社会科学,2002(1):38-44.

性、持续性和一致性,非重大和特殊原因不可废除或对政策进行大幅度调整。当然,任何政策都存在边际效用递减规律和周期性规律,需要根据新问题不断更新和与时俱进,如果朝令夕改或者前后冲突,不能维持一定的稳定性会影响政策的效果。当前学校体育政策的不稳定性主要体现在新旧政策的冲突方面。如全国学生体质与健康调研政策从1985年开始每5年进行一次修订,截至2014年已经修订到第6次,调研范围涉及多达30多个省市。而且在2002年教育部建立了"全国学生体质监测网络",计划每2年对学生体质健康状况进行一次监测。教育部公布的《关于2004年学生体质健康监测结果公告》中也提出与体质调研政策类似的内容。这一新政策不仅与先前施行的体质健康调研政策内容基本重复,而且涉及的地区范围和样本量都更小,因此该政策仅在2002年和2004年进行过2次,就没有再继续执行下去。政策缺乏稳定性或者延续性引起政策结果的不确定性,政策执行链条的所有执行者都不会投入较多的人力和物力追求长期的"投资"效益,而是在执行中选择对自己有利的短期"投机"效益,导致学生和家长失去对学校体育政策的信任,最终削弱政策的公信力和权威性。

第二节　学校体育政策执行

学校体育政策制定以后,必须贯彻执行。只有通过执行,学校体育政策才能体现其自身的价值,发挥政策的效益;也只有在执行中学校体育政策才能得到实践的检验,并得以不断发展和完善。学校体育政策制定是学校体育政策执行的前提,学校体育政策执行是学校体育政策制定的目的和归宿。学校体育政策能否贯彻执行以及贯彻执行的好坏,直接关系到学校体育事业的发展与改革。为此,本节主要探讨了如下几个问题:学校体育政策执行的含义及要素有什么?政策执行的环节有哪些?学校体育政策执行有什么作用和处于什么地位?学校体育政策执行的影响因素有哪些?执行时会产生哪些问题?如何解决这些问题?

一、学校体育政策执行要素

袁振国在其主编的《教育政策学》中给教育政策执行下的定义是:"教育政策执行是指政策的执行者依据政策的指示和要求,为实现政策目标,取得预期效果,不断采取积极措施的动态行动过程。"[①]根据教育政策执行的基本含义,我们可以把学校体育政策执行定义为:所谓学校体育政策执行,是一种将学校体育政策精神与内容转化为现实效果,从而实现学校体育政策目标的动态行动过程。

---

① 袁振国.教育政策学[M].南京:江苏教育出版社,1996:179.

学校体育政策执行寓含着一种"合力"的作用，它是一种由多种相互关联的要素所组合而成的动态行动过程。完整地理解学校体育政策执行的含义，需要明确其基本组成要素。

1. 学校体育政策执行主体

学校体育政策执行主体是指学校体育政策的主要执行者。学校体育政策多种多样，例如有国家学校体育政策和地方学校体育政策之分，有基本学校体育政策和具体学校体育政策之别。每一种学校体育政策均有其特定的执行主体。学校体育政策的不同暗含着执行主体的区别。学校体育政策的执行主体包含执行机构与执行人员。执行机构与执行人员又是紧密关联的统一体。任何执行机构都是由执行人员所组成的。所以学校体育政策执行机构的组织特质及执行人员的政策水平与素养，是影响学校体育政策执行效果的最为重要的因素。在我国，学校体育政策的执行主体主要是指各级政府、学校体育主管部门和各级各类学校。除此之外，学校体育社会团体、各种政策利益相关者在政策执行中也发挥着重要作用。

2. 学校体育政策执行方案

取得合法性地位的学校体育政策本身就是一种被批准的行动方案。对行动方案的实施，要求其自身有明确的实施方案。在通常情况下，一个完好的学校体育政策实施方案需要清晰地回答如下问题：其一，执行者是谁？其二，实施时间有多长，空间范围有多大？其三，实施的近期目标、中期目标或远期目标是什么？其四，怎样分步骤地实施？其五，可能出现的问题及如何应对等。学校体育政策实施或执行方案制定得如何，对政策执行的效果无疑有重要影响。有了明确的科学的执行方案才可能有切实有效的执行行动。

3. 学校体育政策的施行对象

学校体育政策的施行对象也叫目标群体，即受政策影响的人群。任何学校体育政策，都是在特定的对象中实施并且最直接地影响着一定人群的利益。这种人群可以是范围甚广的，也可以是受到范围的限制，这依具体的政策要求而定。无论政策指向的人群范围有多大，这些人群对政策的顺从或对政策作出热切反映的程度始终是政策能否顺利执行并能否取得预期效果的重要保证。一项再好的学校体育政策，如果没有得到它所指向的人群的充分理解与认可，如果缺乏他们积极的回应与参与，那么它在执行中也会遇到障碍。所以，在学校体育政策执行过程中，政策实行对象及目标群体的参与度是一个至关重要的要素。

4. 学校体育政策执行的条件与环境

学校体育政策执行离不开必要的条件保障，同时也受到各种环境因素的影响与制约。政策执行的条件是指能保障政策顺利运行的社会资源。这种资源既包括物质层面的资源，也包括精神层面的资源。环境因素与政策执行所需要的条件保障既相互联系，也相互区别。这里的环境因素涉及较宽的层面,包括社会政治环境、经济环境、社会心理环境与文化教育自身的环境等。这些因素总是有形无形地,或以不同的方式、途径影响着学校体育政策的执行。所以,正确地分析环境,认清环境因素中的利与弊,充分地利用积极的环境因素,尽可能地克服不利因素的影响,这对于保障学校体育政策的顺利实施同样具有重要意义。

二、学校体育政策执行环节

学校体育政策的执行是一个动态的过程,可以分为准备阶段、实施阶段和总结阶段,每个阶段包括了多个具体环节。

图 4-3 我国学校体育政策执行的环节

(一) 准备阶段

学校体育政策的准备阶段是政策执行的开始,主要包括理解政策、制定执行计划、物质准备、组织准备等环节。

(1) 理解政策。理解政策是行动的基础,任何政策的执行,都需要建立在执行机构和人员正确地理解政策的基础之上。理解政策,需要了解政策的精神实质,包括政策制定的原因和要解决的问题,指导思想、目标,执行后的作用和意义,从而能够在思想认识上建立较好地贯彻执行政策的意识和增强执行政策的主动性、积极性。

(2) 制定执行计划。政策的执行,是由一系列的活动组成的,这就需要有一整套活动的设计或安排,包括任务安排、时间安排、方式安排等,从而保证政策的实施活动按照一定的程序和质量要求开展[①]。政策的执行计划应当具体、可行,对各行为主体的要求明确。例如各省市每年的体育专业招生考试政策,都会制定详细的工作方案,明确时间节点和任务要求,保证考试的顺利实施。

(3) 物质准备。物质资源是政策执行的经济基础,任何政策的实施活动都需要一定的物质资源,包括一定的财力和物力资源,即经费和设施设备等条件。例如提升学校现代体育教育的相关政策,就需要准备相应的经费资源、广阔的体育场地、体育设施等。

(4) 组织准备。组织机构是学校体育政策执行的实施者,政策的执行需要相应的组织机构来承担相应的任务,需要明确权力和责任,合理分工,建立良好的信息沟通和协调机制。如不同学校为落实《国家学生体质健康标准》而成立体质健康测试工作小组,明确职责分工。

---

① 褚宏启.教育政策学[M].北京:北京师范大学出版社,2011.

【案例分享】

山东轻工职业学院学生体质健康标准测试小组
2020—2021第2学期学生体质健康标准测试工作方案

根据2021年国家学生体质健康标准测试要求,为更好地完成本学期学生体质健康标准测试(以下简称"体测")工作,结合《高等学校体育工作基本标准》《国家学生体质健康标准》要求及教学工作安排,制订本方案。

一、组织机构

(一)领导小组

组长:梁＊＊

副组长:杨＊＊

成员:各系分管学生科长、基础教学部主任

职责:统筹各工作组工作;组织各系成立学生体质健康促进工作组。

(二)测试工作组

组长:胡＊＊

成员:全体体育任课教师、各系辅导员

职责:组织各系学生有序、合理、安全地按时参加体测;按方案要求完成学生体测,进行信息化数据采集,保证测试数据准确,全面提升体测工作效率;对测试数据进行抽查复核。

(三)医务监督组

组长:陈＊

成员:校医院工作人员

职责:负责学生健康咨询以及应急救护,800 m、1 000 m测试现场医疗服务,同时提供学生视力、肺活量等数据。

(四)督查组

组长:周＊

副组长:贾＊＊

职责:督导各系组织学生按时参加体测;对测试过程进行督导检查;对未按要求组织测试的系部及测试教师进行通报。

(节选自《2020—2021-2学期学生体质健康标准测试工作方案》,山东轻工职业学院,2021年4月2日,有改动)

(二)实施阶段

政策执行的实施阶段主要包括政策宣传、政策试验、政策推广环节,是政策执行的核心阶段。[①]

(1) 政策宣传。通过政策宣传,使政策的对象和其他有关人员了解和理解政策的目的、意义、作用、原则和方案,了解政策对自己的影响和要求,以便更好地服从政策,或是根据政策的要求指导或调整自己的行为。特别是许多学校体育政策涉及广大教师和学生或家长,影响人数众多,对相关政策广泛而深入的宣传就更为重要。

(2) 政策试验。在一定范围和一定的条件下选择对象进行试验,以便了解政策存在的不足或是全面实施需要的支持。特别是一些学校体育创新性改革方面的政策,在部分地区或学校开展试点,取得经验后才逐步推广。典型的如新课程改革政策的相关试验,都是在部分地区先进行试点,再逐渐推向全国的。

(3) 政策推广。在学校体育政策推广过程中,需要抓住关键问题,以点带面,注意根据不同地区和不同学校的特点,注意不同课程、不同教师和不同学生的特点,积极推广政策试验所取得的经验和注意其教训,发挥学校和师生的能动性,才能取得良好的执行效果。

(三) 总结阶段

学校体育政策的总结阶段包括对政策执行的监测、对政策执行再决策两个环节。

(1) 政策执行的监测。学校体育政策执行的监测是对政策执行的过程及其进展进行实时或定期监控的过程。例如对于学生体质健康状况的定期监测。

(2) 政策执行再决策。政策执行再决策是指在政策执行过程中,根据执行后的信息反馈,对原有政策方案和执行方式进行调整的过程。因为学校体育政策在执行后会产生许多的新情况和新问题,因此需要根据执行后的实际情况对政策方案和执行方式进行适当的调整或修订,从而更好地实现政策的目的,取得更好的执行效果。

三、学校体育政策执行的影响因素

一项学校体育政策的有效执行,会受到很多因素的影响,下面从学校体育政策问题的易处理性、政策系统内部的可控性因素、政策系统外部的不可控因素三大类因素进行分析。

(一) 政策问题的易处理性

学校体育政策问题的性质是影响其有效执行的重要因素。一项学校体育政策是为了解决学校体育领域中的某个问题,而该政策问题的复杂程度越高,如政策问题涉及的政策对象人数越多,政策对象的行为越多样化,需要协调的利益关系越复杂,政策执行的难度也越大。学校体育政策问题可以粗略分成两大类:一类是与学生和教师个体行为有关的人才培养和学校体育教学活动领域;另一类涉及学校体育组织、系统的体制和事业

---

① 吴志宏,陈韶峰,汤林春. 教育政策与教育法规[M]. 上海:华东师范大学出版社,2003.

发展等领域。对于第一类有关人才培养方面的政策问题，由于学校体育活动是师生的心理互动过程，学生的个性发展与成长和教师教育活动行为的个性使得学校体育教学活动具有高度复杂性，导致学校体育政策问题具有特殊性。在实施相关学校体育教学政策过程中，教师和学生人数多，个体行为调适的过程复杂，相应地提高了政策执行的难度，这也是许多学校体育教学政策实施有较大难度的重要影响因素之一。对于第二类有关学校体育组织和系统的问题，主要是与各级政府和各级各类学校等机构有关的制度、管理等，相应的组织机构的数量、行为的多样性等都会影响执行的效果。

（二）政策系统内部的可控性因素

学校体育政策系统内部的可控性因素，主要是指一项学校体育政策自身的特点、该政策对相关资源和执行机构的要求等。

首先是学校体育政策的科学性和合理性。一项学校体育政策应当符合学校体育改革和发展的客观规律，符合人的全面发展规律，特别是符合国家和人民有关教育的根本利益要求。学校体育政策还应该具有科学的理论基础和缜密的逻辑关系，在政策目标上要具有科学性、清晰性，具有多目标的政策需要在目标上相互协调、整体统一。其次是政策资源的充分性。学校体育政策的执行过程也是政策执行主体对各种政策资源进行配置的过程，资源的充分性直接影响到政策执行的可能性和效果，如果缺乏必要的资源，将导致政策执行的偏差或失败。再次是政策执行机构的良好运行机制和状态。根据我国学校体育的管理体制，从中央到地方各级政府具有不同的职责，相应的不同层级的政府机构在学校体育管理中的权力和责任需要设计可行、相互协调，具有良好的运行机制。最后是政策执行人员的素质。良好的政策执行，不仅要求有足够数量的执行人员队伍保障，还要求执行人员具有较高的政策执行意识、积极的态度和较强的执行能力。与学校体育有关政策的具体执行者是校长和教师，例如推进新课程改革，都需要校长和教师积极参与，深入研究相关政策的要求，在学校体育工作过程中加以贯彻。

（三）政策系统外部的不可控因素

学校体育系统政策以外的不可控因素，主要是指一项学校体育政策执行中的非政策本身所能控制的外部因素，包括外部经济和社会环境、政治氛围、社会监督和公众的支持等。

四、学校体育政策执行偏差

学校体育政策执行偏差是指在学校体育政策执行过程中，没有完全按照学校体育政策目标执行，出现了偏离学校体育政策目标的现象，从而影响学校体育政策目标的实现。学校体育政策执行偏差主要有五种表现形式。(1) 学校体育政策的偏离。所谓学校体育政策的偏离，就是指学校体育政策在执行的过程中，偏离学校体育政策目标或者完全没有执行学校体育政策,不按照学校体育政策本身的内容和精神办事,导致学校体育政策执行的结果严重"走样"。这样的现象在学校体育政策的执行中非常多见。(2) 学校体育政策的表面化。所谓学校体育政策的表面化,就是指学校体育政策的操作性不强,仅仅是在学校体育政策执行的阶段进行了宣传并没有落实到具体措施。(3) 学校体育政策的扩大化。所谓学校体育政策的扩大化,就是指学校体育政策的执行者,在学校体育政策的执行过程中把原政策没有的内容添加进来,并纳入政策执行的方案中,这样使得学校体育政策执行的结果超出了原政策的要求。(4) 学校体育政策执行的缺损。所谓学校体育政策执行的缺损,指的是学校体育政策的部分内容被执行,其余的内容则被搁置一边,或者说只执行有利的,与自己利益有冲突的就放弃执行。比如在学校体育政策的执行过程中,只强调学校体育政策赋予的权利,使学校体育政策成为自己谋取利益的工具,不承担学校体育政策中相应的义务。(5) 学校体育政策被替换。所谓学校体育政策被替换,就是指学校体育政策在执行的过程中,表面上与原政策的精神内容相一致,在实践中却用另一种做法来代替。

【案例分享】

法定待遇对不少体育教师来说,却成了奢望

根据《学校体育工作条例》(2017修订)第五章第十九条,"有关部门应当妥善解决体育教师的工作服装和粮食定量。体育教师组织课间操(早操)、课外体育活动和课余训练、体育竞赛应当计算工作量"。然而,实际的工作中,很多体育教师都没领过服装费。体育教师的服装费问题,只是体育教师长期以来在大多数学校处于边缘地位的冰山一角。

中部地区一位小学体育教师蒋华向中青报·中青网记者表示,她所在的镇有8所小学,据其了解,只有她所在的镇中心小学每年给体育教师发服装费,其他7所小学的体育教师,至少近些年来一直没有拿到过。蒋华表示,她所在的学校之所以能按规定给体育教师发服装费,也是因为她是当地仅有的一位体育特级教师,而且带的运动队给学校争取过很多荣誉。这些成绩让她在学校有一定的话语权,因此,她作为体育组组长,在为体育教师争取应有的待遇时,学校通常还能予以重视和解决。

体育教师的工作方式决定了工作服装是一个必备品。体育教师常年户外工作,风吹日晒,过去有这样的说法:一堂体育课下来,体育教师往往是一身汗一身土,运动服必须常洗常换。对于体育教师来说,无论是运动服还是运动鞋,都属于易耗品。王宗平回忆,"在上世纪90年代之前,我还在大学当体育教师时,体育教师每年可以领取的工作服装折算成费用大致相当于一个月的工资。"另外,体育教师带课的体力消耗很大,所以《学校体育工作条例》(2017修订)里还专门写道,要给体育教师解决粮食定量。

南京理工大学动商研究中心主任王宗平表示,根据调研来看,大学体育教师的服装费通常都有保障,但在中、小学,还有很大一部分体育教师的这项待遇未得到保障。

(节选自慈鑫《开齐开足好体育课 仅靠文件还不够》,金台资讯,2020年9月1日,有改动)

第三节　学校体育政策评价

一、学校体育政策评价概念、目的及意义

（一）学校体育政策评价的概念

讨论政策评价的概念首先应考虑三条原则：(1) 揭示政策评价的内涵；(2) 明确政策评价的外延；(3) 对政策评价内涵和外延的界定力求确切、简要。当前对于政策评价的概念，不同的学者给出了不同的答案，但是，综合对政策评价的认识，其有着共同点，即认为政策评价，其实就是效果评价，其目的是检测政策达到目标的效果和程度，通过分析原因，总结经验，以优化政策。

学校体育政策评价是政策评价在学校体育领域的应用，对学校体育政策评价的理解，也是仁者见仁、智者见智的。结合政策评价的概念，以及根据上述原则，学校体育政策评价是指按照一定的学校体育价值准则和评价标准，采用科学的评价方法，对学校体育政策实施效果所做的事实和价值判断的活动过程。这一定义包含以下三个要点：(1) 强调了学校体育政策评价的本质，即在事实判断的基础上所作出的"价值判断"。(2) 明确了学校体育政策评价的对象，即政策实施效果。(3) 指出了学校体育政策评价准则，即评价必须"按照一定的学校体育价值准则和评价标准"进行。

（二）学校体育政策评价的目的与意义

学校体育政策评价的目的是衡量和检验学校体育政策效果，为我国现行学校体育政策的运行及修订提供有价值的信息，学校体育政策评价结果显示了学校体育政策目标达到的程度和范围。学校体育政策评价是检验学校体育政策效果的基本手段，为学校体育政策持续、修正、调整或终止提供可靠的依据。学校体育政策评价的意义在于通过定期或不定期的追踪、检视政策实施成效，以期发现问题并及时调整，使其适切于发展变化的学校体育实践。如此，方能有效发挥学校体育政策在我国学校体育发展中的重要作用。基于适切观的学校体育政策评价，是践行学校体育政策制定理念、检视学校体育政策执行情况、提升学校体育政策成效、减少学校体育资源损耗以及避免学校体育政策负面效果滋生的重要保障，是实现我国学校体育政策民主化、科学化的重要途径。

二、学校体育政策评价的原则和类型

（一）学校体育政策评价的原则

1. 客观性原则

学校体育政策评价指标体系的客观性是确保评价结果准确合理的基础。这要求指标体系在基本概念和逻辑结构上应该严谨，设计学校体育政策评价指标体系时要考虑到学校体育要素及指标结构整体的合理性，从不同侧面设计若干反映学校体育政策的指标，并且指标要有较好的可靠性、独立性、代表性，要能全面客观地反映学校体育政策的效果和效率。

2. 公平性原则

公平性原则与客观性原则是紧密联系在一起的。客观性原则要求制定学校体育政策评价指标时尽量采用客观量化的数据，从而形成客观公正的评价结果。而公平性原则就是要求制定效果指标时尽量全面、周密、合理、公正，要注意将参与考核的对象的评价指标规范化，以保证整个效果评价结果的公平性和可接受性。同时，相对公平的效果评价指标有助于当前学校体育政策状态的全面体现，保证本次研究的合理性。

3. 实用性原则

学校体育政策评价指标要以统计指标为基础，设置要少而精，不可贪多求全，要突出重点。既要考虑其比较、分析和综合评价的功能性，还要考虑能够提供学校体育政策效果数据资料的可能性，对设计的指标能够进行有效测度或统计。

4. 定性与定量分析相结合原则

描述学校体育政策效果不仅需要反映其实施效果客观的定量指标，还需要反映其社会效果的定性指标。因此指标体系的建立，必须将定性与定量指标相结合，能够量化的指标，应尽可能量化，对于不能量化的指标，则不要过分追求量化，以保证整个系统评价的真实可靠性。

（二）学校体育政策评价的类型与作用

按照评价组织方式来分，学校体育政策评价分为正式评价与非正式评价。依据评价主体来源的不同，可以将学校体育政策评价分为内部评价和外部评价。根据评价阶段的不同，学校体育政策评价分为预评价、执行评价和后果评价。根据本教材的研究内容，主要对预评价、执行评价、后果评价的作用进行分析。

表 4-1 学校体育政策评价的基本类型

分类依据	种类	概念
评价组织方式	正式评价	是指事先制定完整的评估方案,有专门的机构与人员按照严格的程序和规范进行的政策评估
	非正式评价	是指对评估者、评估程序、评估方法、评估资料都做严格要求而进行的局部的、分散的政策评估
评价主体来源	内部评价	是学校体育系统内部进行的评估
	外部评价	是由学校体育行政部门外的评价人员进行的评价
评价阶段	预评价	是学校体育政策执行之前进行的评价
	执行评价	是在学校体育政策执行过程中进行的评价
	后果评价	是学校体育政策执行完成后进行的评价

1. 预评价及其作用

预评价就是对学校体育政策方案所做的分析。它主要是对设计的学校体育政策方案进行的价值分析、可行性分析和后果预测分析。价值分析主要是对政策目标满足社会或个人对学校体育需要的程度分析。可行性分析就是对方案所提出的各项政策措施的具体条件进行分析。后果预测分析主要是对方案实施后出现的情况和实施后果进行预测,对可能付出的代价和可能获得的利益进行比较。

学校体育政策预评价的作用在于:(1) 在学校体育政策制定过程中为政策决定提供依据。在政策评价过程中,通过对各种方案进行全面的分析,比较出他们各自的优劣,选出最佳方案,作为此项政策的实施方案。(2) 合理配置学校体育政策资源。通过预评价,确认每项学校体育政策的价值,并决定投入各项政策的资源的优先顺序和比例,以寻求最佳的整体效果,有效地推动政府各方面的运作。

2. 执行评价及其作用

执行评价是检视学校体育政策执行过程是否按原定政策方案施行,审核方案的继续执行能否达到预期的目标,督导并记录政策执行评价过程中所发生的事件、所采取的行动、所投入的资源(包括人力、物力和财力等)、发现政策设计或执行中的缺陷和问题等。其侧重点在于对执行过程和执行机构的行为进行检核。

学校体育政策执行评价的作用在于:(1) 预防性,可以预防一些违反政策的活动滋长、蔓延;(2) 保证性,可以及时发现并纠正执行中发生的偏差,保证正确的政策得以具体贯彻和实现;(3) 补救性,可以尽早发现问题并采取措施加以补救,改进工作的效果;(4) 解释性,为解释或说明某一政策的效果或影响提供依据。

3. 后果评价及其作用

后果评价是对学校体育政策执行后的产出判断。它包括政策效果评价、政策效益评价、政策影响评价等。后果评价依据的是学校体育政策执行后已经出现的结果,并根据这种客观现实判断政策的正确与否,以及学校体育政策的效应和影响而作出的总结性评价,具有总结经验教训的性质。

学校体育政策后果评价的作用在于:(1)它是决定学校体育政策持续、修正与终结的依据。(2)它是激励学校体育政策对象的有力工具。(3)具有督导、检查之功能。上级领导常常对下级实施结果评价,通过这种评价,可以发挥上级的权威作用,强化政府的施政能量,发挥督促、控制之功效。

虽然,预评价的主要目的在于了解方案的可行性,执行评价的主要工作在于检核运作过程是否按政策方案实施,后果评价的主要意图是评判目标达成度,但在实际操作中,三者绝非切然分开,而是相互联系、相互整合的有机统一体。预评价是基础,执行评价和后果评价是手段,最终是为学校体育政策效益的最大化服务的。

三、学校体育政策评价的过程和模式

（一）学校体育政策评价过程的三个阶段

学校体育政策评价是一种有计划、按步骤进行的活动,是一个有规律可循的系统过程。虽然评价步骤会因为评价类型的不同而不尽相同,但是,只要是正规的、科学的学校体育政策评价,一般都要经过准备、实施和结束三个阶段。

（1）准备阶段。作为一项复杂的、系统的工作,学校体育政策评价在实施前必须进行周密的组织准备工作,这是评价工作的基础和起点,也是评价工作得以顺利进行和取得成效的前提条件。组织准备比较充分,才能保证评价工作有计划按步骤展开实施,避免评价工作的盲目性。准备阶段的主要任务包括:① 确定评价对象。确定评价对象实质上是解决评价什么的问题。② 设计评价方案。评价方案设计的合理程度,直接关系到评价质量的高低和评价活动的成败。评价方案必须以书面的形式系统、详细地说明,包含评价对象、评价的目的与意义、评价标准、评价的工作进度与要求,以及评价经费的筹措和使用等问题。③ 挑选和培训人员。评价人员的自身素质和理论水平将直接影响评价的质量。因此,必须选择适当的评价人员,提高其理论分析水平和实际操作能力,建设高水平的学校体育政策评价队伍。

（2）实施阶段。实施评价是整个学校体育政策评价活动中最为重要的阶段。评价实施工作的好坏与评价活动的成败紧密相关。该阶段的主要任务有:① 利用各种调查手段,全面收集学校体育政策制定、政策执行、政策影响和政策效益等方面的信息;② 整理各种学校体育政策信息;③ 综合运用适当的评价方法,对学校体育政策进行评价,得出评价结论。

（3）结束阶段。结束阶段是处理学校体育政策评价结果、撰写评价报告的阶段。学校体育政策评价离不开价值判断，个人的价值判断受客观条件和一些非理性因素的影响，难免有疏漏偏颇。因此，当我们收集评价信息，得出评价结果后，还必须妥善处理。首先，要自我检验和评价现有结果的可信度和有效度。其次，让学校体育政策设计者、决策者、执行者、参与者共同分析商讨评价结果，以便发挥评价的诊断、监督、反馈、完善和开发功能，提高学校体育政策的科学性。

(二) 学校体育政策评价的模式

参照公共政策评价的模式[①]，根据学校体育政策活动的实际，我们主要将学校体育政策评价模式归纳为目标达成模式、附带效果模式、综合评价模式、学生导向模式四种主要模式进行说明。

1. 目标达成模式

目标达成模式是探讨学校体育政策评价问题的传统方法，它主要由两部分组成：一是目标达成评价，关注的是学校体育结果与学校体育政策的目标是否一致；二是影响评价，关注的是学校体育结果是不是由学校体育政策所造成。应用目标达成模式一般按三个步骤进行：第一，明确学校体育政策目标及它们的真正含义；第二，测定这些预定学校体育政策目标实际上在多大程度上实现；第三，弄清楚学校体育政策促进或阻碍学校体育目标实现的程度。可见，该模式是以预定的学校体育政策（目标）作为评价的标准，评价的主要任务是判断预定的学校体育政策目标是否已经实现，以及政策在多大程度上有利于目标的实现。

2. 附带效果模式

附带效果模式正好解决了目标达成模式的"困境"，即关注非预期的、预料之外的政策效果。附带效果是指政策目标范围之外的影响，与主要效果即政策制定者有意识地想要得到的主要实质性影响相区别。附带效果模式的特征是预定目标仍然是基本的"组织者"，但是充分考虑到附带效果的存在。在实际政策活动中，某些学校体育政策出现附带效果是难免的，而在人们的印象中，附带效果似乎带有贬义，但实际上它并非总是有害的，也可能是有利的。附带效果不管是否有利，都是综合评价学校体育政策的关键因素，如果不及时发现并进行深入分析，将导致更复杂的学校体育问题的出现，因此必须予以重视。

3. 综合评价模式

综合评价模式的评价范围比目标达成模式广泛得多。后者关心的是预定的和实际的结果是否相符，而前者除了关心结果，还包括判断政府干预的计划、决策和执行阶段。

---

① 陈振明.公共政策分析[M].北京：中国人民大学出版社，2003：275-282.

按照综合评价模式,每个阶段可区分为描述和判断两个范畴,描述范畴又细分为意图和观测,判断范畴则分成标准和判断。这样三个阶段分别包括意图、观测、标准、判断4个单元,这样整个学校体育政策的综合评价过程就被分成了12个单元,应该说,综合评价模式将整个学校体育政策评价活动划分得细致而全面,为评价工作提供了丰富的信息。从意图到判断,步步递进,使主观判断建立在客观描述的基础之上,而且每个阶段学校体育政策的价值实现都被衡量到了。

4. 学生导向模式

学生导向模式将学校体育政策所要调整和干预对象的目标、期望、关心和需要作为评价的组织原则和价值准则,其核心是政策项目是否使学生的关心、需要和期望得到满足。学生导向模式没有明确规定政策项目的哪部分应该被评价,它允许进行广泛的、多样的评价,价值的多元是学生导向模式的一个显著特征。学生导向模式的最大优点在于其体现了民主和参与,由学生根据自己的价值观来评价学校体育这种公共服务,可以对这种服务的提供者表达他们的需求和不满,这必然在一定程度上影响学校体育活动的举办者和学校体育政策的制定者,使其更清楚地了解学生的学校体育需求和价值诉求,从而不断提高学校体育公共服务的质量和水平。但是,学生的需求和价值标准是以个人利益倾向为准的,个人价值的多元导致他们难以形成对学校体育政策总的看法。而且,要完全获取学生的看法和需要,要耗费大量投入。因此,学生导向模式不能成为学校体育政策评价的单一模式,而只能起补充作用。

四、学校体育政策评价的方法

虽然在政策评价活动中涌现出各种各样的评价方法,但迄今为止并没有完美的方法类型。究竟选择何种类型的评价方法,取决于政策评价的目的和需要回答的问题的性质。成本-收益分析和成本-效益分析是两种较典型和成熟的政策分析方法,也是侧重于政策结果分析的方法,是学校体育政策评价可选择的重要方法之一。另外,同样注重政策运行结果分析的前后对比法、判断法也是学校体育政策评价中的基本方法,下面将具体介绍这些方法和技术。

(一)成本-收益分析和成本-效益分析

学校体育是花钱的事业,学校体育政策大都具有经济上的效果或需要经济上的投入,这是经济分析方法应用于学校体育政策分析与评价的现实基础。考察分析学校体育政策的经济效果可以运用成本-收益分析和成本-效益分析。

1. 成本-收益分析[①]

成本-收益分析主要是一种进行政策建议的方法,分析人员通过将政策的货币成本和总的货币量化来进行比较和提出政策建议。成本-收益分析可用于建议政策行为,这种情况下,它被前瞻性地运用;也可以用于评价政策执行,这种情况下,它被回溯性地运用。

(1) 成本和收益的种类

使用成本-收益分析的关键在于,要考虑到一项政策可能带来的所有成本和收益。虽然这种全面罗列成本和收益"库存"的做法在实际工作中很难实现,但却能减少我们忽略对一些成本和收益进行分析的错误。防止这类错误发生的最佳方法就是将各种成本和收益进行如下分类。

其一,内部和外部成本及收益。这里的问题在于:某个特定成本或收益对特定目标群体或区域是内部的还是外部的,或称内部性或外部性。如何划定目标群体的边界?如果边界是社会整体,就不存在外部性;但如果边界是特定的目标群体,那么就既存在外部性,也存在内部性。

其二,可直接计量和可间接计量成本及收益。可直接计量的成本和收益是指成本和收益可用已知的市场价格来计量;可间接计量的成本和收益是指成本和收益可间接地使用估计的市场价格来计量。

其三,首要和次要成本及收益。其差异在于在项目中的相关程度和重要程度。首要成本及收益是指与最重要的政策项目目标相关的成本及收益;次要成本及收益的含义就不言而喻了。

其四,效率收益净值和再分配性收益。这里的问题在于,成本和收益相抵是使总体收入增加,还是仅仅引起不同群体间的资源转移。效率收益净值指真正的净收入增加(总收益－总成本);而再分配性收益是指以一个群体的牺牲为代价向另一个群体"货币性"地转移收入,但并不增加效率收益净值。这两种变化各自被称为真实的福利和货币性福利。

(2) 成本-收益分析的任务

在进行成本-收益分析时,下面这些任务对提出最佳合理建议很重要(见表4-2)。

[①] 威廉·N.邓恩.公共政策分析导论:第2版[M].谢明,等译.北京:中国人民大学出版社,2002:318-325.

表 4－2 成本-收益分析的任务类型

任务	说明
问题构建	通过确定目的、目标、备选方案、标准、目标群体、成本和收益来阐述问题
明确目标	把一般目的(目标)转换成既具体又可衡量的目的(目标)
明确备选方案	从问题构建阶段确定的多个潜在方案中选出少量最重要方案
信息的搜索、分析和解释	搜索、分析并解释所需信息以预计具体方案的结果
目标群体和受益人	列出作为行动目标的所有群体(利益相关者)
估计成本和收益	估计备选方案中每一类成本和收益的货币价值
成本和收益折现	把货币成本和收益根据具体折现率换成目前的价值
估计风险和不确定性	使用敏感性分析等方法估计未来要发生的收益、成本概率
选择决策标准	在下面标准中选择:帕累托改进、净效率改进、分配性改进、内部回报率
建议	选择最合理的方案,考虑对立的道德或因果的假设

2. 成本-效益分析[①]

成本-效益分析是分析人员通过量化各种政策的总成本和总效果,来对它们进行对比,从而提出政策建议的方法。不同于成本-收益分析试图用统一的价值单位来衡量所有因素,成本-效益分析使用两个不同价值单位。成本用货币来计量,而效益则用单位产品、服务或其他手段来计量,缺乏统一的尺度,这种方法就不能进行净效益或净收益的比较,因为从服务和产品总量中减去总成本没有任何意义。但是,这种方法可以计算出成本-效益和效益-成本的比率,例如,成本/学校体育服务量的比率或学校体育服务量/成本的比率。

成本-效益分析特别适用于这样的问题,即为了实现不能用收入表示的目标及其如何有效地使用资源的问题。政府提供公共物品是因为私人市场本身不能保证有效率地产生足够数量的公共物品,但确定政府该担当责任只是第一步,政府还应该确定提供哪些公共物品以及提供多少。假定政府正在考虑一个公共项目,例如修建一所新的学校,为了判断要不要建这所学校,政府必须比较所有使用这所学校的人的总效益和修建该校所需的成本。为了做出这个决策,政府应该请有关专家进行成本-效益分析,其目标是核算该项目相对作为一个整体而言的社会总成本和总效益。

(二)学校体育政策评价的具体方法技术

1. 前后对比法

前后对比法是政策评价的基本方法,是评价活动的基本思维框架。前后对比法是将

---

① 威廉·N.邓恩.公共政策分析导论:第 2 版[M].谢明,等译.北京:中国人民大学出版社,2002:319-327.

政策执行前后的有关情况进行对比,从中测度出政策效果及价值的一种定量分析法,它通过大量的参数对比,使人对政策执行前后情况的变化一目了然。它不仅可以帮助人们了解政策的准确效果,还可以帮助人们认识政策的本质和误差,因此是政策评价常用的方法。这种方法具体可以分为以下几种方式。

(1) 简单"前—后"对比分析

简单的前后(或者是先前和以后)研究是对政策或计划实施之前的(人员和地点)条件与政策或计划(项目)有机会产生影响的条件进行比较;或者说是在参与项目之前对目标人群实施的一系列的测量,在项目经过了一段时间充分发展之后,对同样的目标人群再次实施测量,两次测量结果进行比较所得出的评价。这种方法的主要缺点在于,测量前后所得出的不同结果并不能完全归因于项目的效果。在干预期间,所有的过程都会导致差异。这种方式是将政策执行前和政策执行后的两种情况进行对比,如图 4-4 所示,虽然简单明了,但无法明确该项政策效果,即(A_2-A_1),是由政策本身引起的,抑或是其他因素所造成的。

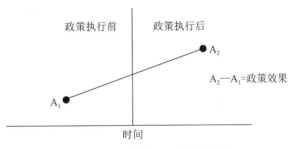

图 4-4 简单"前—后"对比分析

(2) "投射—实施后"对比分析

这种方式是将政策执行前的趋向线 O_1O_2 投到政策执行后的某一个时点 A_1 上,并将 A_1 与政策执行后的实际情况 A_2 对比,以确定政策的效果(A_2-A_1)。这种方式更加准确,比前一种方式更进一步。但困难在于如何详尽地收集政策执行前的相关资料、数据,以建立起政策执行前的趋向线(如图 4-5 所示)。

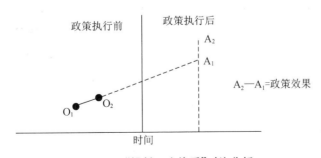

图 4-5 "投射—实施后"对比分析

(3)"有—无"政策对比分析

为确定一个计划或项目会带来什么变化,政策前后比较方法被修改来对实施计划地点的适当指标和不实施计划地点的相同指标进行比较,而且都进行政策前后比较。它的一个明显的局限性在于对适当地点或团体的选择和对在目标地点观察到的变化都归结于政策或计划的假设。"有—无"政策对比分析是在政策执行前和政策执行后这两个时点上,分别就有政策和无政策两种情况进行前后对比,然后再比较两个对比的结果,以确定政策效果。图中,A_1 和 B_1 分别表示执行前有政策和无政策两种情况,A_2 和 B_2 分别表示政策执行后有政策和无政策两种情况。(A_2-A_1) 为有政策条件下的变化结果,(B_2-B_1) 为无政策条件下的变化结果,则 $[(A_2-A_1)-(B_2-B_1)]$ 便是政策的实际效果。其优点是可以在评价中对不同政策目标或其他政策要素的情况进行比较,能够较精确地测量出一项政策的效果,如图 4-6 所示。

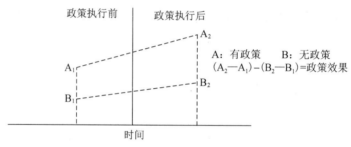

图 4-6 "有—无"政策对比分析

2. 判断法

判断法又叫影子控制法。当难以采用前后对比法进行政策结果评价时,就需要寻找其他有效的替代方法。依靠专家、政策执行者和政策对象(或参与者)的判断就是一种有效的替代方法。我们将这些对项目执行人员和参与者进行的考察称为影子控制。

(1)专家判断法

在专家评价中采用的实际方法往往有所差异。通常是通过请专家访问政策项目实施地点来测量该政策或项目,专家非正式地搜集数据并提供判断意见。这些访问专家或许会检查政策项目记录,对政策项目的执行过程进行观察,对现在和以往的参与者进行访问,与执行人员进行交谈。这个方法的优点是:一方面,由于专家知识专业性强,对某项政策的效果可以分析得比较透彻,视野比较开阔,往往有较强的科学性;另一方面,专家相对于政策制定者、执行者和政策对象来说是某项政策的局外人,因此,他们有可能站在比较客观公正的立场进行评价,不会发生"身在庐山不知庐山真面目"的情况,具有"旁观者清"的特殊效应。当然,使用专家判断法效果的好坏与专家能否站在客观立场上秉持负责的精神进行评价以及专家专业知识的深浅等密切相关。

(2) 管理者判断法

管理者判断法也叫自评法,它是政策执行人员自行对政策的影响和实现预期目标的进展情况进行评价的方法。由于执行人员亲身参与政策实施的过程,对政策的来龙去脉比较了解,对政策环境、政策对象、政策过程也比较清楚,掌握较充分的政策信息和第一手资料,因此有可能及时而充分地评价、判断一项政策的效果。同时,由于评价者直接参与政策过程,有条件根据自己的评价结论,迅速调整自己的政策目标和措施,评价活动往往可以起到立竿见影的效果。但这种方法有明显的缺点,主要是执行人员对其努力获得成功表现出明显的兴趣,所以,他们的判断往往会是自私的和不公正的。因为执行人员参与政策过程,政策效果直接影响其声誉和工作,因而不免带有深厚的感情色彩,往往会隐恶扬善、夸大成绩,失去客观公正性,这不仅违背政策评价的初衷,也势必影响评价的准确性和客观性。另外,执行者从事评价往往代表某一机构的局部利益,这使得评价容易片面化,并带有浓厚的主观随意性。最后,政策评价是一项繁杂的工作,要求评价者具备理论知识,熟悉某些专业的系统训练,这往往是执行者所不具备的。

(3) 参与者判断法

参与者判断法也叫对象评定法,它是由政策参与者或政策对象通过亲身感受和了解对政策及其效果予以评定的方法。由于政策对象既是政策的承受者,又往往是政策活动的主体,他们对政策的成败得失有切身感受因而最有评价发言权。评价组织和评价工作者要做好评价工作,必不可少的环节和方法之一就是争取政策对象对评价工作的充分了解和积极支持,认真倾听、研究他们对政策效果的评价。

【本章小结】

学校体育政策是促进体育发展与改革的重要内容。随着我国体育改革的不断深化,学校体育政策呈现出日益完善的趋势。学校体育政策制定的科学化水平,在很大程度上决定了整个学校体育工作的质量。同时要遵循合理的政策执行流程,确保政策的落地生效。最后还需要对学校体育政策执行工作质量进行监督评价,反馈实施效果。本章节主要是针对学校体育政策的制定、执行和评价进行阐释。首先介绍了学校体育政策的概念、目的及意义;其次,介绍了学校体育政策评价的四个原则和基本类型,以及各种类型所发挥的作用;此外,还介绍了学校体育政策评价实施的三个阶段和模式,并具体地介绍了学校体育政策评价实施的方法;最后,提出了我国学校体育政策评价目前所面临的困境以及应对这些困境的方法。

【课后思考题】

1. 学校体育政策制定有哪些原则?学校体育政策制定的程序有哪些?
2. 针对目前学校体育政策制定时出现的问题,提出解决的方案。
3. 学校体育政策执行的要素有哪些?
4. 简要陈述一下学校体育政策执行的环节。
5. 学校体育政策执行偏差、成因,有哪些措施可以有效避免偏差的产生?
6. 学校体育政策评价的原则有哪些?
7. 学校体育政策评价的模式有哪些?
8. 学校体育政策评价的方法有哪些?

【参考文献】

1. 蔡朝旦.思想政治教育政策过程论[D].武汉:华中师范大学,2018.
2. 魏姝.政策过程阶段论[J].南京社会科学,2002(3):64-69.
3. 吴锡泓,金荣枰.政策学的主要理论[M].金东日,译.上海:复旦大学出版社,2005.
4. 孙锦涛.教育政策学[M].北京:中国人民大学出版社,2010.
5. 张莉清,姜志远,曹光强,等.我国学校体育政策制定问题探析与提升途径[J].北京体育大学学报,2019,42(5):55-62.

第五章
体育课程与教学政策

【章结构图】

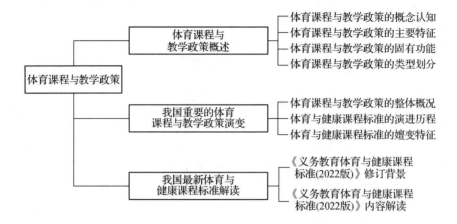

【本章概述】

体育课程与教学政策是体育课程与教学理论的重要内容,也是体育课程有效实施与教学有序开展的重要保障。新中国成立以来,国家陆续颁布了专门性的体育与健康课程标准,出台的部分学校体育重要文件也对体育课程与教学提出了相关要求。这些政策对我国体育课程与教学改革提供了行动指南,明确了前进方向,从不同方面、各有侧重地为青少年儿童健康发展奠定了坚实的制度保障。本章主要内容包括体育课程与教学政策概述,涉及课程与教学政策的概念、特征、功能与类型;我国重要的体育课程与教学政策演变,涉及课程与教学政策的整体概况、演进历程与嬗变特征;我国最新体育与健康课程标准解读,涉及《义务教育体育与健康课程标准(2022版)》修订背景与内容解读。

【情景导入】

各级各类教育要树立"健康第一"的教育理念,帮助学生树立"每个人是自己健康的第一责任人"的意识,开齐开足体育课,在体育锻炼中享受乐趣、增强体质、健全人格、锤炼意志。

——摘自《习近平总书记教育重要论述讲义》

学校是青少年体育运动的主战场和主渠道,是实现提高学生体质健康水平的主阵地,教师是雕琢青少年强健体魄的中坚力量。习近平总书记在考察北京市八一学校时要求:"学校要担负主体责任,对学生负责,对学生家庭负责。"深入贯彻落实"健康第一"的教育理念,学校负有主体责任,体育与健康课程至关重要。

——摘自《深入学习习近平关于体育的重要论述》

学校体育课程注重大中小幼相衔接,聚焦提升学生核心素养。学前教育阶段开展适合幼儿身心特点的游戏活动,培养体育兴趣爱好,促进运动机能协调发展。义务教育阶段体育课程帮助学生掌握1至2项运动技能,引导学生树立正确健康观。高中阶段体育课程进一步发展学生运动专长,引导学生养成健康生活方式,形成积极向上的健全人格。职业教育体育课程与职业技能培养相结合,培养身心健康的技术人才。高等教育阶段体育课程与创新人才培养相结合,培养具有崇高精神追求、高尚人格修养的高素质人才。

——2020年10月15日,中共中央办公厅、国务院办公厅
《关于全面加强和改进新时代学校体育工作的意见》

体育与健康课程依据学生的学习需求和兴趣爱好,面向全体学生,落实"教会、勤练、常赛"要求,注重"学、练、赛"一体化教学。

——摘自《义务教育体育与健康课程标准(2022年版)》课程理念

习近平总书记高度重视体育课在促进青少年健康成长和全面发展中的作用,强调"开齐开足体育课"。2020年,中共中央办公厅、国务院办公厅印发了《关于全面加强和改进新时代学校体育工作的意见》,对新时代学校体育课程与教学提出了新要求。2022年,教育部发布了《义务教育体育与健康课程标准(2022年版)》,并于当年秋季学期开始正式施行。事实上,体育课程与教学政策正是为了有效解决问题,推进体育课程与教学高质量发展的重要制度保障。那么,如何对体育课程与教学政策的概念、特征、功能等有更为清晰的认知?如何厘清我国体育课程改革与发展的演进脉络?体育教育工作者如何在教学实践中更好落实新课标的精神和要求?本章主要针对这些问题展开探讨。

第一节　体育课程与教学政策概述

一、体育课程与教学政策的概念认知

(一) 体育课程与教学政策的概念界定

政策,指政府或与政策有关的部门用以规范、引导和协调有关团体和个人行动的准则或指南。课程政策,指国家教育行政部门(或地方教育行政部门、学校)针对社会发展需求、学生发展需要以及教育发展趋势,依据国家教育宗旨与法律法规,确定课程计划,规划教学内容,调整课程结构,经由法律程序公布实施,成为教育行政部门或教育机构执行的准则。体育课程与教学政策是学校课程与教学政策的重要组成部分,也是体育课程与教学研究的重要内容,可以这样认为,它是指国家教育行政部门(或地方教育行政部

门、学校)为调整体育课程与教学权力的不同需要,调控体育课程与教学运行的目标、内容和方式而制定的并经由法律程序公布实施,成为教育行政部门或教育机构执行的准则。

(二) 体育课程与教学政策的要素构成

体育课程与教学政策的要素构成主要包含主体、载体、目标三个方面(见图 5-1)。体育课程与教学政策的主体即政策的制定者,包括国家教育行政部门、地方教育行政部门、学校,即上述三者均可以制定与实施体育课程与教学政策。

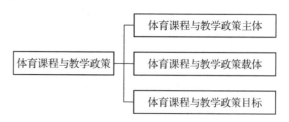

图 5-1 体育课程与教学政策要素

比如教育部发布的体育与健康课程标准、地方教育行政部门制定的区域学生体质健康促进文件、学校制定的课后体育服务管理规定等,这体现出政策主体的层次性。体育课程与教学政策的载体是指政策依附何种形式来呈现,主要包括与体育课程与教学相关的制度、政策、规定、课程标准、课程与教学计划、教科书等,这体现出政策载体的丰富性。体育课程与教学政策的目标主要指通过对课程与教学进行规定而达成某种预期效果,一般包括规范体育课程与教学秩序、提高体育课程与教学质量、促进学生健康发展,这体现出政策目标的多元化。

(三) 体育课程与教学政策的本质阐释

体育课程与教学政策的本质是随着体育课程与教学权力的变化而造成的利益的变化,体育课程与教学政策的每一次变革必然通过体育课程与教学权力的分配、再分配或重新分配而表现出来。体育课程与教学权力包括体育课程与教学政策制定的参与权、体育课程与教学的决策权、体育课程与教学专业的自主权、体育课程与教学内容的开发与设计权、体育课程与教学的实施权等。不同政策制定与执行的主体各有其利益诉求,体育课程与教学政策的制定与实施,必须充分权衡不同主体的利益诉求,这是体育课程与教学政策推行的前提。比如,国家根据社会发展需求和学生健康状况,颁布旨在改善青少年健康发展的课程与教学政策,那么国家在制定政策的过程中,必须充分考虑基层教育部门在执行这些政策的过程中,教学条件能否支撑政策的落实、政策是否对教学秩序带来压力、学校主管部门和教师是否支持政策的精神等,否则国家颁布的体育课程与教学政策很难落地。

【知识拓展】

课程共有的权力分配[①]

权力分配涉及多种层次、多个方面,其中既有来自中央政府与地方政府的力量,也

---

① 钟启泉,汪霞,王文静.课程与教学论[M].上海:华东师范大学出版社,2008:45-46.

有来自学校的力量;既有来自教育行政人员的力量,也有来自课程专家(理论工作者)与课程实践者的力量。对我国课程改革而言,"课程权力共有"意味着不同的课程权力主体在课程与教学的各类问题上的权限各有侧重,其核心是对国家、地方和学校这3个层次在课程决策上的职责与权限加以规定,具体体现在以下几方面。

1. 在课程与教学开发上

中央政府(主要是教育部)制订三级课程开发与管理的政策,结合实际情况,编制地方课程与校本课程的开发与管理指南。在课程计划规定的范围内,鼓励有条件的地方和学校开发地方课程与校本课程,实现国家课程、地方课程与校本课程之间的优势互补。

2. 在课程与教学计划上

中央政府组织制定或修订、审定基础教育各个阶段的课程与教学计划。地方政府应按照国家课程计划的要求,制定本省(自治区、直辖市)实施的各个教育阶段的课程计划,并报教育部基础教育司备案。学校则根据教育部和本省(自治区、直辖市)课程计划有关规定,从当地社区、学校的实际出发,参与本社区学校课程具体实施方案的编制,并把学校课程方案报上级教育主管部门备案。

3. 在课程标准上

中央政府(教育部)颁布国家体育与健康课程标准,规定学生统一的、最基础的学业质量要求,以培养学生包括运动能力、健康行为和体育品德在内的核心素养。地方政府须依据教育部颁布的《地方课程开发与管理指南》,组织专家或与专家合作开发地方课程,制订学校实施地方课程的指导性意见,负责监督与评估当地学校执行国家规定的情况,同时也有责任与义务指导学校制定实施课程计划的具体方案,并具体指导学校开发校本课程。学校则可以在保证国家最低课程与教学标准基础上根据本校情况,适当提高标准。

4. 在教材上

中央政府组织编写教科书或教材指南,制订教科书或教材开发与管理的政策。地方政府有权审查学校在校本课程中使用的自编教材,并有责任和义务定期向全省(自治区、直辖市)中小学公布经过审查的这类教材。基层教育主管部门有权力与责任审查下属学校上报的实施课程计划的具体方案。学校则有权选择经过国家一级审定或省一级审查通过了的教材。

二、体育课程与教学政策的主要特征

(一) 行为的准则性

思想、理念、精神等价值取向是实践行动的先导,体育课程与教学政策凝聚着各级部门对体育课程与教学的价值取向,是指导学校体育课程与教学实践的路线、纲领和行动准则,规范着体育课程顺利实施与教学活动正常开展。比如,国家近期陆续颁布的《关于全面加强和改进新时代学校体育工作的意见》《〈体育与健康〉教学改革指导纲要(试行)》《义务教育体育与健康课程标准(2022年版)》等与体育课程教学相关的重要文件,对推动新时代体育课程与教学改革与实践具有重要指导作用,地方和基层学校必须贯彻落实上述国家顶层设计,引领地方、学校体育课程与教学开展。

(二)目标的针对性

清晰、明确和准确的目标是达成预期行动目的的前提,体育课程与教学政策的制定、颁布与实施都必须有明确的目的指向性,一定是为了解决体育课程与教学存在的实际问题、提升体育课程与教学质量、帮助学生健康发展而制定的。不清晰、不明确、不准确的目标,可能导致地方和基层教育部门开展课程与教学过程中出现无序和混乱现象。比如,《普通高中体育与健康课程标准(2017年版)》和《义务教育体育与健康课程标准(2022年版)》,针对当前我国学生体质健康形势严峻、运动技能掌握薄弱、体育品德养成不尽如人意等现象,制定了以运动能力、健康行为、体育品德为主要内容的核心素养,并且强调新时期体育课程与教学的核心任务是培育学生核心素养,那么现阶段我国体育课程与教学必须围绕核心素养培育这一主线展开行动。

(三)实施的程序性

公共政策实施过程包括三个阶段:一是政策实施的准备阶段,二是政策实施的执行阶段,三是政策实施的总结阶段。政策实施的执行阶段是实现政策目标、提高政策效益的关键环节,它包括政策实验、全面推广、指挥协调和监督控制等内容。[①] 行政手段、法律手段、经济手段、说服引导手段和技术手段等都是公共政策实施的主要手段。体育课程与教学政策在实施过程中需要按照一定的步骤、阶段与方式方法进行。比如,最新修订的《义务教育体育与健康课程标准(2022年版)》,历经体育课程与教学政策专家的实践调研和反复论证设计而成,并由国家教育部门审核面向全国发布,供基层教育部门作为行动指南正式启动实施。新课标目前正在落实阶段,而基层教育部门贯彻落实新课标的效果,都需要不断反馈、总结,进而对新课标做出持续改进,这就构成了完整的政策实施过程。

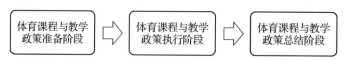

图5-2 体育课程与教学政策实施程序

---

① 陈庆云.公共政策分析[M].北京:北京大学出版社,2006:182-188.

(四) 载体的规定性

体育课程与教学政策的呈现形式有其严肃性,体育课程与教学政策的基本思想及其变革必须通过特定的、具体的载体而体现出来。载体主要包括体育课程与教学法律、规章、精神、通知、课程标准、教科书等。不同层级部门的政策载体有其特殊要求。国家层面的政策载体主要包括国家级教育部门制定的制度、规定、意见、通知、课程标准、国家级教科书等。地方教育行政部门的政策载体主要包括地方教育局等部门制定的地方规定、意见、通知等。基层教育部门的政策载体主要包括区域、学校制定的符合自身实际情况的课程与教学计划、校本教材等。

(五) 内容的法定性

教育是国之大计,体育课程与教学政策体现了国家意志,所陈述的一切内容都具有法律法规效应,不是由教育主管部门的个人或私人团体的随意决策指定而成。体育课程与教学政策一旦颁布,各级教育部门必须认真贯彻执行。对于地方和基层教育部门制定的体育课程,也需要符合国家教育总体规划、体育课程与教学精神指示,以及地方和基层教育部门的整体教育要求,从而制定并通过具体的载体呈现出来。需要指出的是,地方和基层教育部门需对各自出台的体育课程与教学政策进行解释。

三、体育课程与教学政策的固有功能

根据政策的功能和体育课程与教学政策的特点,体育课程与教学政策的功能包括导向功能、调控功能、分配功能三种功能(见图5-3)。

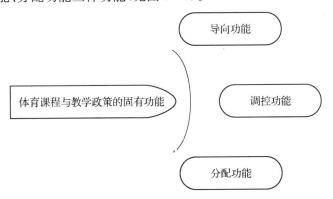

图5-3 体育课程与教学政策的固有功能

(一) 导向功能

体育课程与教学政策是针对课程与教学权力变化而造成的利益变化所引发的问题提出的。为解决某个与体育课程与教学关联的问题,国家教育行政部门(或地方教育行政部门、学校)依据特定的目标,通过政策对从体育课程的设计到实施、从教师的教到学生的学、从课堂的学练到学习评价等加以引导,使得政策具有导向性。公共政策的导向功能有两种作用形式,一种是直接引导,另一种是间接引导[①]。对于体育课程与教学政策而言,直接引导体现在对学生、教师等课堂教学主体的观念和行为进行导向,间接引导体现在对学生家长、高校体育教育专业学生等的观念和行为进行导向。例如,《义务教育体育与健康课程标准(2022年版)》,在"教学建议"部分提到"布置学生独立或合作完成、与家长共同完成的体育家庭作业等,促进学生经常锻炼、刻苦练习,逐渐培养学生的体育锻炼习惯",直接引导体现在学生能够经常锻炼、刻苦练习,逐渐养成体育锻炼习惯,间接引导体现在家长能够参与其中,帮助学生形成"终身体育"的观念和习惯。对高校体育教育专业学生而言,虽暂未亲身经历真实的体育课程与教学实践,但对于政府颁布的体育课程与教学政策的精神和要求需要深入完整理解与把握,为将来的教学实践夯实基础,这也体现了体育课程与教学政策的间接引导功能。

(二)调控功能

公共政策的调控功能就是指政府运用政策在对社会公共事务中出现的各种利益矛盾进行调节和控制的过程中所起的作用。对体育课程与教学而言,相关政策可以调控体育课程与教学不同主体间的利益矛盾。从新中国成立到21世纪之交,体育课程与教学政策在价值取向上注重"社会本位",即更多关注课程与教学满足社会发展需求,导致教学中偏重教师的主导性而忽视学生的主体性。随着第8次基础教育课程改革启动,体育课程与教学政策愈发重视学生主体地位的凸显和课程育人价值的挖掘。学生个性化、多样化的学习和发展需求未能很好地被满足从而产生的"利益矛盾"在素质教育时代愈发明显,因此在体育课程与教学政策对此类利益矛盾的动态调节和控制过程中,体育课程的理念与目标等的合理性不断提高,"人本主义"价值取向得以明确,体育课程与教学实践在学生发展层面产生的利益矛盾也趋于缓和,同时也较好地回答了"为谁培养人、培养什么人、怎样培养人"的根本问题。

(三)分配功能

解决体育课程与教学不同主体间的利益矛盾,不仅要注重政策的调控功能,还需充分关注它的分配功能,即体育课程与教学在资源分配上需要充分考虑城乡、地域之间的差异,国家和地方政府通过政策的统筹规划确保教育薄弱地区学校体育资源均衡充分发展,从而促进学校体育教育公平发展。长期以来,我国偏远、贫困地区的体育与健康课程资源在体育师资、体育场馆与器材等方面的配置相对匮乏,出现体育课开不齐、上不好等现象。这就需要国家研判教育事业发展走势,动态调整教育资源,推动学校体育资源充

---

① 陈庆云.公共政策分析[M].北京:北京大学出版社,2006:14.

分投入,保证每个孩子都能享受到优质均衡的体育教育。新时代,以习近平总书记为核心的党中央高度重视教育公平发展,国家积极推出了全面改善贫困地区义务教育薄弱学校基本办学条件、农村义务教育学生营养改善计划等一系列政策措施,着力解决长期困扰学校体育发展的师资、场地、经费不足等问题,努力解决学校体育资源发展不平衡、不充分的矛盾,为在体育教育事业中落实"不要让孩子们输在起跑线上"的重要指示精神奠定了基础,为全体学生享受更公平的体育教育创造了有利条件。①

四、体育课程与教学政策的类型划分

根据课程与教学权力的集中与分散程度划分,世界上主要的教育发达国家的体育课程与教学政策可以分为中央集权型、地方集权型和学校自主型三种类型(见图5-4)。

图5-4 体育课程与教学政策的类型

（一）中央集权型

中央集权型指体育课程与教学权力集中统一在最高国家权力机关和教育行政机关,地方教育行政部门几乎所有的重要事务均受中央支配。它属于国家本位或社会本位的价值取向,强调统一的国家基础和整体利益,追求全国范围内的课程基本统一,其基本特征是全面集中、刻板划一以及自上而下。法国通常被认为是中央集权的典型代表,作为对全国教育进行全面直接领导的中央权力机构,法国教育部不仅规限地方及学校处理重大事项的大政方针与基本原则,还规限地方与学校处理一般事项的操作过程与具体方法。"国家主义"是法国现代体育教育的主旨,由于身心一统的理念和国家主义的论调,使得法国的体育课程与教学政策具有较为明显的意识形态性。

【案例分享】

政府推动下的小学课外体育赛事参与②

2010年版法国《小学体育与运动课程纲要》主旨为:每周三个小时的体育与运动旨在发展学生的运动机能,以及促进学生身体活动、竞技活动和艺术活动的实践。通过让学生更好地了解他们的身体使之实现健康教育,通过体验可控范围内的危险使之实

---

① 国家体育总局编写组.深入学习习近平关于体育的重要论述[M].北京:人民出版社,2022:264.
② 季浏,尹志华,董翠香.国际体育与健康课程标准解读[M].上海:华东师范大学出版社,2018:76-77.

现安全教育。更重要的是,课程纲要规定要培养学生的社会与道德价值,如对规则、自我和他人的尊重以形成学生的责任意识与自主性①。法国《小学体育与运动课程纲要》要求小学生参与包括学校体育社团、体育赛事和学校体育日等在内的丰富多彩的活动。法国教育部强力推行与制定政策,与各种体育运动协会通力合作,推动学生参与课外体育赛事。每年各体育运动协会都会提供一定的机会给中小学,使学生有机会能观摩大型体育赛事。同时,也会组织一些适合小学生的体育比赛,例如,教育部与法国马术联合会在每年的三至四月联合举办"小学校园马术"项目的比赛,往往会鼓励小学生、家长和学校教师共同参与,共同体会马术给他们带来的成功感和快乐。又如,由小学教育体育联合会与法国女子足球队联合举办的"足球小公主"项目的比赛,借此激发学生对足球的兴趣,体验奥林匹克主义和身为公民的价值所在。再如,由小学教育体育联合会与法国橄榄球联合会联合举办"校园橄榄球"项目的比赛,希望通过2011年新西兰橄榄球世界杯和2015年英国橄榄球世界杯培养小学生参与橄榄球的兴趣,旨在促进学生的体育意识、公民社会中的社会角色意识及文化意识的形成。还有,小学教育体育联合会与法国乒乓球联合会联合举办的"乒乓教育"项目的比赛,并借助2013年巴黎世界乒乓球锦标赛的影响在学校开展乒乓球运动,旨在推广该运动,让小学生更加了解将乒乓球作为"国球"的中国。

优点:中央集权型的体育课程与教学政策价值取向有其优越性,即能够确保受教育者至少获得体育与健康学科在内各种重要学科的基本深度和广度,从而保证起码的受教育机会公平;易于形成教材使用的经济规模,缓解了某些课程资源严重不足的矛盾;便于在课程系统层次上进行全国性的统一变革等。

弊端:国家课程常常与地方教育需求之间相脱节,与学校办学条件相脱节,与不同学校,甚至同一学校不同师资力量相脱节,以及与个人兴趣、个性发展需求相脱节,往往无法达到预期的理想效果。

(二) 地方集权型

地方集权型指体育课程与教学权力集中在地方教育行政部门,由地方教育行政部门负责课程与教学事务,体育课程与教学政策追求的价值取向更多地带有所辖地区的特点,强调具体的地区适应性,是一种"适应论"或"地方中心主义"的课程与教学政策价值观。它强调更加符合独特的地方环境和教育需求,主张学校课程在力求反映地方发展的基础上,协调好地方与国家、学校之间的利益关系。美国、澳大利亚、加拿大等国家可划

---

① La ministère d'Éducatione de France Programme d'Éducation Physique et Sportive pour les Lyceesd' Enseignerment General et Technologique[Z]. 2010.

入这一类型。作为分权制国家的典型代表,美国的教育体制与政治体制密切相关,美国联邦政府在教育上给予各个州非常宽泛的权限。美国的体育课程标准由美国国家运动与体育教育协会(NASPE)组织制定,而非美国教育部制定。实施国家体育课程标准是各州的责任,但并非是强制性的,各州可以根据国家体育课程标准制定适合本州实际情况的课程标准,设置适合于本州的课程与教学计划,机动灵活地执行和完成国家体育课程标准所规定的目标。[1]

优点:课程政策反映了地方控制课程的特点,对国家与地方对课程与教学决定方面的力量进行均衡,在一个复杂的社会中,在课程与教学问题上提供了一种地方组织权威的方式。

弊端:适应地方的课程与教学往往只能使学生适应当前本地区内的生活,如出现跨地区转学或升学等情况后很可能因为地区间的教育差异而无法适应新的学习生活,这样很可能会削弱学生学习的积极性和追求优异学业成就的动机。

（三）学校自主型

学校自主型指体育课程与教学权力主要在学校,学校立足于本校学生实际,以追求特色与个性为价值取向,中央和地方往往只提供指导或参考性的课程与教学标准或建议。英国是这一类型的典型代表。由于从中世纪第一所文法学校的创办一直到20世纪初,英国的学校多是由宗教团体、贵族等具有影响力的社会团体而并非国家创办,从而形成了英国教育长期以来没有统一的国家课程标准、在课程设置上突出教师的自主权这一大传统。1988年,英国保守党政府制定并通过了《教育改革法》,打破了多年来地方分权的教育行政制度,把许多课程决策权集中到了中央政府,同时削弱了地方教育当局的权限,取消了教师的课程自主权。[2] 自1988年《教育改革法》要求设立国家课程标准以来,30多年间英国国家课程标准历经了数次修订,先后颁布了1991年版、1995年版、1999年版、2008年版(适用于中学阶段)和2013年版等版本的国家课程标准。[3]《英国国家体育学习纲要》中的课程内容并非具体的教学内容,只是提出课程内容框架或内容标准,旨在鼓励学校和体育教师根据学习纲要中的要求结合学校实际情况,选择适合学生学习和发展的教学内容来实施体育教学,这大大提升了学校和教师选择和开发课程的空间,赋予了他们较为充分的课程自主权。

优点:体育课程与教学政策有助于更好地实现学校的教育目标和办学特色;有助于学校课程与教学的实施与改进;有助于课程与教学决策的民主化;有助于学生个性的发

---

[1] 季浏,尹志华,董翠香.国际体育与健康课程标准解读[M].上海:华东师范大学出版社,2018:1.
[2] 易红郡.英国国家课程实施中的问题、对策及启示[J].课程.教材.教法,2004,24(1):91-95.
[3] 季浏,尹志华,董翠香.国际体育与健康课程标准解读[M].上海:华东师范大学出版社,2018:48.

展以及教师专业水平的提高。

弊端：由于学校在制定课程与教学政策方面具有较大的自主性和权威性，制定的政策精神、理念与内容可能与国家课程与教学政策的精神不相匹配。

第二节 我国重要的体育课程与教学政策演变

一、体育课程与教学政策的整体概况

新中国成立以来，我国陆续出台学校体育相关政策已达140项，政策领域涉及学生体质健康促进、体育课程与教学改革、学校体育安全保障、学校体育竞赛、学校体育督导与评估等。体育课程与教学是学校体育的核心工作，相关政策主要以八次体育课程改革形成的课程标准（包括大纲）为代表。自新中国第一套课程标准《小学体育课程暂行标准（草案）》《中学体育课程暂行标准（草案）》颁布实施开始，体育课程改革历经70余年风雨历程，逐步形成了当前《普通高中体育与健康课程标准（2017年版2020年修订）》与《义务教育体育与健康课程标准（2022年版）》的新课程标准，标准涵盖了课程性质、课程理念、课程目标、课程内容、学业质量与实施建议等内容，是国家体育课程与教学精神的集中体现，也是体育课程与教学政策的权威代表，见证着我国体育课程与教学改革的发展历程。

除体育与健康课程标准以外，教育部于2021年印发的《〈体育与健康〉教学改革指导纲要（试行）》，从总体要求、主要任务、组织保障、督导评价、工作要求五个方面做出部署，对进一步深化体育教学改革，指导全国中小学体育教师科学、规范、高质量地上好体育课，更好地帮助学生在体育锻炼中"享受乐趣、增强体质、健全人格、锤炼意志"，促进青少年学生身心健康全面发展具有积极指导作用。

部分体育课程与教学政策还散见于学校体育相关文件之中，代表性文件有两个。

2020年，为贯彻落实习近平总书记关于教育、体育的重要论述和全国教育大会精神，构建德智体美劳全面培养的教育体系，教育部颁布《关于全面加强和改进新时代学校体育工作的意见》，就开齐开足上好体育课、加强体育课程和教材体系建设、推广中华传统体育项目、强化学校体育教学训练、推进学校体育评价改革提出系列要求。

2020年，为贯彻落实习近平总书记关于体育强国建设的重要指示和全国教育大会精神，充分发挥党委领导和政府主导作用，深化具有中国特色体教融合发展，推动青少年文化学习和体育锻炼协调发展，培养德智体美劳全面发展的社会主义建设者和接班人，国家体育总局和教育部联合颁布《关于深化体教融合 促进青少年健康发展的意见》，其中"加强学校体育工作"部分提出"树立健康第一的教育理念，面向全体学生，开齐开足体育

课,帮助学生在体育锻炼中享受乐趣、增强体质、健全人格、锤炼意志,实现文明其精神、野蛮其体魄"要求,以及通过"开展丰富多彩的课余训练、竞赛活动,扩大校内、校际体育比赛覆盖面和参与度,组织冬夏令营等选拔性竞赛活动",推动学校体育课程与教学体系改革,促进青少年儿童健康发展。

上述无论是体育课程与教学标准专门性政策,还是散见于学校体育重要文件中的体育课程与教学要求,都强力支撑着体育课程与教学的开展,为我国青少年儿童健康发展奠定了坚实的政策保障。但就政策的系统性而言,体育与健康课程标准集中体现了体育课程与教学的核心理念和主流教育精神,也是国家有关体育课程与教学的最高顶层设计。

二、体育与健康课程标准的演进历程

新中国成立以来,国家在不同历史阶段出台了一系列学校体育政策,专门针对体育课程与教学的政策并不多见,且主要以课程标准、教学大纲等文本为主。体育与健康课程标准及教学大纲作为最重要的体育课程与教学政策,体现了不同时期体育课程与教学的理念变革与发展缩影。新中国成立 70 余年来,我国总共进行了八次基础教育体育课程改革。系统地梳理体育与健康课程标准的演变历程,可以窥视我国中小学体育课程与教学改革的经验与特征。

(一)"学习苏联"借鉴模仿阶段(1949—1957)

新中国成立初期百废待兴,全国没有统一的体育教学大纲和教材,体育教师大多"会什么就教什么",或采用"放羊式"教学方式,导致体育教学混乱无序。为此,教育部于 1950 年颁发《小学体育课程暂行标准(草案)》《中学体育课程暂行标准(草案)》。这是新中国颁布的第一个体育课程标准,也是第一次课程改革时期的标志性成果。标准(草案)明确了体育教学目标、教学内容和教学要点:教学目标是"培养健康技能和健美体格,以为国家建设和人民服务打好基础";教学内容是"整队和步伐、体操、舞蹈、游戏、技巧、球类运动、田径赛等";教学要点包括"教材编写、教学方法以及教学设备"[①]。此后,体育课程标准被体育教学大纲替代,一直到 2001 年才重回"课程标准时代"。标准(草案)提高了中小学体育课程在中小学教育中的地位,规范了小学体育课程与教学目标及教材内容,对小学体育课程教学起到规范的、科学的指导作用;也指明了小学体育教师努力的方向。第一套标准(草案)的颁布实施,对我国体育课程改革具有划时代的指导意义。

为配合第一个"五年计划"的经济、文化建设,加之当时已有的教学计划、教材与实际

---

① 课程教材研究所. 20 世纪中国中小学课程标准·教学大纲汇编:体育卷[M]. 北京:人民教育出版社,2001:32-36.

情况存在偏离,我国开始了第二次基础教育课程改革。1954年,教育部组建体育教学大纲编写组,总结我国体育教学经验、参考苏联中小学体育教学大纲,于1956年颁布《小学体育教学大纲(草案)》《中学体育教学大纲(草案)》,这是新中国颁布的第一套体育教学大纲。此次体育课程改革将课程标准改为教学大纲,内容包括说明、大纲和附件三个部分,明确了体育课程的重要地位和目的,提出了体育教学内容的选编原则,规定了体育教学的成绩考核标准。这套大纲受苏联体育教育思想和模式影响较大,忽视了我国实际教学情况,未能体现出我国体育课程教材的特点。同时由于教材内容偏多偏繁,使有的教材难于实施,还有的教材内容机械、刻板,存在不符合学生身心特点的问题。尽管如此,这套中小学体育教学大纲从整体上反映了新中国社会主义体育教育思想和学校教育实际,在新中国体育课程与教学理论建设及实践发展中发挥了重要作用[①],也为新中国体育课程与教学规范化奠定了基础,其中某些理论和方法延续至今。

(二)"独立自主"建设起步阶段(1958—1967)

1958年,我国经济发展陷入困局,在"大跃进"运动的社会背景下,基础教育也发生了激烈变革。中小学体育教学中涌现了"以劳代体"和"以军代体"的偏误思潮。同时,盲目的"二红运动"以及学生营养不良,导致学生体质很难达到体育教学大纲要求,正常的体育教学秩序被破坏,1956年颁布的体育教学大纲被迫停用。1961年,党的八届九中全会纠正了"教育革命"中的"浮夸风"问题,"以劳代体"和"以军代体"错误思想被否定,体育教学重新恢复正常秩序。同年,教育部重新制定《小学体育教材》《中学体育教材》,包含大纲和教材两个部分内容,实际上制定了新的体育教学大纲。该套教材提出了"增强学生体质"的指导思想,调整了体操和游戏的教学内容,并增加了武术、田径及体育理论知识等内容,使我国中小学体育教学逐渐摆脱了苏联体育教学大纲的束缚,为我国中小学体育教材体系的建立奠定了重要基础。然而,随之而来的"文化大革命"给新中国成立以来建立的教育体系扣上了"封、资、修"的"帽子",使原本重新恢复正常轨道的中小学体育教学大纲和教材被批判并废除,体育课被劳动和军训所代替,呈现"全民皆兵"的军事化学校体育,我国中小学体育教学处于"停滞阶段"。

(三)"解放思想"改革探索阶段(1978—1999)

"文化大革命"结束以后,原有的"以劳代体"和"以军代体"理念不再适应新时代体育教学需求,同时,传统的"知识、技能本位"教学思想也亟待改变。为此,教育部于1978年颁布了《全日制十年制学校小学体育教学大纲(试行草案)》《全日制十年制学校中学体育教学大纲(试行草案)》。这套大纲是"文化大革命"后第一部较为详尽的体育教学大纲,

---

① 王德深.我国体育教学大纲发展概况[J].中国学校体育,1996(3):67-68.

使我国基础教育体育课程逐渐摆脱"文革"时期的混乱状况,重新恢复体育课程与教学秩序。该教学大纲打破了以运动竞赛为重点的体育教学体系,对体育教材、体育教学、课外体育活动、体育场地器材、体育教师与学生配比以及相关体质健康监测标准提出了新的要求,并强调以增强学生体质为准则,增加"课课练"内容项目,标志着我国学校体育教育进入新的发展阶段。[①] 1979年5月,教育部联合国家体委等部门在扬州召开了"全国学校体育、卫生工作经验交流会",进一步明确"增强学生体质"指导思想,并对我国学校体育存在的问题进行剖析,指明了下一阶段的发展方向,对我国学校体育发展具有重要意义。

1986年,《中华人民共和国义务教育法》正式确立了九年义务教育学制。同年9月,教育部成立了"全国中小学教材审定委员会",开始对十年制体育教学大纲进行修订。1987年,我国颁布了《十二年制中小学体育教学大纲》,将其作为九年制体育教学大纲的过渡文件。该大纲在"促进学生身心健全发展"指导思想的基础上增加了"培育学生终身体育能力",并将学校体育作为培养终身体育意识和行为的重要基础环节。1988年,《九年制义务教育全日制小学、初级中学体育教学大纲(初审稿)》将小学中、高年级和初中阶段的体育课课时由每周2节增加到3节。经过4年试行和修改,1992年正式颁布了《九年制义务教育全日制小学、初级中学体育教学大纲(试用)》《九年制义务教育体育与健康教学大纲(初审稿)》,并首次注明体育与健康的重要联系,表明对体育教学的认知发生了质的转变。1994年《关于印发中小学语文等23个学科教学大纲调整意见的通知》的颁布标志着我国第七次中小学体育课程改革的开始。1996年,国家教委颁布的《"体育两类课程整体教学改革"的方案》将单一学科类课程改为学科类课程与活动类课程相结合,新课程体系的提出有效解决了体育课程"以技术、技能为主"与"以增强学生体质为主"之间的教学矛盾。随着体育教育的改革与创新,体育教学中的素质教育思想应运而生。思想解放以及多元体育思想的融合,推动了体育教育的不断变革,也促进了中小学体育教学的不断发展与完善。

(四)"素质教育"发展提高阶段(2000—至今)

进入新世纪,我国教育加快发展步伐,体育课程与教学政策紧跟时代步伐,为学生健康发展提供了重要保障。2000年,教育部颁布了以素质教育为导向的《九年义务教育全日制小学体育与健康教学大纲(试用修订版)》《九年义务教育全日制初级中学体育与健康教学大纲(试用修订版)》《全日制普通高级中学体育与健康教学大纲(试用修订版)》。这套大纲将"体育"全面改为"体育与健康",是第八次中小学体育课程改革前的过渡性文件。2001年,《全日制义务教育普通高级中学体育(1—6年级)、体育与健康(7—12年级)课程标准(实验稿)》首次将教学大纲改为课程标准,确立了"健康第一"的指导思想和新

---

① 教育部.全日制十年制学校中学体育教学大纲:试行草案[M].北京:人民教育出版社,1978:13-18.

的课程理念,体现了课程文件由指令性向指导性的转变,也标志着第八次体育课程改革的开始。2003年,《全日制普通高级中学体育与健康课程标准(实验)》再次强调"健康第一"的指导思想,提出"以学生发展为核心"的理念,并由单纯的"学科中心"转向"人本主义"的价值取向。①

2001年和2003年颁布的中小学体育课程标准确立了国家、地方和学校三级管理制度,增加了体育课程的灵活性和适切性。经过多年实践探索,2011年教育部重新修订和发布了《义务教育体育与健康课程标准(2011年版)》,明确了体育课程的性质,并统一将中小学体育课程改为体育与健康课程。2017年与2022年,教育部连续颁布《普通高中体育与健康课程标准(2017年版)》《义务教育体育与健康课程标准(2022年版)》,正式提出体育学科核心素养,并围绕其进行了课程理念、课程目标、课程内容、课程结构、学业质量以及评价方式的革新。体育学科核心素养是对学生素质教育的进一步深化,以突出社会发展对体育学科的特殊要求。新课标的核心精神和关键要求,代表了我国基础教育体育与健康课程改革的发展方向,有助于落实立德树人根本任务和体现体育与健康课程的健身育人功能,从而促进学生身心健康、体魄强健、全面发展。

三、体育与健康课程标准的嬗变特征

体育课程标准凝聚着我国体育课程与教学改革的经验,彰显着体育课程与教学改革的价值取向,呈现出独具中国特色的体育课程与教学演变特征。梳理体育与健康课程标准及教学大纲构成要素,凝练其嬗变特征,可以总结我国体育课程与教学改革的经验,并为未来体育课程与教学改革厘清方向。

(一) 课程价值取向:"社会中心"—"学科中心"—"学生中心"

课程价值取向是以客观价值标准为依据,在课程实践过程中表现出来的心理和行为趋向,课程价值取向的更迭是推动课程改革的动力。新中国成立70余年来,基础教育体育课程价值取向总体呈现以下变化特征。

以社会需求为中心,强调体育课程为国家服务。新中国成立初期,我国仿照苏联体育课程体系,将"劳动卫国"作为学校体育的最终目的,突出学校体育的"阶级性"与"工具性"。这一时期,不仅体育课程,整个教育课程体系都是计划经济体制下社会发展的产物,如1957年国务院政府报告就曾提出教育必须要适应国家社会主义改造和建设的需要。② "文化大革命"期间,原有的体育课被改为"军体课""劳动课",更是体现了学校体育

---

① 刘桂云,李英民. 一标多本 各具特色:普通高中课程标准(实验)《体育与健康》教科书评析[J]. 教育理论与实践,2008,28(17):13-15.

② 李斌. 基础教育体育与健康课程改革:变迁、冲突及其整合——基于价值论的视角[J]. 北京体育大学学报,2016,39(3):88-94.

"以社会为中心"的课程价值取向。

融合体质健康与运动技能的学科中心。"文化大革命"后,我国体育课程体系亟待重构。1979年"扬州会议"确立的"增强学生体质"指导思想为体育课程改革和发展树立了风向标。此后,1987年和1992年颁布的中小学体育教学大纲集中体现了融合体质健康与运动技能的"学科中心"价值取向。这一时期强调对学生进行"生物系统的改造",持有"单纯的生物体育观"或"体质教育思想"。① 由于体育课程被异化为对身体的规训与改造,学生被抽象、异化为碎片式、工具式的存在,其身心协调发展被割裂、破坏。

以学生发展为中心。进入21世纪,第八次体育与健康课程改革确立了"健康第一"的指导思想和"以学生发展为中心"的理念。新一轮课改将课程主体回归于学生,强调体育知识和运动技能的系统性和完整性,实现了体育课程价值取向的转型。2014年,基于核心素养理念的新一轮体育与健康课程改革重新融合了"社会中心""学科中心""学生中心"的课程价值取向,以人的全面发展为核心,旨在培养学生适应社会发展的必备品格和能力。体育学科核心素养概念的提出,不但建立了体育学科和学生核心素养的内在联系,充分挖掘了体育学科的育人价值和学科特点,也明确了学生通过体育与健康课程学习应具备的品格、能力以及正确的价值观,是学生核心素养的重要组成部分。

(二)课程目标:"双基"—"三维目标"—"体育学科核心素养"

课程目标是通过体育与健康课程学习所要达到的预期学习结果,对体育课程内容设置和实施具有导向作用,也是体育课程评价的依据。1950年,教育部颁布的《小学体育课程暂行标准(草案)》《中学体育课程暂行标准(草案)》明确了体育课程目标为"培养学生的健康技能和健美体格,以满足社会主义新中国建设的需要"。1956年和1961年颁布的体育教学大纲进一步凸显了体育课程目标对学生基本身体素质和运动技能的重视。1978年,教育部颁布的《全日制十年制学校小学体育教学大纲(试行草案)》《全日制十年制学校中学体育教学大纲(试行草案)》确立了新的体育课程目标,即通过体育课程的学习使学生掌握体育基础知识、基本技术和基本技能。新的体育课程目标强调基础体育知识的重要性,对体育课堂教学产生了深远影响。

2001年,教育部颁布的《全日制义务教育普通高级中学体育(1—6年级)、体育与健康(7—12年级)课程标准(实验稿)》提出,从"知识和能力""过程与方法""情感、态度与价值观"这三个维度设计体育课程目标。三维目标着眼于学生的全面发展,期望学生在学习过程中掌握方法,获取知识,形成能力,培养情感、态度与价值观。

为了适应时代发展需求,培养学生的必备品格和关键能力,2014年教育部开始研究

---

① 李晋裕.学校体育史[M].海口:海南出版社,2000:77.

制订学生发展核心素养体系和标准,并推动了新一轮课程改革。2016年,国务院办公厅发布《关于强化学校体育促进学生身心健康全面发展的意见》,首次从国家层面提出体育素养概念,标志着体育素养由学术概念向实践操作转变。

2017年,教育部颁布的《普通高中体育与健康课程标准(2017年版)》正式提出体育学科核心素养,并对体育课程目标提出了新的要求,即发展学生体能、技能和运动认知能力,培养学生锻炼习惯、情绪调控和适应能力,促进学生积极进取、遵守规则以及社会责任感的提升。核心素养是三维目标的进一步提炼与整合,即将"知识和技能"转变为"能力",将"情感、态度与价值观"转变为"品格",而能力和品格正是三维课程目标的有机统一。

(三)课程内容:"统一性、碎片化"—"灵活性、结构化"

体育课程内容是实现体育课程目标的重要途径,也是体育课程改革的关键环节。1951年,人民教育出版社正式出版了全国通用的中小学体育教材,实现了体育教学计划、教学大纲和教科书的统一。1961年,中学体育教学大纲开始在基本教材基础上设置选修教材,以增加课程内容选择的多样性,新增课程内容包括武术、田径以及体育理论知识等。经过数次变革,中小学体育课程选修教材的时数比重不断提高,必修与选修、限选与任选的体育课程体系也不断完善。

2000年,中小学体育教学大纲已将小学1—2年级的选修内容占教学时数的比重增至30%,3—6年级增至40%,初中增至50%,高中增至60%。① 2001年,中小学体育与健康课程标准取消了对各学习领域教学内容和时数的要求,改为"目标统领内容"的框架,呈现由统一、呆板向灵活、开放转变的特征。此后,2003年版《全日制普通高级中学体育与健康课程标准(实验)》设置了2个学习水平(水平五和水平六)和7个项目系列(包括田径类、球类、体操类、水上或冰雪类、民族民间类、新兴运动类6个运动技能系列,以及健康教育专题),进一步体现了体育课程的灵活性。

2017年,《普通高中体育与健康课程标准(2017年版)》进一步改革了学分与选课内容,在原有11学分的基础上新增1学分。其课程内容突出体能的重要性,同时对课程内容之间的关系进行新的阐述:运动技能、体能与健康教育三者之间是平行关系,而运动技能系列下的运动项目应继续分为不同的模块,且各模块之间是递进关系,呈螺旋上升和逐渐拓展的趋势。在"以学生发展为中心"理念导向下,体育课程内容设置变得更加灵活、开放,体育课程内容也呈现由"碎片化课程内容"向"结构化课程模块"的转变。

---

① 范叶飞,谢军.改革开放以来义务教育阶段学校体育课程文件的历史嬗变与反思[J].北京体育大学学报,2017,40(3):67-71.

(四)课程实施:"指令"—"创生"

体育课程实施是将体育课程计划或标准付诸实践,并对其进行调适的动态过程。新中国成立初期,受苏联教育体系影响,我国学校体育的目的是培养学生的健康技能和健美体格,为国家建设和人民服务打好基础。课程实施过程中,强调教师在课堂的绝对主导地位,视教科书为学生获取知识的主要来源,形成了课程中心、教师中心、教科书中心的"三中心"课程实施模式。这种"全盘苏化"的课程实施范式使师生丧失了主体的"自觉性"。就教师而言,他们缺乏对课程资源、教学内容以及学生评价的自主创新;就学生而言,他们则倾向于获得高分、通过考核、获得升学。该课程范式忽略了对学生身心全面发展以及人格发育的关注。

20世纪80年代中期,随着学校体育改革深入,国外学校体育教学思想也逐渐涌入国内,如体质教育思想、"三基"体育教育思想、成功体育思想、快乐体育思想、主动体育思想以及整体效益体育思想等,多元体育教学思想促进了体育教师从"知识本位"到"人本位"的价值转向。① 21世纪初,国家、地方和学校三级体育课程管理制度的实施赋予了教师对教材内容选择的更多自主权,激发了教师的主动性和创造性。《普通高中体育与健康课程标准(2017年版)》更尊重学生的需求,学生在选课时可根据自己的需求和爱好最多选填3项,可对1个运动项目连续选择10个模块,也可连续学完3个模块(第1学年)或7个模块(第2学年)后,选择其他项目继续学习。该课程标准以学生需求为主导,通过给予学生自由学习的空间,促进学生自主学习,构建有益于"知识传递"的教学环境,激发学生的运动兴趣。这种教学方式既非对"教师中心论"的完全否定,也非对"学生中心论"的完全肯定,而是通过发挥教学过程中教师和学生两者的双重优势,构建"以教师为主导、学生为主体"的新型教学观念,提升学生的学习效率。

(五)课程评价:"知识本位"—"能力本位"—"素养本位"

体育课程评价是检验学生完成课程目标的重要手段,是体育课程管理的重要环节,也是提高学生学业质量的重要途径,具有诊断、反馈、激励和发展功能。新中国成立初期,我国体育教学大纲强调通过统一考核标准对学生基本身体素质和基本运动技能进行评价,并通过单一运动技能考核反映学生的学习效果。该评价方式强调评价结果的终结性,而忽视了学习反馈的滞后性以及对学生学习过程的激励性,淡化了体育教学评价的教育价值。这种考核方式一直延用到改革开放初期。1987年发布的《全日制中小学体育教学大纲》,对学生考核体系进行了重构,具体考核指标包括运动技能、身体素质、课堂表现以及出勤率等。这种考核方式逐渐淡化"知识本位"的思想,开始转向"能力本位"。进入21世纪,学生的情感、态度及价值观等指标被纳入体育教学评价,呈现从单一运动技

---

① 潘涌.从指令到创生:新中国成立60年以来课程改革的范式转型[J].教育理论与实践,2009,29(28):28-34.

能评价到综合素质评价的转变。

2011年,教育部颁布《义务教育体育与健康课程标准(2011年版)》,提出对学生的评价应采用更加量化的方式,制订更加切实可行的方案,以增加其可操作性。2017年,教育部颁布的《普通高中体育与健康课程标准(2017年版)》提出,通过研制学生学业标准评定学生学科核心素养等级,并基于学习内容描述方式评价学生的具体表现。该评价方式有助于对体育教学进行反馈和调整,也有助于提高体育教学的有效性。传统的知识技能传授以追求课堂的高效教学为导向,而现在的课堂教学更重视学生知识和技能的自我构建以及综合运用的实践水平。同时借助现代科学技术引导学生自主学习,学生学习呈现生活化、碎片化的特点,"跨时空、多维度"的学习方式已无法以"效率"衡量,所以对学生的评价也呈现从"注重效率"到"注重效益"的转变。

第三节 我国最新体育与健康课程标准解读

《义务教育体育与健康课程标准(2022年版)》由教育部在2022年发布,并于2022年秋季学期开始正式施行。作为未来十年我国基础体育教育发展的纲领性文件,对体育与健康课程及教学起着重要的指导、规范作用。下面针对该标准进行解读。

一、《义务教育体育与健康课程标准(2022年版)》修订背景

《义务教育体育与健康课程标准(2022年版)》注重在原有课程标准(2011年版)基础上继承、创新与发展,充分考虑国家政策、国际趋势、已有经验、顶层设计和学生需求等各方面背景,尽可能关注到各方面现实需求,努力体现时代性、前瞻性与针对性。在教育部统一组织和领导下,义务教育体育与健康课程标准修订组于2019年对2011年版课程标准的实施情况进行了全国性调研,共回收有效调查问卷4 394份,访谈155人。调研发现,2011年版课程标准的实施取得了在方向性、科学性、适切性和指导性等方面的积极效果,但仍然存在课程目标有待进一步明确、缺乏对课程内容的具体描述、学习评价体系操作性不强、贫困农村地区对课程标准的落实存在难度等一些需要解决的问题,这些问题有的是改革和发展中不可避免的,有的是因为时代的发展而需要解决并更新的。因此,继承我国义务教育体育与健康课程改革的优秀经验和解决存在的问题,是本次课程标准修订的重要前提。专家组对我国《义务教育体育与健康课程标准(2011年版)》进行了历时3年多的修订,于2022年4月发布了《义务教育体育与健康课程标准(2022年版)》(以下简称"新课标"),我国课程改革和发展进入新阶段,对促进我国义务教育体育与健康课程深化改革和高质量发展具有重大意义和影响。

二、《义务教育体育与健康课程标准(2022年版)》内容解读

(一) 课程性质、理念

1. 课程性质

新课标指出:"义务教育体育与健康课程以身体练习为主要手段,以体育与健康知识、技能和方法为主要学习内容,以发展学生核心素养和增进学生身心健康为主要目的,具有基础性、健身性、实践性和综合性等特点,是学校教育的重要组成部分,对促进学生德智体美劳全面发展具有非常重要的价值。"课程性质的内涵可从两个角度进行剖析:一是明确了义务教育体育与健康课程的主要手段、学习内容、主要目的及其价值定位;二是对课程特点进行了提炼。通过对"手段、内容、目的及价值"间生成逻辑的探析,不难发现,新课标充分体现了"以学生发展为中心"的理念和"健身育人"的思想,较好回答了"培养什么人、怎样培养人"的教育根本问题。在体育教师设计和实施体育与健康教学过程中,应以培养学生核心素养、促其全面发展为价值引领,不断寻求新的突破,通过高质量的体育与健康教育提升国民素质、推动社会发展,在体育强国、教育强国、健康中国建设乃至中华民族伟大复兴中国梦实现进程中做出新的更大贡献。"基础性、健身性"强调学生要通过对体育与健康基本知识、技能和方法的掌握,养成健康的生活方式和坚持锻炼的习惯,有效提高身体素质,为终身体育奠定基础。"实践性"体现了要对所学知识、技能和方法做到学以致用,妥善解决日常生活中所遇到的一些问题,创造美好生活。"综合性"可理解为在体育与健康课程教学过程中通过渗透德、智、美、劳和国防教育等相关教学元素,使"五育"成为一个有机统一体,通过综合性的跨学科主题教育来培养全面发展的人。

2. 课程理念

课程是教育中最能体现人的价值追求、创造与实现的活动,课程一定是基于特定的理念进行设计与实施的。体育与健康课程作为学校课程体系的一个有机组成部分,理应体现课程的这一特性。任何课程建构如若不优先考虑价值取向问题,如若没有哲学价值论的引领,都将陷入盲目和混乱,从而以失败告终。① 课程是基于特定的价值取向,并对个体发展和社会发展的现状与需求进行全面深入认识和把握的基础上设计与实施的。

(1) 坚持"健康第一"

"健康第一"是20世纪50年代初毛泽东主席在给教育部部长马叙伦的两封信中提及的教育观点。1999年中共中央、国务院印发的《关于深化教育改革全面推进素质教育

---

① 查尔斯·菲德尔,玛雅·比亚利克,伯尼·特里林. 四个维度的教育:学习者迈向成功的必备素养[M]. 罗德红,译. 上海:华东师范大学出版社,2017.

的决定》明确提出以"健康第一"作为我国学校教育的指导思想。习近平总书记在2018年全国教育大会上指出要树立"健康第一"的教育理念,开齐开足体育课,帮助学生在体育锻炼中享受乐趣、增强体质、健全人格、锤炼意志。由此可见,体育与健康课程把"健康第一"作为指导思想,完全符合党和国家一贯的政策要求,充分体现了国家意志,也是对2001年版和2011年版《义务教育体育与健康课程标准》的坚持,体现了指导思想的一贯性。体育与健康课程是学校教育中落实"健康第一"指导思想的主要途径,必须在课程目标的确定、课程内容的选择与设计、课程的组织实施、课程的评价等方面充分体现"健康第一"的要求,加强体育与健康教育的有机结合和科学指导,有效引导学生形成健康与安全的意识及良好的生活方式,提高学生的整体健康水平。

(2) 落实"教会、勤练、常赛"

"教会、勤练、常赛"是2020年《关于全面加强和改进新时代学校体育工作的意见》提出的要求,对于促进学校体育改革和发展、培养学生的核心素养具有重要的指导作用。不仅要在课外体育活动中落实"教会、勤练、常赛",在体育课堂教学中落实也非常重要。因此,需要建构"学、练、赛"有机融合的课堂教学体系,这有助于彻底改变长期普遍存在的"无运动负荷、无战术、无比赛的三无体育课"[①],显著提高体育与健康教学质量和效果。总之,应在课堂教学中做到"学、练、赛"有机结合,使学生在充分的"动"中享受乐趣、增强体质、健全人格、锤炼意志。学生在"学、练、赛"一体化课堂教学中所获的"红利"会增加其课外体育锻炼的积极性,使"校内锻炼1小时、校外锻炼1小时"成为可能,从而促进学生终身体育习惯的养成。

(3) 加强课程内容整体设计

体育与健康课程应以培养学生核心素养为价值引领,遵循学生运动技能形成和身心发展规律,整体设计课程内容,体现"保证基础、重视多样、关注融合、强调运用"等理念。首先,核心素养是课程内容选择和组织的起点和依据,应基于核心素养的价值追求,从纷繁复杂、成百上千的体育运动、体育游戏、基本运动技能、专项运动技能、健康知识等素材中,选编和构建符合义务教育要求、学生特点、学科特性的纵向有机衔接、横向内在联系的体育与健康内容和活动体系。其次,要重视建构结构化的课程内容。倡导教师要根据培养学生核心素养的要求,将零散的、碎片化的知识、技能和方法归纳整理成有序的、有规律的、立体的课程内容体系。再次,要遵循学生身心发展规律和运动技能形成规律,考虑学生发展的敏感期,系统组织、整体安排不同水平学生的基本运动技能、体能、专项运动技能和健康教育内容,指导学生通过多种运动项目的学练,形成丰富的运动体验,协调发展运动能力。在此基础上逐渐减少所学运动项目,增加所学运动项目的练习时间,实

---

① 季浏."不出汗"的体育课需要改变[J].中国学校体育,2016,36(10):2-3.

现学生初中毕业时基本掌握1~2项运动技能和基本健康技能的目标[①]。最后,要在关注本学科知识、技能和方法融合的同时,在"五育融合"的理念下加强跨学科主题学习内容间的融合,这有助于提高学生运用综合知识、技能与方法思考和解决问题的能力。教师不仅要传授知识、技能和方法,更要引导学生能在课堂教学和课外、校外的真实情境中运用知识、技能和方法解决实际问题,做到"学以致用"。

(4) 注重教学方式改革

核心素养引领的课程教学既要让学生会运动、会健康,也要让学生懂运动、懂健康,还要让学生爱运动、爱健康。为了培养学生核心素养,必须进行教学方式改革,从"以知识与技能为本"向"以学生发展为本"转变,从教师单向传授向师生双向交流转变,从仅教会学生动作向引导学生理解和运用知识、技能和方法提高解决实际问题的综合能力转变。注重教学方式改革,一是要激发学生学习的积极性。体育教师要为学生创设丰富多彩、生动有趣的教学情境,将动作示范、重点讲解与学生的自主学习、合作学习、探究学习有机结合,激发学生学习的内在动机,促进学生由被动学习向主动学习转变。二是要提高学生对运动的理性认识,增强学生运用知识、技能和方法的能力。体育教师应引导学生透过外显的运动技能和健康技能,认识与理解体育运动和健康技能对实际生活的意义与价值,指导学生将所学习的体育与健康知识、技能和方法与家庭、社会之间建立联系,在实际生活中运用所学的知识、技能和方法,形成健康、文明、审美、有意义的生活。

(5) 重视综合性学习评价

体育与健康课程具有鲜明的综合性特征,运动能力、健康行为、体育品德三个方面的核心素养相互联系、相互作用。基本运动技能、体能、专项运动技能、健康教育和跨学科主题学习的五大类课程内容既有共性又有个性,既相联系又有区别,单一的评价体系已无法适应课程的综合性和培养学生核心素养的要求。因此,要围绕核心素养构建评价内容多维、评价方法多样、评价主体多元的综合评价体系。在学习评价中,更多关注学生面对和解决现实生活中的体育与健康问题的态度和能力,从根本上改变与真实情境相距甚远的体育动作或体能测试等单一评价方式。此外,要重视制定明确、具体、可操作的学业质量合格标准,为教师有效教学、学生积极学习及学习评价指明方向。通过综合性学习评价,促进学生达成学习目标,形成核心素养。

(6) 关注学生个体差异

在体育与健康课程学习中学生的体能、运动技能、体质健康水平等方面的差异,要比他们在文化课程学习中的智力差异更加突出。教师只有将"关注学生个体差异"的理念贯穿于课程设计与实施全过程,才有可能促进每一位学生得到充分而适宜的发展。首

---

① 季浏,钟秉枢. 义务教育体育与健康课程标准(2022年版)解读[M].北京:高等教育出版社,2022:56.

先,教师要充分认识学生的差异,要深入分析产生差异的原因,并在此基础上找到解决个体差异问题的策略。其次,教师要充分尊重学生的差异,要将学生的差异转变为教学动力,主动将学生的个体差异转变为教育契机,帮助学生形成具有个性的核心素养。再次,教师要注重因材施教。在教学中,体育教师应针对不同身体条件、运动基础和兴趣爱好的学生提出不同的学习目标,选择适宜的教学内容,采用多样化的教学方法和学习评价方式,在为学生创造平等、公平的学习机会基础上尽可能满足学生个性化的发展需求。对于体能、运动技能和健康水平处于弱势的学生给予更多的关注,使每一位学生获得良好的学练体验,增强他们学习的自信心,使他们在参与运动的过程中取得更好的发展。

(二) 课程目标

新课标中的课程目标是期望学生通过体育与健康课程学习达成的学业成就表现,分为总目标与水平目标。总目标是期望学生通过义务教育体育与健康课程学习最终要达成的学业成就表现,水平目标是期望学生通过四个水平中某一水平的课程学习要达成的学业成就表现。核心素养是体育与健康课程的灵魂,课程目标既要体现核心素养的要求,又是培养核心素养的出发点和落脚点。新课标在此部分首先阐明了核心素养的内涵,其次呈现了课程的总目标,最后依据核心素养达成度,对义务教育阶段四个水平的目标分别进行了较为细化的描述。

1. 核心素养内涵

新课标依据党的教育方针和德智体美劳全面培养的教育体系要求、"健康第一"的指导思想、体育与健康课程的特点与功能、学生发展的特点与需求,建构了体育与健康课程要培养的核心素养。新课标指出:体育与健康课程要培养的核心素养,主要是指学生通过体育与健康课程学习而逐步形成的正确价值观、必备品格和关键能力,包括运动能力、健康行为和体育品德三个方面。

运动能力包括体能状况、运动认知与技战术运用、体育展示或比赛三个维度,主要体现在基本运动技能、体能、专项运动技能的掌握与运用。

健康行为包括体育锻炼意识与习惯、健康知识与技能的掌握和运用、情绪调控、环境适应四个维度,主要体现在养成良好的锻炼、饮食、用眼、作息和卫生习惯,树立安全意识,控制体重,远离不良嗜好,预防运动损伤和疾病,消除运动疲劳,保持良好心态,适应自然和社会环境等。

体育品德包括体育精神、体育道德和体育品格三个维度。体育精神主要体现在积极进取、勇敢顽强、不怕困难、坚持到底、团队精神等;体育道德主要体现在遵守规则、尊重裁判、尊重对手、诚信自律、公平竞争等;体育品格主要体现在自尊自信、文明礼貌、责任意识、正确的胜负观等。三个方面的核心素养密切联系,相互影响,在体育与健康教育教学过程中得以全面发展,并在解决复杂情境的实际问题过程中整体发挥作用。

学校体育与健康课程作为学校教育课程体系的重要组成部分,理应为党和国家培养全面发展的社会主义建设者和接班人、助力中华民族伟大复兴中国梦的实现作出应有和更大的贡献。"体育学科核心素养"是我国体育与健康课程改革一代代专家学者、教育实践者等在将国际先进体育课程与教学理念同中国具体情况相结合后产生的智慧结晶,为"培养什么人、怎样培养人"的教育根本问题在体育与健康课程中的落实提供了最佳解决思路,同时也为落实"立德树人"教育根本任务提供了有力抓手。

2. 总目标

核心素养是确定课程总目标的依据,而课程总目标中的三大目标是对核心素养的落实和具体化。从过去的"双基"(基础知识与基本技能)或"三基"(基础知识、基本技术与基本技能)到"三维目标"(知识与技能、过程与方法、情感态度与价值观有机统一的课程目标),再到当前的核心素养,体育与健康课程目标的发展体现了课程从学科本位的"学科中心论"到以人为本的"学生中心论"的转变,是对体育与健康课程"健身育人"价值的真正回归。

(1) 掌握与运用体能和运动技能,提高运动能力

对于新课标关于运动能力的目标定位,我们可以从三个方面进行理解。一是重视学生的体能发展和体质健康。第八次全国学生体质与健康调研结果显示,学生的体质健康水平出现止跌回升、稳中向好的趋势。然而,学生的体质健康水平并未得到根本性好转,肥胖率和近视率仍居高不下。为了提高学生的体质健康水平,《健康中国行动(2019—2030年)》提出:"每天累计至少1小时中等强度及以上的运动"。对此,新课标明确要求根据学生身心发展规律,从水平二的小学三年级开始就要发展学生各方面的体能。在课程实践教学中,每节课应有10分钟左右体现多样性、补偿性、趣味性和整合性的体能练习。二是重视学生运动技能的掌握和提高。在义务教育阶段要教会学生科学锻炼和健康知识,指导学生掌握跑、跳、投等基本运动技能和足球、篮球、排球、田径、游泳、体操、武术、冰雪运动等专项运动技能。此外,还要构建包括校内竞赛、校际联赛、选拔性竞赛的大中小学体育竞赛体系,让学生在体育竞赛中学会运用运动技能,提高技战术水平,更好落实"教会、勤练、常赛"要求,帮助学生在义务教育阶段至少掌握1~2项运动技能。三是重视学生的运动认知能力培养。对于义务教育阶段的学生而言,重视其运动认知能力的培养,加深其对运动项目文化的了解,不仅有助于激发其体育学习兴趣,还可以通过建立文化认同强化其参与体育锻炼的习惯。

(2) 学会运用健康与安全的知识和技能,形成健康的生活方式

对于新课标关于健康行为的目标定位,我们可以从三个方面进行理解。一是重视培养学生的体育锻炼意识和习惯。不仅要开齐开足上好体育与健康课,保障学生获得高质

量的体育教育,还要通过举办体育展示或比赛等形式,营造阳光健康、拼搏向上的校园体育文化。此外,还应积极发挥家庭、社区在学生体育锻炼意识和习惯培养上的作用,以良好的学校环境、家庭氛围和社会风气巩固健身育人成效。二是重视学生健康知识与技能的获得。学校要保证健康教育教学时间,结合教育教学实际,通过课堂教育与课外实践相结合、经常性宣传教育与集中式宣传教育相结合等多元化模式开展健康教育。体育教师应联合生物学教师、校医、心理辅导教师等开展较为系统和完整的健康教育教学,帮助学生掌握健康知识与技能。三是重视培养学生良好的情绪调控能力以及适应自然环境与社会环境的能力。健康是身体健康、心理健康和社会健康的三维组合。让学生在体育比赛和竞技游戏中充分体验成功与失败,有利于学生塑造坚强的心理,有效调控情绪。同时,学生在运动中学会与人交流,学会竞争与合作,学会情感抒发,自然而然便可提高社会适应能力。

(3) 积极参与体育活动,养成良好的体育品德

对于新课标关于体育品德的目标定位,我们可以从体育精神、体育道德、体育品格等方面进行理解。体育精神是一种自尊自信、勇敢顽强、积极进取、不怕困难、坚持到底、超越自我、追求卓越的综合体。在体育与健康课程教学中,教师要挖掘和提炼教学内容本身所蕴含的精神力量,注重用适当的教学方法和手段培养学生的体育精神,帮助学生塑造良好的精神面貌。体育道德为体育品德养成奠定了"生活实践经验",要想培养学生的体育道德,不能仅以说教的形式向学生传授道德知识,而是要在体育与健康教学实践情境中去培养学生的道德,衡量学生是否真正达到了体育道德的标准。体育品格的形成是一个长期过程,需要体育教师在每一节课的教学中融入培养学生体育品格的教学内容,有意识地通过教学组织和方法培养学生的健全人格。

3. 水平目标

四个水平目标都是从运动能力、健康行为和体育品德三个方面核心素养角度提出的,并且各水平目标之间既相互联系,又层层递进。四个水平目标的划分,为各个水平教师选择教学内容、采用教学方法、确定评价方式等提供了指引。教师可以通过学业质量标准判断不同水平学生达成目标的情况,以便改进教学,帮助学生改进学习。

(三)课程内容

义务教育阶段体育与健康课程内容主要包括基本运动技能、体能、健康教育、专项运动技能和跨学科主题学习。针对水平一目标,专门设置基本运动技能的课程内容,为体能和专项运动技能学练奠定基础;针对水平二、水平三、水平四目标,分别设置体能和专项运动技能的课程内容。健康教育和跨学科主题学习贯穿整个义务教育阶段,其中健康教育由体育与健康、道德与法治、生物学、科学等多门课程共同承担,体育与健康是落实健康教育的主要课程。体育文化和体育精神主要融入体育与健康课程内容之中。

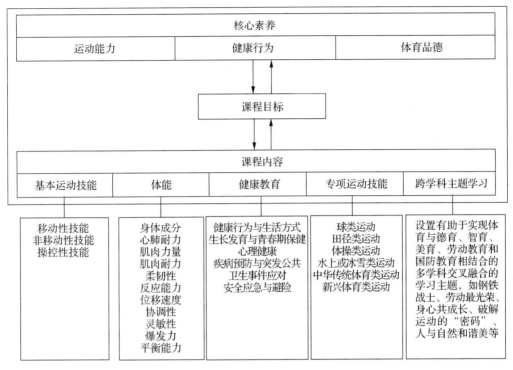

图 5-5 体育与健康课程内容结构

表 5-1 课程内容与水平目标对应表

课程内容	水平目标			
	水平一	水平二	水平三	水平四
基本运动技能	√			
体能		√	√	√
健康教育	√	√	√	√
专项运动技能			√	√
跨学科主题学习	√	√	√	√

1. 基本运动技能

根据学生运动技能形成规律和身心发展规律,新课标针对水平一目标规定小学 1—2 年级重点学练基本运动技能。这一规定不是指小学中年级及以上学生不需要发展和提高基本运动技能,而是意味着基本运动技能需要渗透到体能和专项运动技能的学练和运用中。随着年龄的增长,学生身体发育越来越成熟,身体活动能力也越来越强,此时需要引导其重点学练和提高体能与专项运动技能水平,因此没有必要再围绕基本运动技能开展专门教学。

2. 体能

体能学练主要针对改善身体成分,发展心肺耐力、肌肉力量、肌肉耐力、柔韧性、反应能力、位移速度、协调性、灵敏性、爆发力和平衡能力等。对于学生而言,体能非常重要,既有助于增进体质健康,也是学练并掌握专项运动技能的基础。因此,新课标在义务教育的3—9年级(水平二至水平四)专门设置了体能课程内容,并提倡每节课应有10分钟左右体现多样性、补偿性、趣味性和整合性的体能练习。

3. 健康教育

健康教育包括健康行为与生活方式、生长发育与青春期保健、心理健康、疾病预防与突发公共卫生事件应对、安全应急与避险五个领域,主要帮助学生逐步养成健康与安全的行为习惯和生活态度。

4. 专项运动技能

新课标把专项运动技能划分为球类运动、田径类运动、体操类运动、水上或冰雪类运动、中华传统体育类运动和新兴体育类运动六类,每类包括若干运动项目。这样分类的主要目的是要求学校在义务教育阶段选择体育与健康教学内容时要兼顾这六类运动项目,因为不同类运动项目的方法和功能虽有联系,但也有差异。引导学生学练不同类运动项目,既有助于学生体验不同类运动项目的乐趣,又能促进学生身体活动能力和运动能力的全面发展,还有助于学生从中找到更适合自己的运动,以便为初三时的自主选项学习奠定良好的基础,使学生初中毕业时能掌握1~2项运动技能[①]。

5. 跨学科主题学习

跨学科主题学习是新课标的重要课程内容,也是本次课程标准修订中的一个亮点,所有学科都需要设计这方面的课程内容,因为学科交叉融合是世界科学技术发展和教育改革的大趋势。体育与健康课程的跨学科主题学习部分应立足于核心素养,结合课程目标体系,设置有助于实现体育与德育、智育、美育、劳动教育和国防教育相结合的多学科交叉融合的教学内容。

【案例分享】

跨学科主题学习案例[②]

体育运动与国防教育具有许多共通之处,主要体现在培养学生的爱国主义和集体主义精神,合理运用战略战术和发展体能,强调纪律意识、勇敢顽强、不畏艰难、责任担当等。体育与健康课程和国防教育的跨学科学习,可以结合英雄事迹、历史战役、国家国防事业发展等内容,组织学生观看阅兵典礼、军事训练等视频资料,模拟战场战斗、救援救护等情境演练,恰当运用《孙子兵法》的战术思维分析体育比赛中"敌我双方"的特点等;帮助学生在主题学习过程中发展体能,运用和巩固适应环境、应对突发事件等技能,提高战术思维和应变能力,培养学生不怕困难、顽强拼搏、敢于担当的高尚品格。

---

① 季浏. 我国《义务教育体育与健康课程标准(2022年版)》解读[J]. 体育科学,2022,42(5):3-17.
② 中华人民共和国教育部. 义务教育体育与健康课程标准(2022年版)[M]. 北京:北京师范大学出版社,2022:101-102.

表 5-2 "钢铁战士"学习主题示例

水平	学习主题	说明
一	小小特种兵	结合中国人民解放军的发展壮大历程等开展国防启蒙教育,在创设的情境中融入走、跑、跳、攀、爬、越等基本运动技能学练,培养学生不怕困难、勇敢顽强的意志品质,激发学生不怕吃苦的精神
二	英雄小少年	结合中国人民解放军的优良传统教育,在体能学练中引导学生扮演战士、消防员等不同角色,促进学生理解发展体能的作用,以及所承担角色任务的重要性
三	智勇双全小战士	结合国防科普、武装力量和国防建设成就等资料学习,在对抗性的武术、球类等运动项目学练中创设多变的情境,培养学生的战术思维、预判能力和应变能力
四	忠诚的祖国卫士	结合革命先烈的英雄事迹,在田径、体操等运动项目学练中模拟军事训练场景,引导学生灵活运用所学运动技能,培养学生迎难而上、不怕受伤、挑战自我的钢铁意志

(四) 学业质量

1. 学业质量内涵

制定学业质量是新课标的又一个亮点。新课标指出:"学业质量是学生在完成体育与健康课程某一水平学习后的学业成就表现,是以核心素养为主要维度,结合体育与健康课程内容,对学生学业成就具体表现特征的整体刻画,用以反映课程目标的达成度。本标准依据不同水平学业成就表现的关键特征,将学业质量划分为不同水平,并描述了不同水平的具体表现。"这提示我们,学业质量的制定要从运动能力、健康行为、体育品德三个方面核心素养来考虑,学业质量主要考评学生通过某一水平的体育与健康学习后在核心素养方面的表现。学业质量的制定有助于引导教师的教与学生的学,为教师改进教学、学生改进学习提供依据。学业质量的制定有利于国家教育行政部门监测各地各校学生的学业成就表现,督导和评估学校教育质量,规范办学方向,加强对课程教学质量的管理。

2. 学业质量描述

为了指导教师根据学业质量进行有效的教学和评价,新课标制定了基本运动技能、体能、健康教育和专项运动技能不同水平的学业质量合格标准,合格标准是对学生的基本要求。各地各校可根据新课标提供的合格标准并结合实际制定学业质量优秀和需要努力的标准[1]。基本运动技能的学业质量合格标准主要针对水平一,即学生通过1—2年级基本运动技能的学练,达到水平一的学业质量标准。健康教育的学业质量合格标准包

---

[1] 季浏. 我国《义务教育体育与健康课程标准(2022年版)》解读[J]. 体育科学,2022,42(5):3-17.

括水平一至水平四的标准。体能、专项运动技能的学业质量合格标准包括水平二、水平三和水平四的标准。其中,关于专项运动技能,分别制定了球类、田径类、体操类、水上或冰雪类、中华传统体育类、新兴体育类六类运动的学业质量合格标准。

（五）课程实施

1. 教学建议

（1）编制课程实施计划,有效培养学生的核心素养

课程实施计划主要由学校根据课程标准的精神和要求来制定,是有目标、有内容、有方法、有评价的整体规划,在义务教育阶段主要包括水平教学计划、学年教学计划、学期教学计划、单元教学计划、课时教学计划。在编制各类教学计划时,新课标强调以下三点。

第一,树立明确的课程育人意识。教师需要真正更新教育观念,改变重知识轻育人的倾向,树立课程育人意识,这样才能把核心素养的培养贯穿于各类教学计划的学习目标、教学内容、教学情境、教学方法和学习评价等设计中,才能真正从过分关注知识与技能的传授转向重视核心素养的培养,才能更好落实"立德树人"根本任务和"健康第一"教育理念。

第二,根据学生的身心发展规律、运动技能形成规律和课程的育人特点设计各水平的教学单元。学校在选择各年级学练的运动项目时,可先让学生在六类专项运动技能中分别选择自己喜爱的运动项目,再根据学生的选择结果及学校实际情况确定各年级学练的运动项目。

第三,设计专项运动技能的大单元教学。大单元教学是指对某个运动项目或项目组合进行18课时及以上相对系统和完整的教学,促进学生通过较长时间的连续学练掌握所学的运动技能。例如在教学中,不能这节课教排球,下节课教篮球,再下节课教武术,更不能一节课中既教篮球,又教排球,而应针对某一运动项目或项目组合连续进行18课时及以上的教学。这有助于保证学生完整地体验、理解和掌握所学的运动项目。

（2）合理制定学习目标和选编教学内容,增强学生学习的针对性和有效性

学习目标是核心素养培养的出发点和落脚点,教学内容的选编、教学方法的选用、教学情境的创设、教学活动的组织等都要围绕学习目标来设计,这样才有助于学生达成学习目标,形成核心素养。

第一,要基于核心素养制订明确的学习目标。体育教师在制定学习目标尤其是课时学习目标时,应遵循以下三项基本要求。首先,学习目标要全面明确,全面的学习目标应包括核心素养的三个方面。其次,学习目标应可观察、可测量。这一要求主要是针对行为目标而言的,如运动技能、体能的学习目标,可以通过一定的方法、手段和工具对学生掌握或达成的情况进行测量。在表述时应包括条件、行为与表现、结果三个部分。例如,

在紧逼防守下(条件),学生能通过同伴的相互跑动完成传接球配合(行为与表现),将球在规定时间内投进篮筐(结果)。最后,要重视表现性目标的表述。学习目标并不都是可以测量的,如体育情感目标就无法实现量化,对此可以采用表现性目标来表示。例如,体育道德方面的表现性目标可以这样设计:能主动参与游戏或比赛,并能够识别和规避比赛中的不文明行为和犯规行为。

第二,针对学习目标和学生特点合理选编教学内容。教学内容的选编应注意以下几个方面。其一,要体现"目标引领内容"的原则,教师应根据学习目标,从有利于促进学生核心素养形成和发展的角度,认真分析、选择和设计教学内容。注重采用结构化知识与技能教学,加强学生对所学运动项目的完整体验和理解,提高学生在真实活动或比赛情境中运用知识与技能分析问题、解决问题的能力。其二,教学内容要符合学生的特点。教学内容只有符合学生生长发育特点、体质状况、运动基础、兴趣和需求等,才能增强学生学习的针对性和有效性,才能激发学生学习运动的兴趣,才能在保证教学的基础性、多样性和系统性基础上,引导学生掌握专项运动技能。新课标重点提出了掌握某一项运动技能的基本标准,主要包括:掌握和运用该项目的基本技战术;完整地参加该项目的班级内、班级间的展示或比赛,能够有效运用该项目的主要比赛规则。其三,要重视健康教育。健康教育不应是可教可不教,而是必须教、规范教,必须每学期保证一定课时的教学。健康教育应与实践教学相结合,引导学生把所学的健康教育知识和技能运用到体育锻炼、学习和生活中,逐渐形成健康文明的生活方式。其四,教学内容的选择和设计应充分考虑当地的特点和实际。我国在经济、文化、环境、教育、体育等方面各地差异较大,发展也不平衡。因此,体育与健康教学内容的选择和设计应充分考虑当地的气候特点、场地设施、安全环境、民族传统文化等情况,因时、因地制宜地实施体育与健康课程教学。其五,为了传承中华优秀传统文化,新课标特别强调"要加强对中华传统体育类运动项目的教学,尤其要重视具有对抗性的中华传统体育类运动项目,减少花拳绣腿式的比划动作教学,培养学生的尚武精神和阳刚之气,加深学生对中华优秀传统体育的理解"。这提示我们,未来中华传统体育类运动项目教学内容的选择,要改变只是简单动作的机械练习,强调技击性、对抗性。

(3) 改进课堂教学方式方法,促进学生主动学练

为促进学生由被动学练向主动学练转变,促进学生形成积极的学习动机、学习态度和学习行为,可从以下五方面对课堂教学进行改进。

第一,设计完整的学习活动。所谓完整的学习活动,是指有明确目的、有丰富内容、有真实情境、有多种方法、有良好互动和将"学、练、赛"有机结合的实践活动。教师要破除说教课、"放羊课"、单一技术课、测试课等传统教学形态,这些形式的体育课内容、方法和情境单一,学生之间、师生之间的互动极其有限,不能达到培养学生核心素养的目的。

第二,创设多种复杂的运动情境。创设情境是促进学生有意义学习和实现有效教学的重要手段,有效的情境既要为学生的学习提供认知停靠点,又要激发学生的学习心向[①]。复杂的运动情境能激发学生的学练热情,培养学生在变化、复杂、真实情境中的技战术运用能力和问题解决能力,有助于促使学生学会甚至精通一项运动,还有助于培养学生团结合作、顽强拼搏、公平竞争、遵守规则等体育品德。

第三,采用多样化的教学方式方法。这也是对新课标"注重教学方式改革"这一课程理念的贯彻落实。多样化的教学方式方法有助于引导学生积极思考、主动探索、自觉实践,对于培养学生的综合实践能力和创新意识具有重要作用。

第四,科学设置运动负荷。有效运动负荷是保证学生获得运动效果、健康效果和育人效果的基础和关键,新课标对体育与健康教学中的运动负荷提出了明确的要求,目的就是要改变"不出汗"的体育课,让所有学生充分动起来,增进学生体质健康,促进学生掌握运动技能,培养学生核心素养。在教学中,每节课的群体运动密度应不低于75%,个体运动密度应不低于50%;每节课应达到中高运动强度,原则上班级所有学生平均心率在140~160次/分;每节课应有10分钟左右体现多样性、补偿性、趣味性和整合性的体能练习。

第五,运用信息化教育手段和方法。在体育与健康教学中,充分利用信息化教育手段和方法是未来的发展方向,对于打破学习的时空壁垒、拓展学生的学习视野、提高教育教学效果具有重要作用。

(4) 促进课内课外有机结合,引导学生养成良好的体育锻炼习惯

根据国家义务教育课程方案,1—2年级每周4节体育课,3—9年级每周3节体育课,由于每节课只有40分钟,且学生人数较多,这就需要课内与课外相结合、校内与校外相结合,协同促进学生提高体质健康水平、掌握运动技能、养成健康行为、培养体育品德,从而形成良好的体育锻炼习惯和健康的生活方式。学校要认真落实"学生每天校内锻炼1小时、校外锻炼1小时"和"教会、勤练、常赛"的要求,加强课内教学与课外体育活动的有机结合,以及学校、家庭和社区体育的多元联动,这样才能真正达到培养学生核心素养的目的。特别是要改变传统大课间体育活动中以操化运动为主的组织形式,开展形式多样的体育活动。例如,部分学生分项目运动,部分学生进行操化运动,并定期变换内容,另外还可以采用运动项目展示或比赛的形式,组织全员参与,提升大课间体育活动的趣味性和时效性。此外,还要重视布置体育家庭作业,尽可能安排一些需要家长协同参与的体育活动,不仅可以促进亲子之间的情感交流,助力学生的身心健康成长,还可以完成从学校体育向家庭体育、社区体育的自然过渡,并通过多种有效合理的形式检查学生完成情况,这有助于促进学生养成体

---

① 余文森.论情境教学的教学论意义、类型及创设要求[J].中小学教材教学,2017(1):13-17.

育锻炼习惯,丰富学生的课余文化生活,优化学生的学习和生活方式,促进学生更好形成核心素养。最后,体育俱乐部是一种开放式教育,可以作为义务教育阶段课内外体育活动的组织形式。学生可以通过体育俱乐部自主选择自己喜欢的运动项目进行锻炼,还可以随时进行切换。这不仅有助于扩大学生的学习时空,满足学生的个性化发展需求,还可以激发学生的锻炼兴趣,促使学生养成良好的体育锻炼习惯,为终身体育奠定基础。

2. 评价建议

教育评价事关教育发展方向,《深化新时代教育评价改革总体方案》明确指出:"完善立德树人体制机制,扭转不科学的教育评价导向。""充分发挥教育评价的指挥棒作用。""坚持科学有效,改进结果评价,强化过程评价,探索增值评价,健全综合评价,充分利用信息技术,提高教育评价的科学性、专业性、客观性。"新课标倡导体育教师要注重实现"教—学—评"一致性,灵活有效地应用学习评价信息。通过收集和了解学生在义务教育阶段课内外的体育学练态度与表现、课外体育锻炼情况与成效、健康行为等信息,依据学业质量对学生的核心素养水平进行判断和评估。要以评促学,以评促教,充分发挥评价的诊断、反馈、激励和导向作用,激发学生学习兴趣,提升教学能力,促进学生健康成长和全面发展。

(1) 学习评价

要正确认识和理解核心素养、学业质量、学习评价之间的关系,科学合理地理解义务教育阶段体育与健康学习评价的目的。核心素养、学业质量、学习评价是相辅相成和相互促进的关系。学业质量将抽象的核心素养明晰化,为学生学业质量要求提供了具体的参照标准,为学习评价提供了明确的依据。学习评价是衡量和落实学业质量与核心素养是否达成的重要手段。同时,多元评价主体通过多样化的评价内容和方法,对学生的学习过程进行诊断和分析,有助于学生达成学业质量要求和发展核心素养。

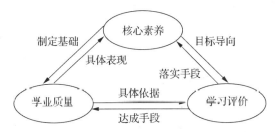

图 5-6 核心素养、学业质量和学习评价的关系

① 确定评价目的

新课标强调的"评价目的"更强调评价的诊断、反馈、导向和激励等功能,主要是为了有别于传统的做法,即把学生分成三六九等、过分强调评价的甄别和选拔功能的评价。通过评价判断学生基于核心素养的课程目标达成度,有助于为教师改进教学和学生改进学习提供即时、多元、有效的反馈,也能提高教师教学和学生学习的针对性和有效性。

② 选择评价内容

新课标强调评价内容应主要围绕学生的运动能力、健康行为和体育品德三个方面核心素养。对学生运动能力的具体评价内容主要包括基本运动技能、体能、专项运动技能等的提高程度，在展示或比赛中的表现，以及在日常生活中运用所学知识、技能和方法解决实际问题的能力等。要特别强调的是，就专项运动技能而言，未来不能只对学生的单个动作技术和组合动作技术掌握程度进行评价，还要重视学生在展示或比赛中运用技战术的情况，即重视评价学生的"实战能力"。对学生健康行为的具体评价内容主要包括学生体育锻炼情况，对所学健康知识、技能和方法的掌握程度和实际运用情况，健康行为与习惯的养成和情绪调控与社会适应能力等。具体来讲，这方面的评价既涉及课外体育活动出勤率和校外体育锻炼次数、成效等，也涉及健康生活方式养成的综合表现，如体育锻炼、营养膳食、合理作息、安全防范、情绪调控、适应能力等。对体育品德的具体评价内容主要包括学生在参与体育运动中表现出的体育精神、体育道德和体育品格等情况。这方面的评价重点关注学生在真实运动情境，特别是体育比赛或展示中表现出的体育品德情况。

③ 选择适宜的评价方式

新课标倡导依据评价目的、内容、主体、情境等实际情况将定量评价与定性评价、过程性评价与终结性评价、绝对性评价与相对性评价、教师评价与学生评价相结合，积极探索增值评价，健全综合评价。这与中共中央、国务院颁发的《深化新时代教育评价改革总体方案》的精神和要求高度一致。为了提高评价方式的适宜性和可操作性，新课标特别提出了以下三点要求。第一，注重评价方法多样化。教师可根据学生实际，综合运用清单式评价、观察评价、等级评价、展示或比赛评价、书面测评、口头测验、成长档案袋等方法，充分发挥不同方法的特点和优势，多角度评定学生的核心素养水平。尽管倡导多样化的评价方法，但应结合具体的学习目标和教学内容，选择最适宜的几种评价方法。第二，重视过程性评价。过程性评价一是强调要保持对学生平时学练过程中三个方面核心素养的日常化评价，二是强调要注重对学生学习过程中的行为表现进行观察并记录，三是强调结果要基于证据和事实，降低评价的主观性。第三，加强现代信息技术的应用。新课标强调，加强运用现代信息技术开展实时和精准的评价。教师可以充分利用信息技术跟踪学生的学习过程，采集数据并基于数据分析结果，及时反馈和评估学生的学习情况，如利用运动监测设备记录学生的课堂行为表现和运动负荷，准确分析和评价学生的运动能力等。具体而言，可以利用计步器记录学生的运动状况，利用心率带监测学生的运动强度，通过录像记录、观察、分析和评估学生的运动能力等。现代信息技术应用于学习评价中既能弥补传统学习评价的不足和繁琐，又能提高学习评价的准确性、科学性、便捷性。

④ 合理利用评价结果

新课标指出，教师应充分发挥评价的反馈、导向、激励和改进功能，采用口头评价、记录表呈现等不同方式,及时将评价结果反馈给学生,帮助学生改进学习。要注意,评价结果的反馈不能只告知学生一个分数或一个等级,而要向学生说明在学习中的进步情况和不足之处,引导学生反思自己的学习过程并加以改进;不能只对学生的运动能力进行评价,而要反馈学生在健康行为、体育品德等方面的表现。评价结果的反馈应有助于学生了解自己的核心素养发展情况。

(2) 学业水平考试

① 以考查核心素养水平为测试目的

命题时应结合学段特点、学生群体和课程内容,设置特定的任务情境,并对所要考察的核心素养及其水平加以具体化,明确在当前任务情境下核心素养的实质内涵[①]。学业水平考试主要是评价学生的运动能力、健康行为和体育品德三个方面核心素养。学业水平考试的内容主要包括体能、专项运动技能、健康教育等方面,适当融入体育文化和体育精神方面的内容。其中,专项运动技能考试内容应包括六类运动中的项目及学生擅长的一个运动项目。此外,还要结合学业质量中的多个方面,并将这些方面具体化为可操作的评价内容。例如,水平四的学业质量中有一条标准是"掌握所学球类运动项目的基本动作技术、组合动作技术和战术配合,参与班级内的教学比赛,并能运用攻防基本战术;能在比赛中合理运用主要比赛规则,承担班级内比赛的裁判工作",那么制定具体篮球考试内容时,就可以选择1分钟投进个数、全场往返运球—传球—三步上篮组合动作技术计时、五对五教学比赛的综合表现等。又如,水平四健康教育学业质量中有一则标准是"能解释吸烟、酗酒、吸毒的具体危害,远离不良嗜好,定期参加常规体检;能描述预防超重、肥胖、营养不良的方法;能描述视力不良对职业发展的影响,积极保护视力",对于这一标准,可以采用纸笔测试考查学生对相关健康教育知识和技能的理解和运用情况。

② 创设贴近生活、具有较强应用性的情境

只有在真实情境中才能反映出学生是否真正掌握和理解所学知识和技能,只会记忆知识或做单个动作技术不能真正反映学生对知识和技能的掌握程度,更不能反映学生的核心素养水平。例如,篮球考试只有设置学生参与比赛的真实情境,才能全面考查学生的核心素养水平。

③ 以结构化的知识与技能为主要命题内容

这就需要体育教师树立以核心素养发展为本的评价理念,从考查单个运动技能,转变为强调设置真实情境、解决现实运动中的实际问题;从考查学生对运动知识与技能的理解和应用,转变为评价学生综合运用和主动创生运动知识与技能的能力;从关注学生学了什么,转变为考查学生怎样学习和学会学习的过程;从关注考查学生的自我体育学

---

① 杨向东.指向学科核心素养的考试命题[J].全球教育展望,2018,47(10):39-51.

习表现,转变为在具体情境中考查学生如何进行团队合作和有效的沟通与交流,以及如何综合利用所学知识与技能完成考核任务。

④ 命题形式以实践测试为主

新课标指出:"学业水平考试主要包含实践测试和纸笔测试两种类型,以实践测试为主。纸笔测试侧重健康教育、体育文化和体育精神内容。"体育与健康课程以身体练习为主要手段,以体育与健康知识、技能和方法为主要学习内容。因此,考试命题应当充分体现体育与健康课程以实践性为主的特点,重点选择在比赛或展示等真实的应用情境中考查学生的核心素养发展水平。

3. 综合评定

新课标指出:"采取过程性评价与学业水平考试相结合的评定方式,将评定结果作为高一级学校招生录取、地区教育质量评估等参考依据。"采取过程性评价与学业水平考试相结合的评定方式,有利于改进体育升学考试的内容、方法和计分办法,形成激励学生加强体育锻炼的有效机制。这种评定方式要求将学生体育与健康课程学习、体质健康测试、日常体育锻炼和健康行为的过程性评价与学业水平考试的终结性评价相结合,促进学生每天校内锻炼 1 小时、校外锻炼 1 小时,养成体育锻炼习惯,初中毕业时能够掌握 1~2 项运动技能,有效提高核心素养水平;从单纯的身体形态、机能以及单一技能等测试转向对学生核心素养发展水平的综合评价,促进学生身心健康发展。地区教育质量评估是区域性学校教育教学工作质量监测与评定的重要手段。该评价方式确立了以学生发展质量为核心的评价导向体系,关注学生体育与健康学习的过程性评价,重视学业质量水平发展,其实就是要强化学校体育工作质量,这对落实课程标准精神具有极为重要的意义。

【本章小结】

本章主要讨论了体育课程与教学政策概述以及我国重要的体育课程与教学政策演变,并对最新修订的《义务教育体育与健康课程标准(2022 年版)》进行了解读。体育课程与教学政策是指国家教育行政部门(或地方教育行政部门、学校)为调整体育课程与教学权力的不同需要,调控体育课程与教学运行的目标、内容和方式而制定的并经由法律程序公布实施,成为教育行政部门或教育机构执行的准则。体育课程与教学政策的要素包含主体、载体、目标,其本质是随着体育课程与教学权力的变化而造成的利益的变化,体育课程与教学政策的每一次变革必然通过课程与教学权力的分配、再分配或重新分配而表现出来。体育课程与教学政策的主要特征包括行为的准则性、目标的针对性、实施的程序性、载体的规定性、内容的法定性。体育课程与教学政策的固有功能包括导向功能、调控功能、分配功能。体育课程与教学政策根据课程与教学权力的集中与分散程度可分为中央集权型、地方集权型和学校自主型。

体育与健康课程标准集中体现了体育课程与教学的核心理念,也是国家有关体育课程与教学的最高顶层设计。体育与健康课程标准经历了"学习苏联"借鉴模仿阶段(1949—1957)、"独立自主"建设起步阶段(1958—1967)、"解放思想"改革探索阶段(1978—1999)、"素质教育"发展提高阶段(2000—至今)的演进历程。体育与健康课程标准呈现出如下嬗变特征,课程价值取向:"社会中心"—"学科中心"—"学生中心";课程目标:"双基"—"三维目标"—"体育学科核心素养";课程内容:"统一性、碎片化"—"灵活性、结构化";课程实施:"指令"—"创生";课程评价:"知识本位"—"能力本位"—"素养本位"。当前,中国式现代化新征程扬帆起航,我国体育课程与教学政策发展需要秉承服务学生发展与实现中华民族伟大复兴的价值观,不断优化与持续改进,从而更好地培养德智体美劳全面发展的社会主义建设者和接班人,助力实现中华民族伟大复兴。

体育与健康课程标准是体育课程与教学的纲领性文件与最为重要的代表性政策,对最新修订的《义务教育体育与健康课程标准(2022年版)》的修订背景和核心内容进行解读。其中,对核心内容涉及的课程性质、理念、课程目标、课程内容、学业质量、课程实施进行了重点解读,为基层体育教师依据新课标开展教学行动提供参考。

【拓展阅读】

1. 习近平总书记教育重要论述讲义编写组. 习近平总书记教育重要论述讲义[M]. 北京:高等教育出版社,2020.
2. 国家体育总局编写组. 深入学习习近平关于体育的重要论述[M]. 北京:人民出版社,2022.
3. 中华人民共和国教育部. 义务教育体育与健康课程标准(2022年版)[S]. 北京:北京师范大学出版社,2022.
4. 中华人民共和国教育部. 普通高中体育与健康课程标准(2017年版2020年修订)[S]. 北京:人民教育出版社,2020.

【课后思考题】

1. 如何理解体育课程与教学政策的基本概念?
2. 试述体育课程与教学政策的基本特征与主要功能。
3. 试述国际体育课程与教学政策的类型、价值取向。
4. 试述新中国成立后我国体育与健康课程标准演进历程。
5. 试述新中国成立后我国体育与健康课程标准嬗变特征。
6. 试述《义务教育体育与健康课程标准(2022年版)》的课程理念。

【参考文献】

1. 钟启泉,汪霞,王文静.课程与教学论[M].上海:华东师范大学出版社,2008.
2. 义务教育体育与健康课程标准修订组.义务教育体育与健康课程标准(2022年版)解读[M].北京:高等教育出版社,2022.
3. 季浏,尹志华,董翠香.国际体育与健康课程标准解读[M].上海:华东师范大学出版社,2018.
4. 陈长洲,王红英,项贤林,等.新中国成立70年中小学体育与健康课程标准的演变及反思[J].上海体育学院学报,2020,44(6):85-94.

第六章
课外体育政策

【章结构图】

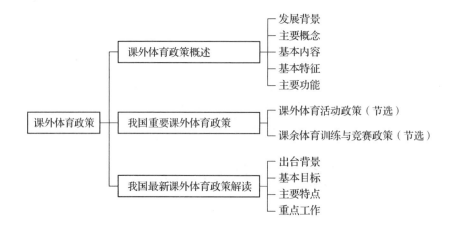

【本章概述】

课外体育活动作为学校体育发展的重要组成部分,受到了广泛的关注。随着现代社会的发展和教育理念的转变,各国开始重视制定和实施课外体育政策,以促进学生的身心健康水平、社交能力和学习能力的提升。新中国成立以后,我国陆续颁布各种政策,引导课外体育的良性发展,保障青少年学生参与多种多样的课外体育。本章分为三部分:第一部分从发展背景、主要概念、基本内容、基本特征和主要功能五方面对课外体育政策进行概述;第二部分从课外体育活动政策(节选)、课余体育训练与竞赛政策(节选)两部分对我国重要的课外体育政策进行分类,并按时间维度进行罗列介绍;第三部分从出台背景、基本目标、主要特点和重点工作四部分对我国最新课外体育政策进行解读。

【情景导入】

多地创新大课间活动内容——体育大课间也可以很酷

在广州市荔湾区林凤娥小学,篮球绝对是课间操当之无愧的"明星"。"学校多年来一直潜心打造大课间活动,创编了十余套篮球自编操,包括篮球特色操、篮球体能操、篮球柔韧操等,篮球分组活动组织形式丰富多彩。"学校校长彭文辉告诉记者,学校的大课间活动集形式与实用于一体。参加完一次大课间活动,学生的平均心率能达到180次/分钟。

因为篮球特色,学校连续6年获得广州市大课间评比一等奖,连续8年获得荔湾区大课间评比特等奖。

人人爱篮球　生生会篮球

正是大课间时间,全校师生人手一只篮球,伴随着动感音乐,拍球、传球、胯下运球、腰间绕球、掷球落框、上步投篮、胯下传球、花样表演……一个个富有创意的活动接连不断。

在林凤娥小学,学校积极营造"人人爱篮球,生生会篮球"的良好氛围,将篮球元素融入学校各大文化活动。学校每天的大课间体育活动,以篮球为特色,以篮球活动为主线,由篮球自编操、篮球柔韧操、跑操、韵律操、花式篮球展示及运球、投篮等形式多样的篮球锻炼组成。通过特色大课间,充分提高学生跑、跳、投等能力,锻炼灵敏、速度、力量和耐力等身体素质。

"学校篮球大课间操实施两年来,学生的灵活性、意志力、控制力、集体意识和合作能力都得到了较大提升。"彭文辉很自豪,"我们的学生人人都是'篮球达人'。"

在荔湾区,利用大课间丰富学校运动文化是很多学校的选择。广州市荔湾区教育局副局长罗锦红表示,一直以来,荔湾区都在"全员体育"上下足工夫,而体育大课间是"全员体育"的重要载体和抓手。"在'双减'背景下抓'全员体育',是希望让学生在'双减'中获得'双增',增加学生校内外参加户外活动、体育锻炼、艺术活动、劳动活动的时间,增加学生校内外接受体育和美育方面课外培训的时间。"

两年一创新　盘活大课间

不仅是广州荔湾,很多地方都在不断探索创新大课间的内容和形式。在广东东莞,"大爱体育,阳光少年"是南城阳光第六小学打造的特色教育。所谓"大爱体育",是指以增强学生体质健康为中心,以学生未来成人成才、责任担当为大格局、大视野,以德、智、体、美、劳"五育并举"大课程构建为重点的体育与健康特色教育。

南城阳光第六小学校长梁惠兴告诉记者:"学校将'大爱体育'建设分成三个板块,一是落实国家体育与健康教育课程计划,开齐开足体育课程,抓好常态化体育教学,让每个学生上好体育课,培养一项体育特长。二是贯彻国家学生体质健康标准,落实在校锻炼一小时,创新盘活大课间操活动。三是根据学校实际,以国标测试为基础,大力创设体育社团,构建'足球、篮球、击剑、田径、体操'五大特色体育活动,辐射小学阶段全方位、全功能的'大爱体育'校级特色课程。"

为了创新盘活大课间操活动,南城阳光第六小学做了许多探索和尝试。梁惠兴说:"如果大课间操内容一成不变,学生和老师都会有枯燥感、疲倦感。为了持续调动学生出操做操的积极性,学校施行两年一创新的办法,我们发动音乐、舞蹈、体育教师一起合作编排,进行灵感碰撞,诞生了许多高质量的作品。"

梁惠兴介绍,在保证广播操、跑操两个常规项目之外,学校在大课间融入花样交叉跳绳,并相继创作了武术操,调动学生"行侠仗义"的豪情壮志;韵律操,让学生感受体育运动的节奏感;舞蹈操,锻炼学生刚柔相济的协调感;放松操,让学生体验体育运动的舒适感……希望通过形式丰富的体育内容,与国标体测项目训练机制充分融合,用不拘一格的体育理念,激发师生参与大课间的新鲜感和主动性。

(引自顾宁《多地创新大课间活动内容——体育大课间也可以很酷》,中国体育报,2023年4月25日)

2022年,新修订的《中华人民共和国体育法》明确规定,应将学生课外体育活动纳入教学计划,保障学生在校期间每天参加不少于一小时体育锻炼;每学年至少举办一次全校性的体育运动会,开展多种形式的学生体育交流活动。实际上,在我国除了体育法律对课外体育进行规范外,还有其他各种各样的课外体育政策,共同引导和保障课外体育的开展,促进课外体育功能的发挥。那么如何理解课外体育政策?我国有哪些重要的课外体育政策?如何解读这些课外体育政策?本章试图解决以上问题。

第一节　课外体育政策概述

学校体育作为素质教育的主要组成部分,其基本任务是发展学生身体,促进学生体质健康。课外体育作为体育课的延伸,其同样有着举足轻重的作用,对促进学生发展、培养新时代青年具有积极意义。

一、发展背景

新中国成立以后,国内外政治不稳定,经济萧条,此时的国家百废待兴,一切事业亟须重整。在此背景下,教育事业经历了大刀阔斧的改革,在引进苏联教育思想的同时也创办出独属于中国的教育体系。与此同时青少年作为祖国的未来,其体质问题受到越来越多的重视,1950年和1951年毛主席做出两次重要指示"学生要以健康第一",此后"健康第一"成为学生发展的基调。如何发展学生体质、促进学生健康也被引起重视。在探究体育课的同时,课外体育的作用也慢慢被发掘并得到重视,期间发布了《关于在中等以上学校中开展群众性体育运动的联合指示》《关于加强领导进一步开展一般高等学校体育运动的指示》等政策。

随着时间进入20世纪70年代,1978年中国共产党召开的十一届三中全会是一次具有深远意义和巨大转折的会议,会议重新确立"实事求是"思想,从各个方面总结历史经验,通过拨乱反正和全面改革实施了一系列改革开放政策,国家经济得到飞速发展,课外体育的发展呈现出一派欣欣向荣的景象。1979年5月15日到22日,教育部、国家体委、卫生部、共青团中央在江苏扬州市联合召开了全国学校体育、卫生工作经验交流会议(以下称"扬州会议")。"扬州会议"的作用相当于体育界的"十一届三中全会",它完成了我国体育、卫生工作的拨乱反正,重新确立了学校体育在教育中的重要地位,标志着我国体育、卫生工作进入法制建设和管理的新阶段,为课外体育的进一步发展奠定了基础。期间发布《关于保证中、小学生每天有一小时体育活动的通知》《关于实施"全国中小学生课外文体活动工程"的通知》等政策。

自十二届全国人大一次会议第四次全体会议习近平主席当选以来,我国的学校体育,尤其是课外体育的发展向高质量迈进。从"脱贫攻坚,全面实现小康社会"到如今的开辟"中国式现代化",从"全民健身战略"到"健康中国战略",这些为课外体育的发展提供了良好的外部环境和目标动力;课外体育活动也在跟随新时代的步伐稳步前进,"体育特色校园"建设和"冰雪运动进校园"等一系列措施共同助力"体育强国"建设,进而实现"中国式现代化"。在此期间发布了《教育部等6部门关于加快发展青少年校园足球的实施意见》《教育部关于进一步加强普通高校高水平运动队建设的实施意见》等一系列政策。

二、主要概念

课外体育政策以学生课余体育生活中的政策领域,即现实的学生体育政策实践、政策系统及政策过程作为研究对象,它的基本目标是端正课外体育发展方向,改善课外体育决策系统,提高课外体育政策制定质量,从而实现课外体育的政策目标。

课外体育是学校体育的重要组成部分,是指学生在课余时间里,运用各种身体练习和多种方法,以发展身体、增进健康、提高运动技术水平和丰富业余文化生活为目的而进行的多种形式和内容的体育教育活动。① 政策是指国家政权机关、政党组织和其他社会政治集团为了实现自己所代表的阶级、阶层的利益与意志,以权威形式标准化地规定在一定的历史时期内应该达到的奋斗目标、遵循的行动原则、完成的明确任务、实行的工作方式、采取的一般步骤和具体措施。综上所述,本文认为课外体育政策是指国家在一定时期内,为使学生在课余时间内发展身体、增进健康、提高运动技术水平和丰富业余文化生活而以权威形式规定的行为原则、工作方式和具体措施。

三、基本内容

(一) 课外体育活动政策

课外体育活动是指学生在课余时间里,运用多种体育手段,以发展身体、增进健康、愉悦身心为目的而进行的群众性体育活动②。课外体育活动是学生学校生活的重要组成部分。学生在学校除了学习以外,参加一些体育辩论赛、体育俱乐部、徒步等课外体育活动,不仅有利于学生身心的全面发展,特别是有益于学生个性的发展,同时又可以丰富课余生活。因此,课外体育活动既是教育活动,也是学生在学校课余生活的重要内容。而且,课外体育活动作为学校体育的补充,它在巩固体育课所学知识与技能、提高学生运动

---

① 周登嵩.学校体育学[M].北京:人民体育出版社,2004:264.
② 周登嵩.学校体育学[M].北京:人民体育出版社,2004:284.

能力、促进学生体质健康、培养学生终身体育意识等方面有着重要意义。课外体育活动的组织形式包括大课间活动、课间操、体育俱乐部等。

（二）课余体育训练与竞赛政策

课余体育训练是学校利用课余时间对部分有一定体育运动特长的学生进行体育训练，培养竞技能力，使他们的运动才能得以发展和提高的一个专门组织的教育过程。① 课余体育竞赛是指全体学生在课余时间参加的旨在丰富课余文化体育生活、增强学生体质的体育比赛。② 为全面贯彻二十大关于"加快体育强国建设"的论述，强化课外体育实施，目前课余体育训练与竞赛已成为体育特色传统学校建设的重要领域。加强课余体育训练与竞赛不仅能展示出学生积极向上的精神风貌，还可以体现出学校整体德育水平和体育文化风范。因此，做好校园课余体育训练与竞赛工作，是学校落实"健康第一"理念、培养学生"终身体育"意识和加强"体育校园"建设的根本所向，也是国家为促进学生体质健康发展的重要任务。

四、基本特征

（一）阶级性

阶级性是政策的根本属性，它是统治阶级意志的体现与反映，贯穿于整个阶级社会的发展之中。统治阶级将自己的课外体育意识通过国家政权上升为法律准则，用以建立、规范、发展课外体育，使之朝正确的方向发展。阶级性同时还具有普遍性与特殊性，且普遍性寓于特殊性之中。普遍性是指自阶级社会产生以来，法律政策就体现了统治阶级的意志，始终存在于阶级社会中；特殊性是指随着社会形态和社会性质的变化，政策的阶级属性也随之发生改变。

（二）社会性

我国是人民民主专政的社会主义国家，制定政策的权力机关代表了大多数人民的利益，所制定和实施的课外体育政策必然要满足大多数人民增强体质、提升技能的需求。所以说，反映人民群众的课外体育需求是课外体育政策的出发点和落脚点。

（三）前瞻性

政策对提出的问题进行分析总结，并给出解决方向；但同时它需要对未来一个时间段事物的发展进行谋划，必须具有预见特征。这不仅是政策保持导向功能的必要条件，而且是政策稳定的保证。对于那些具有预见特征的政策，必然会对某事物的发展起到深远影响，进而推动社会的发展。

---

① 周登嵩.学校体育学[M].北京:人民体育出版社,2004:297.
② 周登嵩.学校体育学[M].北京:人民体育出版社,2004:324.

(四) 层次性

课外体育政策作为一个完整的体系,它具有内在的联系,不同类型的政策,对于政策研究及政策实践都具有重要意义。课外体育政策从内容上可分为课外体育活动政策、课余体育训练政策、课余体育竞赛政策;从颁布机构上可分为中央政策、行政法规、部门规章及规范性文件、地方法律政策。

(五) 实践性

政策不是纸上谈兵,也不是理论上的夸夸其谈,它的颁布意味着针对某个事物的问题必须通过实践进行纠正及发展,并在实践中去检验政策理论的正确性。自"双减"政策颁布以来,课后延时体育服务以及校园体育俱乐部的建设都是贯彻落实政策的实践之举。

五、主要功能

(一) 导向功能

课外体育政策作为解决课后体育发展领域问题和规范相关人员及部门行为的社会准则,其对课外体育发展以及相关人员的行为具有一定的引领作用,这种引领不仅包括行为上的引领,还包括思想观念上的引领,它通过罗列大致的发展途径及措施,去引领人们的思想,启发人们应该以什么样的标准去具体实施。

政策的导向功能的途径包括两种:一是直接引领,二是间接引领。比如2021年中共中央发布的"双减"政策,通过减轻校外学科类培训以及学生作业负担,间接地带动了校园课外体育的发展,进而衍生出课后延时体育服务,最后起到了锻炼学生身体的作用,"双减"政策对于课外体育的发展就起到了间接的作用。从政策作用结果看,政策的这种导向功能有正负之分。正导向功能是政策对事物发展方向的正确引导,体现了对事物发展规律的正确认识;负导向功能是政策对事物发展方向的不完全正确甚至是错误的引导,在调整社会利益关系过程中发生或多或少的负效应。[①]

(二) 调控功能

课外体育政策的调控功能是指政府运用行政、法律、经济等手段对课外体育发展中的利益矛盾及冲突进行调节与控制。课外体育政策的调控作用主要体现在调节学校与社会、学校与家庭、学校与教师、教师与学生等方面的关系与利益冲突。由于在社会生活中有着阶级性的差异,人们利益需求不同,那么他们间的矛盾冲突就在所难免。政策作为一种平衡点,其诞生就是政府为了解决问题、缓和矛盾、稳定社会发展而采取的一种手段。

在解决问题的过程中,人们怎样判断自己的行为是否在正确的发展道路上?其根本

---

① 汪慧.青年政策制定的科学性与有效性[J].当代青年研究,2002(5):10-14.

标准就在于政策,它向人们阐明了什么该做什么不该做、怎么样去做、当向相反的方向发展的时候怎样去调整等一系列问题,以保证行动的有效实施和正确方向。同时,政策的调控功能还具有倾斜性,不同时期的政策其侧重点不同。比如1986年颁布的《关于开展课余体育训练,提高学校体育运动技术水平的规划》和2011年颁发的《切实保证中小学生每天一小时校园体育活动的规定》,它们各有侧重点,前者在于发展课余体育训练,后者在于保证课外体育活动的实施。

(三)分配功能

分配功能是政策的本质功能,将社会资源进行合理分配,是政策颁布要解决的主要问题。由于社会资源是有限的,并不能满足所有人的利益需求,在无规则的环境下,大多数社会资源会往少数人手中汇集,这就导致大多数人的利益被侵害。政策的利益分配就是为了维护分配公平,从而保持社会或事物的稳定持续发展。同样,课外体育的发展也涉及利益问题,课外体育活动中学生因运动而产生的受伤就涉及学校与家长、家长与家长之间的利益冲突,为此教育部在2017年发布《学生伤害事故处理办法》,防止社会矛盾的激化。

第二节 我国重要的课外体育政策演变

一、课外体育活动政策

政策支持是构建课外体育活动支持体系的策略之一,为确保课外体育活动有章可循,组织、管理到位,以及活动开展的有效性,国家多年来发布多条相关政策,为课外体育活动开展保驾护航。

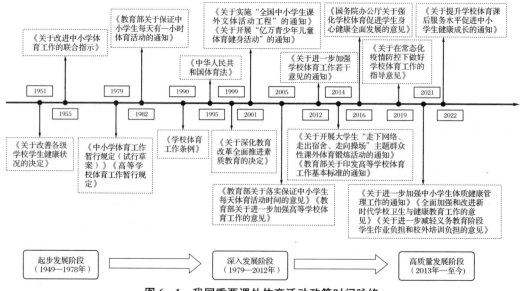

图6-1 我国重要课外体育活动政策时间脉络

(一)《关于改善各级学校学生健康状况的决定》(1951年8月)

1. 目的

增进学生身体健康,保证学生完成学习任务,并培养出有强健体魄的现代青年。

2. 任务

(1)注重体育、娱乐活动,尽可能地充实体育娱乐的设备,加强学生体格的锻炼。(2)除晨操及课间活动外,应组织学生普遍参加体育运动及娱乐活动,且活动方法应多种多样,以适应学生不同的年龄、性别和身体状况,并防止"锦标主义"及运动过度损害健康的偏向。(3)中等以上学校应适当地利用假期组织集体的野外活动。

3. 意义

该政策首次提出完善体育设施、保障课外体育活动的开展,此外还涉及以下优点:第一,考虑到学生的个体差异,采用多种方法。第二,提及运动损伤预防。第三,课外体育活动与自然相结合。但在此政策的内容中也存在着不足:第一,娱乐活动具有松散性,没有规定具体的组织形式。第二,没有强调野外活动的安全性。由于是在建国初期,一切尚在摸索,存在不足情有可原,其中所提及的个体差异、预防损伤及走进自然为课外体育活动后续的摸索迈出了重要一步。经济基础决定上层建筑,随着"一五"计划的进行,国家经济得到快速发展的同时学校体育也在不断丰富。1954年国家体委在参照苏联模式的基础上结合国家实际制定并公布了《准备劳动与卫国体育制度》,这一制度的实施对推动课外体育活动的发展起到了积极作用。

(二)《学校体育工作条例》(1990年3月)

1. 目的

保证学校体育工作的正常开展,促进学生身心的健康成长。

2. 任务

1990年3月12日,经国务院批准《学校体育工作条例》正式发布,其中对于课外体育活动的内容包括:第十条 开展课外体育活动应当从实际情况出发,因地制宜,生动活泼。普通中小学校、农业中学、职业中学每天应当安排课间操,每周安排3次以上课外体育活动,保证学生每天有1小时体育活动的时间(含体育课)。中等专业学校、普通高等学校除安排有体育课、劳动课的当天外,每天应当组织学生开展各种课外体育活动。第十一条 学校可根据条件有计划地组织学生远足、野营和举办夏(冬)令营等多种形式的体育活动。[①]

3. 意义

《学校体育工作条例》是新中国成立以来国家制定的关于学校体育工作最全面的行

---

① 国家教育委员会.学校体育工作条例[J].人民教育,1990(9):34-36.

政法规,是检查和评估学校体育工作的根本依据。它的颁布,标志着我国学校体育工作走上了正轨,对深化教育改革、推动学校体育工作的发展具有深远的历史意义。作为我国学校体育工作的纲领性文件,它在课外体育活动方面做了详细分层的要求,根据不同学段学生的身心变化,在保障学生健康的基础上提出了不同的要求。这相较于之前体现出几点不同的变化:(1) 考虑到不同阶段学生的身体差异;(2) 把课外体育活动安排纳入学校计划;(3) 高等院校课外体育活动的日常化。随后,国家教育委员会在1991年5月颁发《中学生体育合格标准实施办法》,将《国家体育锻炼标准》测验成绩以及学生在早操、课间操和课外体育活动中的表现作为评定标准。次年2月,国家教育委员会印发《小学生体育合格标准实施办法》,同样将《国家体育锻炼标准》测验成绩以及学生在早操、眼保健操和课外体育活动中的表现纳入评定标准,正式将课外体育活动与体育运动成绩挂钩。与此同时,开展课外体育活动的火苗从城市逐渐"烧"到农村,1991年9月,在山西临汾召开了全国农村学校体育工作座谈会暨全国千名农村优秀体育教师表彰会,这是新中国成立以来第一次专门研究探讨农村体育发展的会议,使得课外体育活动在全国范围内普遍开展起来。1993年2月,中共中央、国务院制定了《中国教育改革和发展纲要》(以下简称《纲要》),为实施《纲要》,开展了"到阳光下、到操场上、到大自然中去陶冶身心"等活动。自《学校体育工作条例》颁布以来,我国的课外体育活动逐步向系统化、规范化发展。

(三)《教育部关于落实保证中小学生每天体育活动时间的意见》(2005年8月)和《教育部关于进一步加强高等学校体育工作的意见》(2005年4月)

1. 目的

提高广大中小学生体质健康水平,进一步加强高等学校体育工作。

2. 任务

2005年8月19日,教育部发布《教育部关于落实保证中小学生每天体育活动时间的意见》(以下简称《活动意见》),内容指出:保证课外体育活动时间。凡没有体育课的当天,学校要组织学生参加一小时课外体育活动,课外体育活动时间应排进课表,形成制度。寄宿制学校要实行学生出早操制度。实行大课间体育活动制度。通过调整作息制度,在课间操的基础上,延长活动时间,丰富活动内容。各地要在总结经验的基础上尽快推广大课间体育活动形式,并形成制度。学校要将大课间体育活动排入课表,按时进行。各地和学校要积极探索、不断丰富大课间体育活动的组织形式和活动内容,科学、合理地安排运动负荷。加强组织管理。中小学校要切实树立健康第一的指导思想,把保证学生每天一小时体育活动的工作纳入学校教育、教学内容中,认真落实。校长是保证学生每天一小时体育活动的第一责任人,学校各部门及广大教师要关心和支持这项工作。凡直接参加组织学生每天一小时体育活动的体育教师、班主任及文化课教师,均应计算工作量。①

教育部在2005年4月25日颁发《教育部关于进一步加强高等学校体育工作的意见》(以下简称《工作意见》),内容指出:"广泛开展学生课外体育活动。高等学校要把开展丰富多彩、形式多样的学生课外体育活动作为学校日常教育工作的有机组成部分。要通过科学安排作息制度,保证学生每天有一定时间用于课外体育锻炼。对学生的课外体育活动要有制度、有组织、有要求、有记录。每个学生每周至少要参加2~3次课外体育活动。学校体育部(室)、学生处等有关职能部门要紧密配合,充分发挥党、团组织以及学生会和其他学生社团组织的作用,积极组织开展学生课外体育活动。要把学生课外体育活动作为校园文化建设的重要组成部分,大力营造良好的校园体育文化氛围,使校园充满朝气和活力。要大力宣扬'每天锻炼一小时,健康工作50年,幸福生活一辈子'这一具有时代特征的口号,以此不断增强广大青少年学生的体育意识,激励他们积极参加体育锻炼。"②

3. 意义

进入20世纪以来,学生体质持续下滑,身体机能下降,尤其是在力量、耐力、爆发力、肺活量等方面的指标不尽人意,且肥胖率、近视率逐年增高。究其原因在于体育锻炼不足,体育活动时间得不到充分保障。《活动意见》的发布加强了实施课外体育活动的基层保障,对于基层组织——学校,做出严格要求。第一,要建立起"校长责任制",从管理层面自上而下树立"健康第一,促进学生健康发展"的思想,强化贯彻政策落实意识,从而保障课外体育活动工作正常开展。第二,要强化师资保障。利用物质手段鼓励教师在非教学时间组织开展课外体育活动,进一步使得学生的课外锻炼时间得到保障。第三,要强化制度保障。有了制度事物才能持续沿着规范化、科学化的方向发展;同时加强了对课外体育活动工作的管理,使得其能不断丰富自身的内涵及形式,进一步激发学生参与的兴趣和积极性。在加强中小学课外体育工作的同时,高等教育中学生体质状况弊端也凸显出来,高校与中小学不同,促进其身体发展的途径主要是通过课外体育活动。《工作意见》中也注意到发展高等教育的课外体育活动不同于发展中小学课外体育活动,其有着独特的方法。首先,高等院校具有以下优势:(1) 学生空闲时间多且自由;(2) 学校体育活动设施完善且便捷;(3) 组织形式与方法多样且灵活。激发高校学生参与课外体育活动的重点在于校园体育文化建设和学校社团的组织。校园体育文化建设的作用体现于唤醒学生体育锻炼的意识,具体措施有:(1) 开展"体育明星进校园""体育学院技能展示"等具有"明星崇拜"效应的活动,以此来吸引学生接触某类运动项目,达到学生参与的目的。(2) 在食堂或操场等公共区域播放精彩体育赛事,通过学生之间自发宣传以达到"滚

---

① 教育部关于落实保证中小学生每天体育活动时间的意见[J]. 中国学校体育,2005(5):4.
② 教育部关于进一步加强高等学校体育工作的意见[J]. 中华人民共和国教育部公报,2005(9):30-32.

雪球"效应,形成浓厚的体育氛围。(3)定期开展其他学院和体育学院的体育对抗赛,利用竞争夺胜心理,刺激其他学生主动地参与体育活动。学校社团的作用主要体现在为学生课外体育活动的成果提供展示的舞台。学生参与课外体育活动的动机一方面是为了强身健体,丰富生活;另一方面为了提高自身的体育技术水平。有了更多展示自身技术的舞台,他们才会持续地参与课外锻炼,因此高校社团要充分发挥自身功能,与学校密切协作开展种类多样的体育交流活动,两者的发展与完善才能达到高校课外体育活动发展的目的。这两个政策的发布表明国家对于课外体育活动的发展达成大中小学一体化,且分化出不同的实行办法。

(四)《国务院办公厅关于强化学校体育促进学生身心健康全面发展的意见》(2016年5月)

1. 目的

到2020年,学校体育办学条件总体达到国家标准,体育课时和锻炼时间切实保证,教学、训练与竞赛体系基本完备,学生体育锻炼习惯基本养成,运动技能和体质健康水平明显提升,规则意识、合作精神和意志品质显著增强。政府主导、部门协作、社会参与的学校体育推进机制进一步完善,基本形成体系健全、制度完善、充满活力、注重实效的中国特色学校体育发展格局。

2. 任务

在《全民健身计划(2016—2020)》颁布前夕,国务院办公厅在2016年5月6日发布《国务院办公厅关于强化学校体育促进学生身心健康全面发展的意见》(以下简称《意见》),意见指出:"强化课外锻炼。健全学生体育锻炼制度,学校要将学生在校内开展的课外体育活动纳入教学计划,列入作息时间安排,与体育课教学内容相衔接,切实保证学生每天一小时校园体育活动落到实处。幼儿园要遵循幼儿年龄特点和身心发展规律,开展丰富多彩的体育活动。中小学校要组织学生开展大课间体育活动,寄宿制学校要坚持每天出早操。高等学校要通过多种形式组织学生积极参加课外体育锻炼。职业学校在学生顶岗实习期间,要注意安排学生的体育锻炼时间。鼓励学生积极参加校外全民健身运动,中小学校要合理安排家庭'体育作业',家长要支持学生参加社会体育活动,社区要为学生体育活动创造便利条件,逐步形成家庭、学校、社区联动,共同指导学生体育锻炼的机制。组织开展全国学校体育工作示范校创建活动,各地定期开展阳光体育系列活动和'走下网络、走出宿舍、走向操场'主题群众性课外体育锻炼活动,坚持每年开展学生冬季长跑等群体性活动,形成覆盖校内外的学生课外体育锻炼体系。"[①]

---

① 国务院办公厅.国务院办公厅关于强化学校体育促进学生身心健康全面发展的意见(国办发〔2016〕27号)[Z].2016-05-06.

3. 意义

在《意见》中，一方面首次提出"体育作业"这一概念，这为课外体育活动的开展提供一条新思路。由于体育课课时的局限性，学校培养学生体育知识、技能和正确情感、态度与价值观的任务并不能较好地完成，而通过"体育作业"这一媒介，课外时间就能很好地被利用起来，课外体育活动就能很好地开展起来，由此形成一个"体育课——体育作业——课外体育活动"的良性循环。教师通过布置众多有趣新颖的体育作业，让学生在课外体育活动进行"复习"。这样课外体育活动内容形式进一步丰富，学生进行体育锻炼的时间增多，校园体育文化氛围越发浓郁，从而形成一个有特色且能持续发展的课外体育活动新模式。另一方面提出加强"课外体育锻炼体系"建设。既然能称得上体系，那么其就存在内在联系且有一定的秩序。在《意见》中这个"联系"的载体就是课外体育活动，只不过它把课外体育活动的范围进行横向放大，把课外体育活动延伸至家庭、社区，进而加强了课外体育活动在时间与空间上的支持，由此形成"家—校—社"的"一体两翼"模式，但究根本课外体育活动的"战略重点"还是利用课外时间。

（五）《教育部等四部门关于加快推进全国青少年冰雪运动进校园的指导意见》(2019年5月)

1. 目的

到2022年，校园冰雪运动教学、训练、竞赛和管理体系基本健全，冰雪运动特色学校示范引领作用更加强劲，学校冰雪运动场地设施和师资队伍等条件保障更加有力，冬季奥林匹克教育深入人心，参与冰雪运动的学生显著增多，青少年冰雪运动水平稳步提升，学校、家庭和社会促进冰雪运动发展的融合机制更加完善，政府引导、部门协作、社会参与的校园冰雪运动推进机制基本形成，积极为2022年北京冬奥会和冬残奥会营造浓厚的教育氛围。

2. 任务

自2015年北京张家口联合成功申办冬季奥运会之后，冰雪运动在我国逐渐宣传推广起来，并被广大群众熟知，而且在北方城市获得较好的发展。但由于接触时间短、地理位置差异、冰雪运动师资力量不平衡等一系列因素导致冰雪运动在我国并不能全面地铺展开来，尤其是在青少年等重点人群中。为促进冰雪运动在中国的持续发展并为中国特色社会主义新时代助力，教育部、国家发展和改革委员会、财政部、国家体育总局四部门在2019年5月20日发布《教育部等四部门关于加快推进全国青少年冰雪运动进校园的指导意见》（以下简称《指导意见》），内容指出："丰富课外冰雪项目体育活动　有条件的学校要把冰雪项目列入课外体育活动范畴，开展丰富多彩的冰雪活动。要通过体育作业、冰雪公开课的形式推进校外节假日的冰雪运动。有条件的南方省份在冬季与北方省份进行'手牵手'对接,利用体育部门组织的群众冬季运动推广普及活动和'全国大众冰雪季',有效开展冰雪冬令营、冬季研学、冰雪体验等省域之间、国际之间的冰雪交流活动,形成帮扶发展的良好格局。"①

3. 意义

《指导意见》发布的主要目的可以概括为:(1)利用课外体育活动促进校园冰雪运动发展。冰雪运动要想持续发展就必须走进校园,校园是培养国家下一代体育健儿的主战场。那么如何建设好校园冰雪活动?首先要加强物资保障,修建小型滑雪场或滑冰场,并完善冰雪运动装备。其次要增强师资力量,师资的重点在于引进优秀退役冰雪运动员,之后要加强对运动员的理论知识进行培养,尤其是教育学、心理学、学校体育学等方面的知识,避免把竞技体育的训练方式用于学生训练。最后要加强政策落实,积极利用课外体育活动时间,同时要注意对学生进行安全教育。(2)加强冰雪运动在全国的普及力度。加强普及的方式在于"以点带面","点"就是学生,通过增强南北方校园的冰雪运动交流,使得学生热爱上冰雪运动。同时当前家长的重心都是在于孩子的发展,对于孩子的兴趣爱好他们会不遗余力地给予支持与陪伴。当学生这个"点"受到启发感染,爱上冰雪运动,那么广大家长组成的"社会面"就会发展起来,从而带动全国的群众性冰雪运动发展。政策的颁布推动了校园冰雪运动在广大青少年中的普及,促进了青少年对冬奥会和冬残奥会项目知识的了解和兴趣的培养,不断丰富了体育教学活动内容,构建了具有中国特色的冰雪运动教学、训练、竞赛和保障体系,传播了积极健康的生活方式和包容性发展理念,夯实了冬季运动青少年基础,增强了青少年体质。

(六)《关于进一步减轻义务教育阶段学生作业负担和校外培训负担的意见》(2021年7月)

1. 目的

学校教育教学质量和服务水平进一步提升,作业布置更加科学合理,学校课后服务基本满足学生需要,学生学习更好回归校园,校外培训机构培训行为全面规范。学生过重作业负担和校外培训负担、家庭教育支出和家长相应精力负担1年内有效减轻、3年内成效显著,人民群众教育满意度明显提升。

2. 任务

为进一步减轻义务教育阶段学生学业压力,延长学生睡眠时间,促进青少年体质健康发展,2021年7月中共中央办公厅、国务院办公厅印发了《关于进一步减轻义务教育阶段学生作业负担和校外培训负担的意见》,内容指出:"保证课后服务时间。学校

---

① 教育部等四部门关于加快推进全国青少年冰雪运动进校园的指导意见[EB/OL]. https://www.gov.cn/xinwen/2019-06/17/content_5400932.htm.

要充分利用资源优势,有效实施各种课后育人活动,在校内满足学生多样化学习需求。引导学生自愿参加课后服务。课后服务结束时间原则上不早于当地正常下班时间;对有特殊需要的学生,学校应提供延时托管服务;初中学校工作日晚上可开设自习班。学校可统筹安排教师实行'弹性上下班制'。提高课后服务质量。学校要制定课后服务实施方案,增强课后服务的吸引力。充分用好课后服务时间,指导学生认真完成作业,对学习有困难的学生进行补习辅导与答疑,为学有余力的学生拓展学习空间,开展丰富多彩的科普、文体、艺术、劳动、阅读、兴趣小组及社团活动。不得利用课后服务时间讲新课。"①

3. 意义

"双减"政策的颁布是课外体育活动发展的另一个春天,由此而产生的课后延迟体育服务创造了课外体育活动的一个新形式。在课后延迟体育服务中,青少年能够充分释放自身天性,展现活泼好动的形象,选择自己喜好的运动项目。"双减"政策给课外体育活动的发展带来了诸多好处:(1) 极大地满足了学生的运动需求,释放了学生的天性。丰富有趣的项目使得学生展示出不同于体育课上的饱满精神;对于学生而言不是不喜欢运动,而是讨厌自己不喜欢的运动,课后延迟体育服务中学生可以选择自己喜欢的项目,"讨厌"的情况不再发生。(2) 校园体育基础设施较之前得到改善,开展的不同课后延迟体育服务项目促使体育器材得到更新及完善。(3) 学校体育教师素质得到提高。面对课后延迟体育服务内容的多样性,体育教师不得不提高自身的体育知识、技能及其他方面素质。同时教师在工作时间方面虽有增加,但通过弹性安排也可使教师得到充分的休息。(4) 校园体育文化建设得到较好发展。长时间开展课后延迟体育服务会在无形中展示出一种体育氛围,学生在体育服务中的意犹未尽的念头会延续到第二天,从而使得他们会自发主动地利用大课间时间去满足运动需求;日积月累通过群体效应,篮球场、足球场会日益活跃,进而形成一股校园的"运动风"。

二、课余体育训练与竞赛政策

课余体育训练与竞赛是实现学校体育目标的基本途径之一,它和体育与健康教学相辅相成、相互配合与补充,共同组成学校体育的完整体系。为促进其发展,国家颁布多条政策。

---

① 进一步减轻义务教育阶段学生作业负担和校外培训负担[N].人民日报,2021-07-25(1).

表 6-1 我国课余体育训练与竞赛政策时间脉络

序号	时间	文件名称	目标任务
1	1954年4月	《关于在中等以上学校中开展群众性体育运动的联合指示》	学校应结合具体情况,积极开展多种多样的广大学生所喜爱的体育活动和运动竞赛,掀起一股体育运动热潮
2	1956年2月	《关于加强领导进一步开展一般高等学校体育运动的联合指示》	在全面发展的基础上,巩固现有的运动代表队,扩大或成立各种项目的运动队
3	1986年11月	《关于开展课余体育训练,提高学校体育运动技术水平的规划》	学校体育工作要在努力使全体学生的体质达到体育合格标准的同时,积极开展课余体育训练,发现、培养优秀体育人才
4	1990年3月	《学校体育工作条例》	学校应当在体育课教学和课外体育活动的基础上,开展多种形式的课余体育训练,提高学生的运动技术水平
5	2005年3月	《关于在全国中小学生课外文体活动工程示范区研制开发集体竞赛项目的通知》	各地中小学校要充分利用本校体育资源,开发有特色的集体竞赛项目
6	2007年5月	《中共中央 国务院关于加强青少年体育增强青少年体质的意见》	进一步办好体育传统项目学校和高等学校高水平运动队,充分发挥其对群众性体育的示范带动作用
7	2014年3月	《体育传统项目学校管理办法》	传统项目学校要遵循青少年儿童生长发育规律、学校课余训练规律,充分利用课余时间,也可以在双休日、寒暑假组织开展科学、系统的传统项目课余训练
8	2015年7月	《教育部等6部门关于加快发展青少年校园足球的实施意见》	加强足球课外锻炼训练,各地各校要广泛开展多样化的足球竞赛活动,形成"校校参与、层层选拔、全国联赛"的足球竞赛格局
9	2018年8月	《关于印发〈全国青少年校园足球改革试验区基本要求(试行)〉和〈全国青少年校园足球试点县(区)基本要求(试行)〉的通知》	不断完善组织体系和运行模式,进一步完善以学区为单位的校园足球课余、周末和节假日训练体系,以完善的课余训练体系促进有潜质的学生提高足球运动技能
10	2019年5月	《教育部等四部门关于加快推进全国青少年冰雪运动进校园的指导意见》	加强校园冰雪课余训练和竞赛体系建设
11	2020年8月	《体育总局 教育部关于印发深化体教融合 促进青少年健康发展意见的通知》	开展丰富多彩的课余训练、竞赛活动,支持大中小学校成立青少年体育俱乐部
12	2022年6月	《关于提升学校体育课后服务水平促进中小学生健康成长的通知》	切实发挥体校专业引领作用,积极引进公益类体育俱乐部

(一)《关于在中等以上学校中开展群众性体育运动的联合指示》(1954年4月)《关于加强领导进一步开展一般高等学校体育运动的联合指示》(1956年2月)

1. 目的

加强中等以上学校群众性体育运动开展,并逐步使之普及和经常化,培养学生成为具有从事高度生产率的劳动和保卫祖国的能力并忠实于祖国与社会主义事业的、全面发展的高级人才。

2. 任务

1954年4月1日,中央人民政府体育运动委员会等六部门联合发布《关于在中等以上学校中开展群众性体育运动的联合指示》,内容指出:"各级学校应结合具体情况,积极开展多种多样的广大学生所喜爱的体育活动和运动竞赛,掀起一股体育运动热潮。"[①]高等教育部等四部门在1956年2月24日联合发布《关于加强领导进一步开展一般高等学校体育运动的联合指示》,强调"各校应以'劳卫制'为中心,积极开展多种多样的课外体育活动和举办校内运动竞赛,每年应该定期举行全校综合性的运动会;在全面发展的基础上,巩固现有的运动代表队,扩大或成立各种项目的运动队。同一地区的学校,可联合举办校际间的运动竞赛;在条件许可下,可以利用假日,和外埠学校进行访问性的竞赛活动。体育运动骨干的培养是很重要的,各校应在当地体育运动委员会的指导和监督下,每年利用课余时间,举办以12小时为一单元的短期轮训,参加的学生数最少应占在校学生的10%,其中10%的学生应受初级指导和裁判的训练。"[②]

3. 意义

不同时期发布的两个政策提出了一个完整的覆盖初级中学以上学段的课余体育训练与竞赛的要求,对于之后课余体育训练与竞赛的发展起到了引领启示的作用。两个政策总体提出的要求可以概括为:(1)加强课余体育竞赛的开展。开展课余体育竞赛的主要目的在于丰富课余校园生活,加强学生情感与价值观建设和检验课余体育训练以及课外体育活动的成果。加强课余体育竞赛的开展才能更好地为丰富课外体育活动提供思路,检验课余体育训练成果,发现与弥补不足。(2)在保证校内竞赛开展质量的基础上,加强校际间的交流。一方面,通过校际间的课余体育竞赛可以让学校发现在项目上的不足,从而有利于更好地研究与制定课余训练计划,进一步提高学校竞争力;另一方面,利用校际间的课余竞赛可以建立起一套完整的校园赛事体系,不仅使得课外体育活动与课余体育训练有明确的目标,而且会带动一个区域课外体育的发展。(3)加强项目规则学习,培养体育人才。比赛都

---

① 中央人民政府体育运动委员会,高等教育部,教育部,等.关于在中等以上学校中开展群众性体育运动的联合指示[J].山西政报,1954(9):55-56.

② 高等教育部,体育运动委员会,卫生部,等.关于加强领导进一步开展一般高等学校体育运动的联合指示[J].中华人民共和国国务院公报,1956(9):228-234.

是在一定的规则与秩序下进行的,在比赛中技战术的安排就包括合理利用规则。同时校园赛事的建设缺少裁判类人才,学校通过聘请相关教师进行裁判理论培训,培养学校本土学生裁判,不仅能够更好更便利地开展课余体育竞赛,缓解裁判紧张;而且能更全面地发展学生,培养体育骨干,为校园赛事建设助力。这一阶段课余体育训练与竞赛的发展已经受到国家的重视,有条件的高等院校作为培养项目国家队的主要基地,在全国已初步形成完整的竞赛制度。

(二)《关于开展课余体育训练,提高学校体育运动技术水平的规划》(1986年11月)

1. 目的

从自身现有的水平和基础出发,有计划地把课余体育训练抓上去,促进体育工作的全面发展,为培养人才、提高民族素质、建设体育强国作出应有的贡献。

2. 任务

1986年11月11日,中华人民共和国国家教育委员会和体育运动委员会发布《关于开展课余体育训练,提高学校体育运动技术水平的规划》(以下简称《规划》),其中专门提到,"学校体育工作要在努力使全体学生的体质达到体育合格标准的同时,积极开展课余体育训练,发现、培养优秀体育人才。通过正确的课余体育训练,不仅能造就大批具有良好的思想品德和文化科学素质的体育人才,而且能有效地推动教育方针的贯彻执行。希望各地区、各学校从自身现有的水平和基础出发,有计划地把课余体育训练抓上去,促进体育工作的全面发展,为培养人才、提高民族素质、建设体育强国作出应有的贡献"[①]。

3. 意义

《规划》为课余体育训练与竞赛的发展确定了指导思想、任务以及目标,使得我国课余体育训练走上一个有组织性、计划性的道路。《规划》首先明确了课余体育训练的功能;其次明确了课余体育训练的目的;最后明确了课余体育在学校体育中的地位。《规划》让社会和学校加强了对课余体育训练的认识,为学校对课余体育训练的发展指明方向,起到了指导与保障的作用,从而极大地激发教师等课外体育工作者的积极性和热情,随之带来一系列课余体育训练的改革,例如体育后备人才试点大学、体育传统项目学校建设等。

(三)《中共中央 国务院关于加强青少年体育增强青少年体质的意见》(2007年5月)

1. 目的

进一步加强青少年体育、增强青少年体质,全面落实科学发展观,深入贯彻党的教育方针,大力推进素质教育,培养中国特色社会主义事业的合格建设者和接班人。

---

① 中华人民共和国国家教育委员会,中华人民共和国体育运动委员会.印发《关于开展课余体育训练,提高学校体育运动技术水平的规划》的通知[J].学校体育,1986(6):6-8.

2. 任务

2007年5月7日,中共中央国务院发布《中共中央 国务院关于加强青少年体育增强青少年体质的意见》(以下简称《意见》),指出"举办多层次多形式的学生体育运动会,积极开展竞技性和群众性体育活动。各级政府要定期组织综合性或专项性的学生体育运动会。学校每年要召开春、秋季运动会,因地制宜地经常开展以班级为单位的学生体育活动和竞赛,做到人人有体育项目、班班有体育活动、校校有体育特色。进一步办好体育传统项目学校和高等学校高水平运动队,充分发挥其对群众性体育的示范带动作用"①。

3. 意义

《意见》作为新中国成立以来规格最高的一个文件,是党中央、国务院的重大举措,对我国教育,特别是学校体育的发展产生了划时代的意义。其中要求组织好课余体育训练与竞赛,进一步引领群众性体育发展。具体保障措施包括:(1)政府要做好与学校课余体育竞赛开展的衔接工作,积极组织区域性或全国性的课余体育赛事,形成一个完整的竞赛晋升体系;促使课余体育训练与竞赛形成整体,以赛促练,以练壮赛。(2)学校要加强竞赛开展的组织保障,定期举办小型或大型的竞赛活动。要求各班贯彻体育特色,打造班级体育文化,鼓励人人参与比赛与训练;经常性地开展班级竞赛,例如班级内的乒乓球积分赛,利用学生的胜负欲推动某项目在班级的发展并逐渐形成班级的自我特色。《意见》的发布将课余体育训练与竞赛的发展贯彻至每个班级,通过"小轴带动大轴"形成自下而上的发展思路。同时在2012年10月22日,国务院办公厅转发教育部等部门《关于进一步加强学校体育工作若干意见的通知》,其中要求"建立健全学生体育竞赛体制,引导学校合理开展课余体育训练和竞赛活动。积极鼓励创建青少年体育俱乐部"②。只有完善竞赛体制,才能使得课余体育训练与竞赛的发展具有明确的指导思想、组织保障;才能沿着规范化道路发展,避免随意性。青少年俱乐部的创建作为课余训练的一种形式,可以提供更为专业的教练以及更为完善的设施条件,为学生训练保驾护航,向高层次迈进。

(四)《教育部等6部门关于加快发展青少年校园足球的实施意见》(2015年7月)

1. 目的

加快发展青少年校园足球发展,促进青少年身心健康,夯实足球人才根基,提高足球发展水平和成就中国足球梦想。

---

① 中国共产党及其中央委员会. 中共中央 国务院关于加强青少年体育增强青少年体质的意见[J]. 中国学校卫生,2017,28(6):481-483.
② 国务院办公厅转发教育部等部门关于进一步加强学校体育工作若干意见的通知[EB/OL]. (2012-10-29) [2023-03-29]. https://www.gov.cn/zhengce/content/2012-10/29/content_5309.htm.

2. 任务

2014年底,国务院召开全国青少年校园足球工作会议,正式明确由教育部牵头负责校园足球工作。2015年7月22日,教育部等6部门发布《教育部等6部门关于加快发展青少年校园足球的实施意见》(称《意见》),指出"加强足球课外锻炼训练。要把足球运动作为学校大课间和课外活动内容,鼓励引导广大学生'走下网络、走出宿舍、走向操场',积极参加校外足球运动。有条件的学校要建立班级、年级和校级足球队。鼓励组建女子足球队。妥善处理好学生足球训练和文化学习之间的关系。教育部门会同体育等部门指导学校制定科学的校园足球训练计划,合理组织校园足球课余训练,为喜欢足球和有足球潜能的学生提供学习和训练机会。完善校园足球竞赛体系。开展丰富多样的赛事。各地各校要广泛开展多样化的足球竞赛活动,形成'校校参与、层层选拔、全国联赛'的足球竞赛格局。要组织小学低年级学生参加趣味性足球活动。从小学3年级以上到初、高中学校,要组织班级、年级联赛,开展校际邀请赛、对抗赛等竞赛交流活动。高等学校组织开展院系学生足球联赛和校际交流活动等。鼓励学校参加社会组织举办的足球赛事和公益活动,加强与国际组织和专业机构的交流合作,组织或参与国际青少年足球赛事活动"[①]。

3. 意义

足球作为世界第一运动有着较深的影响力,中国足球起步晚发展缓慢,为解决这一问题,巩固足球基础,就必须大力发展校园足球。校园足球的开展对于课余体育训练与竞赛的发展与演变具有里程碑的意义。《意见》的颁布从两个方面表达了对课余体育训练与竞赛的要求。(1)加强足球课外训练。通过建立班级足球运动队在校内开展训练,一方面可以加强班级的凝聚力,发扬团结合作精神;另一方面通过班级对抗,在校内形成一股竞争氛围并融入校园体育文化建设,进而打造特色体育模范校园。通过教育、体育部门联合制定训练计划,学生可以接受正规、科学、合理的训练内容,避免因训练不当而造成的永久运动损伤,影响后续发展。合理处理学训矛盾,广泛利用大课间、课后延时等时间段进行训练,避免大运动量训练导致学生学习时无法集中注意力。教师要注意教学方法的转变,多用生动形象的描述激起学生的学习欲望。(2)完善校园足球竞赛体系。竞赛的安排要根据学段进行调整,例如在小学鼓励进行小场的班级足球友谊赛。建立从小学到大学,业余—半职业—职业的晋升路程,打消学生对前程的顾虑。同时建立与竞赛体系相依托的升学之路,保障学生的求学权益。

---

① 教育部,国家发展改革委,财政部,等.教育部等6部门关于加快发展青少年校园足球的实施意见[J].中华人民共和国教育部公报,2015(9):14-19.

(五)《体育总局 教育部关于印发深化体教融合 促进青少年健康发展意见的通知》(2020年8月)

1. 目的

深化具有中国特色体教融合发展,推动青少年文化学习和体育锻炼协调发展,促进青少年健康成长、锤炼意志、健全人格,培养德智体美劳全面发展的社会主义建设者和接班人。

2. 任务

2020年8月31日,国家体育总局、教育部发布《关于深化体教融合 促进青少年健康发展的意见》(以下简称《意见》),指出"(二)开展丰富多彩的课余训练、竞赛活动,扩大校内、校际体育比赛覆盖面和参与度,组织冬夏令营等选拔性竞赛活动。通过政府购买服务等形式支持社会力量进入学校,丰富学校体育活动,加强青少年学生军训。(三)大中小学校在广泛开展校内竞赛活动基础上建设学校代表队,参加区域内乃至全国联赛。对开展情况优异的学校,教育部门会同体育部门在教师、教练员培训等方面予以适当激励。鼓励建设高水平运动队的高校全面建立足球、篮球、排球等集体球类项目队伍,鼓励中学建立足球、篮球、排球学校代表队。(四)支持大中小学校成立青少年体育俱乐部,制定体育教师在课外辅导和组织竞赛活动中的课时和工作量计算等补贴政策……(十)教育、体育部门整合学校比赛、U系列比赛等各级各类青少年体育赛事,建立分学段(小学、初中、高中、大学)、跨区域(县、市、省、国家)的四级青少年体育赛事体系,利用课余时间组织校内比赛、周末组织校际比赛、假期组织跨区域及全国性比赛"[①]。

3. 意义

《意见》作为体教融合事业发展的重要政策支持,其在缓解学生参与课余竞赛与训练时间、机会、条件不充分,体质不乐观以及竞技体育后备人才培养困境方面做出重要贡献。《意见》的核心关键词在于融合和发展。融合体现在两个方面:第一,促进体育传统项目学校与体育特色学校的融合,简单而言就是从单纯学一个项目到有选择性地学一个项目。例如足球特色学校的学生也可以去选择篮球、排球等项目。这意味着以后的课后延时体育服务要以教会学生专项技能为主。第二,整合青少年赛事,共建高水平运动队。将体育部门与教育部门赛事统一,进行一体化设计,这就可以解决过去因管理部门不同赛事体系难以融合的难题。通过共同设计、组织、开展,搭建面向全体学校的课余竞赛体系,学生利用这个平台可以脱颖而出成为体育后备人才,而高水平运动员可以利用校际交流的机会加强文化学习,随后教育与体育部门对这些进行共同管理,从而构建一个完整的课余训练与竞赛体系。发展是指促进体育师资队伍的建设。组织退役运动员进校

---

① 国家体育总局,教育部.关于深化体教融合 促进青少年健康发展的意见[EB/OL]. https://www.gov.cn/zhengce/zhengceku/2020-09/21/content_5545112.htm.

园,通过相互学习,体育教师可以加强自身技能,退役运动员可以加强自身的体育教学能力,从而能更好地开展体育教学、课余训练与竞赛工作。设置教练员岗位,实现学生的体育锻炼经常化,这个锻炼既包括跑操,也包括专项技能。通过两个融合一个发展实现三大目标:"学会",学会体育与健康知识、技能;"勤练",布置体育作业,进行常规化的课余体育训练;"常赛",开展经常性课余竞赛,实现校园一周一赛。

第三节 我国最新课外体育政策解读

2022年6月14日《关于提升学校体育课后服务水平 促进中小学生健康成长的通知》颁布,进一步对体育服务开展、促进学生体质健康作出指示。

一、出台背景

青少年是国家的未来和民族的希望,促进青少年健康也是实施健康中国战略的重要内容。根据第八次全国学生体质与健康调研报告显示,体质健康达标优良率逐渐上升。2019年全国6~22岁学生体质健康达标优良率为23.8%;学生身高、体重、胸围等形态发育指标持续向好,各年龄组男女生身高、体重、胸围指标均继续呈现上升趋势;学生肺活量水平全面上升,肺活量显示人的心肺功能,肺活量大的儿童,身体供氧能力更强,近10年来,全国学生肺活量持续增加,初中生增长最为明显,小学生柔韧、力量、速度、耐力等素质出现好转;2019年我国6~22岁学生营养不良率为10.2%,近10年来,各年龄段男女生营养不良状况持续改善。

"十四五"时期是我国全面建成小康社会、实现第一个百年奋斗目标之后,乘势而上开启全面建设社会主义现代化国家新征程、向第二个百年奋斗目标进军的第一个五年,我国将进入新发展阶段[①]。在"十三五"期间,我国课外体育发展取得了一系列的成就,但是在学生体质、校园"三大球"发展助力竞技体育建设、校园U赛事体系建设、教练员教师队伍建设以及场地建设等方面还存在不足,这些问题在"十四五"期间都迫切地需要得到解决。

在2022年4月召开的北京冬奥会、冬残奥会总结表彰大会上,习近平总书记发表重要讲话指出,要坚持以增强人民体质、提高全民族身体素质和生活质量为目标,高度重视并充分发挥体育在促进人的全面发展中的重要作用,完善全民健身体系,增强广大人民群众特别是青少年体育健身意识,增强我国竞技体育的综合实力和国际竞争力,加快建设体育强国步伐。同年10月,党的二十大召开,在会上习近平总书记发表了对体育的重

---

① 习近平.论把握新发展阶段、贯彻新发展理念、构建新发展格局[M].北京:中央文献出版社,2021.

要论述"促进群众体育和竞技体育全面发展,加快建设体育强国",进一步加强了对于学生体质建设的要求。

二、基本目标

(一) 坚持健康第一理念,促进学生全面发展

自毛主席在1950年和1951年作出"健康第一,学习第二"的指示,"健康第一"就成为学校教育的基调。1999年6月,中共中央发布《关于深化教育改革全面推进素质教育的决定》中明确提出要树立"健康第一"的指导思想。在它的指引下,体育在学校教育中的重要性逐步被发掘,体育课从形式单一、以"兵式体操"为主发展到形式多样的"游戏兴趣"。随后由于体育课时的不足,学生体育锻炼短缺问题凸显,课外体育的作用日益放大,在"健康第一"的指引下和空间与时间上的优势使得课外体育成为增强学生体质的有效途径。高质量开展体育课后服务,引导广大青少年学生在运动中享受乐趣、增强体质、健全人格、锤炼意志,促进身心健康、全面发展是新时代课外体育开展的重点。

(二) 落实"双减"政策,为体教融合赋能

课后体育服务作为"双减"政策衍生出的产物,一方面通过兴趣锻炼的形式减轻学生的心理负担,另一方面以公益性的形式教会学生多样的运动技能,免除了家长对于学生技能培训的经济负担,真正落实了"双减"政策的要求,做到了一举两得。通过引入体校与专业体育人才进校园的方式,既提高了教师训练队伍的专业化水平,促进学生技能的学习,又提升了课后体育服务水平。俱乐部的引进打通了学生向专业队、运动员向学校双向发展的路径,真正做到体育与教育的融合。

自国家出台该政策以来,各地中小学开启"花样"服务模式,各具特色。

【案例分享】

体育课后服务提质升级"花样"多

安徽省铜陵市体育中心联合全市学校开展"三点半课堂",全力打造课后体育服务体系,不断丰富课后服务载体。铜陵市体育中心带领专业体育教练走进人民小学(蓝海校区),为学生开展了一堂趣味体育课,通过寻找花宝石、青蛙跳荷叶、蒙眼大作战等特色运动极大激发了学生自主锻炼能力。不仅如此,铜陵市体育中心还向学校捐赠了一批体育器材,提升了学校开展体育运动的硬件基础。

在江苏省南京市,体育课后服务"冠军进校园"主题活动吸引了更多青少年参与学校体育锻炼。活动自启动后,董晖、姜静、陈大祥等冠军运动员陆续走进南京市校园,深入传播体育文化,并将最专业的体育运动技能指导带给了广大中小学生。南京市金

> 陵汇文学校学生夏紫涵在校园里见到了羽毛球世界冠军汤金华,她表示:"我练习羽毛球已经8年了,在球场上挥洒了很多汗水和泪水,以后,我在比赛中一定不会怯场,就像汤老师教我的那样。"
>
> 北京市西城区积极引导家长利用周末和节假日等休息时间和孩子一起运动。北京第二实验小学率先举办了"亲子嘉年华"活动,学生和家长在学校操场投篮、赛跑、踢球,周末的校园热闹了起来。西城区相关负责人表示,此举既是在全社会贯彻"健康第一"的理念,又是深入落实"双减"政策的要求,满足学生课后体育锻炼的需求。
>
> (节选自王子纯《体育课后服务提质升级"花样多"》,中国体育报,2022年11月5日,有改动)

三、主要特点

《关于提升学校体育课后服务水平 促进中小学生健康成长的通知》(以下简称《通知》)的颁布是对我国进入"十四五"时期课外体育发展面临的形势作出更高的要求。在新时期它具有更为显著的特点。

(1) 谋划更全面。《通知》围绕促进体教融合的奋斗目标,贯彻"健康第一"的教育理念,汲取于"十三五"时期发展经验,立足于"十四五"时期体育改革实际,着重于"双减"政策的落实,对课后体育服务进行了全面系统的谋划,涉及课后体育服务的方方面面,在课后体育服务的内容安排、组织保障、设备资源等方面做出更为明晰的指示。

(2) 目标更清晰。《通知》中加强了课后体育服务与体教融合的联系,以课后体育服务为桥梁,进一步深化体育系统与教育系统的融合,通过合理利用教育、体育系统的资源,进一步引导体校、俱乐部等融入课后体育服务中,其目标可以清晰地定义为通过提高课后体育服务质量,强化"双减"政策的落实,最终达到促进体教融合、强化学生体质的目的。

(3) 改革更具体。《通知》的改革更加具有创新性,"十四五"时期将以更加开放的姿态,聚焦重点领域和关键环节,将课后体育服务以课程的形式加强管理,更加注重教学内容的选择和设计,并通过网络推广优质视频。在融合体育、教育系统的同时,提出第三方监管机制的建设。通过加强地区交流,坚持开放开办课后体育服务。充分调动地方政府、市场主体以及社会各界力量投身其中。

(4) 措施更有效。政策颁布的关键是要落地见效,《通知》通过项目落地、地方落实和工程实施,增强了政策实施过程的可操作性,同时对一些重点任务进行更加具体的谋划,任务和责任更加明确,对各级体育部门、学校和俱乐部的指导性更强。

四、重点工作

1. 坚持总体创新,不断丰富学校课后体育服务内容。创新是课后体育服务持续发展的动力。体育类活动兴趣课程是各级各类学校开展课后体育服务的重要形式之一，地方体育部门要大力支持学校课后服务、促进青少年体质健康，在工作内容上要重点安排。学校要创新形式多样的活动兴趣课程，学校课后体育服务活动除了开展"三大球"的基本项目，还鼓励设置武术、围棋等中华传统体育项目，根据各地条件的不同适时设置滑雪、滑冰、轮滑等新兴有地方特色的项目，打造"一校一品"。同时科学规划活动课程内容，坚持面向全体学生，充分考虑学生的身心发展规律，分别设计多样的班级授课形式以及相应的教育教学内容，根据教学实施原则，既要满足部分学生"零起点入门"需求，又要满足部分学生提高拓展需求。要切实加强课程资源建设，充实利用"互联网＋"在线资源共享模式，打造特色优秀视频展示平台，能让学生随时随地"跟着视频学"。各地要积极将课后体育服务与预防青少年近视、健康饮食和营养学等健康课程相衔接，指导学生科学锻炼。

2. 整合社会资源，推动专业力量参与课后体育服务。资源的利用是开展与发展高质量课后体育服务的必要条件。（1）加强与体校或运动队合作，引入高水平退役运动员，重视项目教练员的引用与培养。按照"双向选择"原则，根据学校课后体育服务打造的特色项目，遴选一批优秀的退役运动员、教练员。同时利用大学生实习机会，进一步补充课后体育服务教师人才。对到校参与课后体育服务的兼职人员，给予适当经济或政策上的补助，建立完善的人才引入准则。（2）要积极引进公益类体育俱乐部，鼓励本校与社会组织合作创立校园俱乐部，依托优质社会体育资源，为学校有相关体育特长或运动天赋的中小学生开展体育训练并提供支持和指导。（3）健全第三方进校园监管机制，以公益性为首要原则，由教育部门领衔会同体育、发展改革委等行政部门在有资质、信誉好、质量高的社会监督机构中遴选确定允许引进的机构，形成完善的机构准入与评估机制，并强化监管形成动态调控。

3. 扩大场地供给，为学生课余锻炼创造良好条件。完善的场地是课后体育服务开展的前提。学校要最大程度地综合利用已有场地，在现有运动面积的基础上打造多功能场馆。在设施条件不足的状况下，要充分利用周边的体育场馆或公共体育场所地。各地的体育运动场馆要积极向学生开放，在公益性的基础上减免或减少收费，为学校课后体育服务、课余运动训练与竞赛的开展提供便利。体育运动场地资源丰富的学校要适时向外界开放，并在空余时间支持学生锻炼，同时安排工作人员加强对学生在空闲时间的指导以及对安全性的管理。

4. 强化组织保障，形成部门协作。协同合作是课后体育服务高质量发展的必由之路。课后体育服务的高质量发展，首先，各地部门要切实推进体育与教育部门的深度融合，要统一建立以"双减"工作落实及课后体育服务开展质量监察的督导机制。部门工作人员间应加强交流，联合进行实地探访，相互借鉴经验，以谋求共同解决问题，共同发声。其次，行政与事业部门要带头推进体育优秀人才向偏远艰苦地区转移，促进地区课后体育服务的协同发展。各地区要积极开展体育教师与优秀运动员、教练员的经验、知识、技能的分享交流活动，共同提高技能水平。对于资金的保证，政府要切实引导社会资源向学校倾斜,利用市场机制,通过设立系列比赛吸引社会组织的赞助。最后,学校、家庭、社会要协同发力,为课后体育服务的高质量发展保驾护航。

在《通知》工作任务的指示下,全国各地的课后体育服务也不断向着高质量发展的方向迈进。

【案例分享】

传统体育进校园　平顶山助力"双减"落地见效

河南省平顶山市教育体育局针对"双减"背景,提出"两增加"思路,鼓励学校课后体育服务活动课程设置中国式摔跤、棋类、射艺、传统武术等中华传统体育项目,重点推动射箭和传统武术等传统体育项目进校园,采取体校、青少年体育俱乐部和学校合作的方式。作为重点培育的优势项目,射箭已在平顶山市建立小初高对口升学衔接和项目布局一致的"一条龙"人才培养体系。目前已完成多点、广面、长线布局,即2所高中、4所初中、6所小学覆盖市城区,涵盖小学、初中、高中。灵活创新专业教练员进校园和培养体育老师开办社团等形式,学生每周在校训练二至四次,周末集中在业余体校训练,选拔优秀运动员代表平顶山市参加省级以上比赛。目前参与训练学生达到500人以上,全年训练累计6万人次以上。

(节选自黄莎,徐驰《平顶山:积极推动传统体育进校园》,人民网——河南频道,2021年11月12日,有改动)

江西崇义大力开展足球特色课——体教融合从上好体育课开始

近年来江西省崇义县深入推进体教融合,充分利用政府购买公共体育服务资金,加强与当地优质体育俱乐部合作。在全县中小学校开展课外体育项目延时活动,培养青少年对体育运动的兴趣爱好,让每个孩子掌握一到两项陪伴终身的运动技能。加强体育特长生的培养,组织参加全省比赛,力争达到一级或二级运动员水平,形成梯队建设,提高各项目竞技水平。

崇义县教育科技体育局副局长陈允康说:"崇义县正在对体校、体育场馆等基础设施进行改善,补齐短板。2022年投入了2 600多万元,改造新建了城南体育场、阳明中学学校运动场等17所学校的运动场地,明年还要投入近3 000万元,对8所学校进行运动场地改建。

(节选自顾宁《江西崇义大力发展足球特色课——体教融合从上好体育课开始》,《中国体育报》,2022年11月8日,有改动)

发挥"传统"优势　让学生动起来——有的放矢促进体教融合

"肩膀下沉,手要稳……"下午3时以后,学校课后托管服务开始,浙江省衢州市白云学校射箭队的教练张栋就带着队员们认真训练,队员们一遍遍认真重复着"站位—举弓—开弓—瞄准—靠位—撒放—动作暂留—结束"的规定动作。

很多人认为,学习和体育训练是一对矛盾,体育训练会影响学习成绩。但白云学校校长叶海涛认为:"解决矛盾的最好办法是改革探索。"他介绍说,一开始,学校按兴趣编班,优点是射箭运动员便于统一管理训练,缺点是给人感觉变体育生班了,在学习成绩上也和其他自然班不协调。后来,改为自然分班,各个班放学时间有先后,有的教练为运动员零零落落赶到有些不满。政策发布后,所有问题迎刃而解。课后托管服务时间训练一小时,随着校外学科培训整改,家长也少了焦虑,以往怕自己孩子在节假期间训练,而同龄孩子在补文化课,在学业上比不过那些"抢跑"的孩子,现在放心了。

（节选自刘蕾《发挥"传统"优势 让学生动起来——有的放矢促进体教融合》,国家体育总局网站,2022年11月10日,有改动）

《通知》的颁布加强了课后延迟体育服务实施,倡导高质量发展新型课后体育活动。开展课后体育服务的重点在于愉悦学生身心,促进体质健康发展。为防止体育服务走上娱乐活动道路,要明确"锻炼学生体质"的核心要义,不能光注重活动形式上的多样有趣,还要注重内容的实效性,是否对学生体质发展起到积极作用,以体能练习为基础、专项练习为辅助才是开展服务的主线。同时课外活动要与体育教材内容相衔接,健康知识作为一部分也要加强相应的教育与传授,科学的健康与卫生知识既是学生日常生活的需要,也是其健康成长的重中之重。在利用课外体育服务加强校园体育文化建设时,"明星效应"是不可或缺的一部分,义务教育阶段学生的心理是最为敏感也是较容易受影响的阶段,充分利用好"明星效应"产生的正能量,对于学生"终身体育"意识的发展有着至关重要的作用。再往后若干年,课后体育服务仍将发挥它的作用,同时政策的保障与支持也将继续。

【本章小结】

本章主要讨论了课外体育概述、我国重要的课外体育政策以及我国最新课外体育政策解读。

一、课外体育概述

（一）概念:综上所述,本文认为课外体育政策是指国家在一定时期内,为在课余时间内发展学生身体、增进学生健康、提高学生运动技术水平和丰富学生业余文化生活而以权威形式规定的行为原则、工作方式和具体措施。

（二）基本内容:课外体育活动政策、课余体育训练与竞赛政策。

（三）基本特征:阶级性、社会性、前瞻性、层次性、实践性。

（四）主要功能:导向功能、调控功能、分配功能。

二、我国重要课外体育政策

将政策分为课外体育活动政策及课余体育训练与竞赛政策,从目的、任务和意义三个方面进行分析。

三、我国最新课外体育政策

从出台背景、基本目标、主要特点、重点工作四方面分析《关于提升学校体育课后服务水平 促进中小学生健康成长的通知》。

关键术语：课外体育；功能；政策；概念；特征

【拓展阅读】

1. 国家体委政策研究室主编的《体育运动文件选编(1949—1981)》，人民体育出版社，1982。(本书收集了中共中央、国务院、中央军校和国家体委、教育部、全国总工会、共青团中央等部门自建国以来至1981底颁发的文件共307份，便于学习掌握建国后32年间体育运动的方针、政策、规章制度。)

2. 国家体育总局、国务院、教育部的官方文件。(从官方网站了解课外体育政策的最新导向，整理并分析发展趋势。)

【课后思考题】

1. 如何理解课外体育政策的基本概念？
2. 分析课外体育政策的基本特征。
3. 论述课外体育政策具有哪些功能。
4. 课外体育政策的分类是什么？请你各举一例政策并说明其意义。
5. 结合实际，论述《关于提升学校体育课后服务水平 促进中小学生健康成长的通知》在我国的落实现状。

【参考文献】

1. 周登嵩.学校体育学[M].北京:人民体育出版社,2004.
2. 潘绍伟,于可红.学校体育学:第2版[M].北京:高等教育出版社,2008.
3. 陈庆云.公共政策分析[M].北京:北京大学出版社,2006.
4. 国家体委政策研究室.体育运动文件选编(1949—1981)[M].北京:人民体育出版社,1982.
5. 赵爱国.国际政治视角中的中美体育体制与政策[M].武汉:华中师范大学出版社,2013.

第七章
体育教师教育政策

【章结构图】

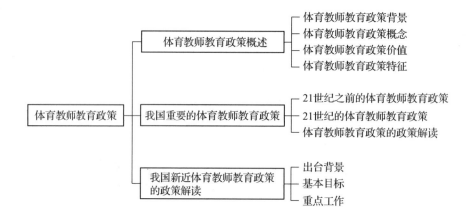

【本章概述】

本章先是对体育教师教育政策的相关概念进行了解读,之后对体育教师教育政策进行归类和分析,把体育教师教育政策分为两个阶段:21世纪之前和21世纪之后。21世纪之前的体育教师教育政策主要分为职前教育和在职教育。进入21世纪体育教师教育不再有明显的划分,而是逐渐形成了一个系统的体系,根据国家发展的需求进行不断的优化,分别进行了体育教师教育信息化建设、特设岗位计划、国家培训计划、新时代体育教师教育计划四个时期,最后对体育教师思想政治教育和师德建设政策进行了较为详细的分析。

【情景导入】

武云飞:做新时代"四有"体育教师

"双减"政策要求减轻学生校外培训负担和课内作业负担,促进学生全面发展、健康成长。对体育教师来说,责任更大,教学任务也更重了,因为他们在完成常规教学任务的同时,还要承担课后延时服务的辅导、体育社团活动等工作。体育教师只有树立坚定的理想信念,具备高尚的道德情操、扎实的学识和仁爱之心,才能担负起新时代的历史责任,才能更好地为落实"双减"助力。

理想信念是体育教师的"精神之钙"

理想信念是一个人世界观、人生观和价值观最集中的体现,是人生的支柱和灯塔,更是体育教师的"精神之钙"。秉持坚定正确的理想信念,就是要时刻心系祖国人民、爱党敬业,时刻脚踏实地、艰苦奋斗,用成事立业的追求作为精神支撑。

体育的学科属性决定了体育教师工作的艰巨性:同样是教书"先生",其他学科教师是"风不打头雨不打脸",体育教师却可能要"风里来雨里去";其他学科教师通常教一两个班级,体育教师往往要教更多班级,教学管理的难度更大;除常规的体育课教学外,体育教师还要承担上操、训练、竞赛、延时课辅导等工作。如今,"一专多能""全科样态"是对体育教师,尤其是对偏远地区学校体育教师的必然要求。面对繁重的工作任务,体育教师心中有"为党育人,为国育才"的坚定理想信念,才能化压力为动力,抓住"双减"带来的契机,主动想办法克服困难,积极作为,高质量完成各项教学任务,为学生健康成长助力。

学校体育工作的发展,既要靠"大政策",也要靠"小气候"。一个市、一个区、一所学校的体育教育政策好了、风气好了、方向对了,说与做脱节的现象就少了。我所在的徐州市铜山区多年来始终坚持学校体育工作16字模式:全面课程(不缺科项)、全员参与(一个都不能少)、坚持恪守(几十年如一日)、常做常新(与时俱进)。我觉得,这16个字,也是所有学校体育教育应该努力达到的目标。

做有道德情操的教师应先"立己树人"

"师也者,教之以事而喻诸德者也。"育人的根本在于立德,我认为,教师道德情操的修炼,首先应从"立德树人"下沉为"立己树人"。

教师崇高的师德首先体现在把课上好。我当体育教师时,无论上课、上操、组织活动,还是带运动队,总是事先做好充分准备,并且至少提前5分钟到场;课中尽力让学生达成本次课的学习目标,学有所获;课后总是最后一个离场。作为一名体育工作者,应时刻做到守"土"有责,守好自己的这片课堂。"其身正,不令而行;其身不正,虽令不从"。我做基层体育教研员近30年,其间先后担任辅导教师评优课、入编的评委以及运动竞赛裁判员等,从来没有一次徇私舞弊,可能管的这片"天地"不大,但必须尽自己所能为这片"天地"里的师生打造一方公平公正的净土。

扎实学识是教师的立身之本

苏霍姆林斯基说:"教师拥有的知识要达到比自己所教的知识丰富五十倍,才能算个好教师,教育者要在学识上令学生无可挑剔、心悦诚服,否则难以为师,也不可能受人爱戴。"

工作中,我提倡、督促体育教师读书、思考、写作,自己身体力行,每天读书并做笔记,退休后也一直坚持。退休10多年,我陆续在相关媒体上发表文章10余万字。我就是想在自己有限的生命里,多发挥余热,护送在这条路上辛苦前行的年轻人再多走一段,走好最艰难的起步阶段。令人欣慰的是,如今我所在的铜山区,体育教师不仅热爱读书、勤于思考、善于写作,且读、思、写的能力不输其他学科教师,这也是我与全体体育教师多年坚持读与写的结果。

学无止境,教学研究亦无止境。这个无止境,不只是进取,更是在继承的基础上发扬和创新。我曾撰写一篇名为《新"三段式"教学模式》的文章,我认为,"三段式"虽然是传统的教学模式,却是创新发展的根基。在新课改的视域下,如何传承,怎样创新?体育教师需要通过持续的研究,以研究反哺教学,不断提高教学水平。在长期的体育教学实践中,我还提出区域体育教学思想,即以"教对、学会"运动技能为载体,将认知、技能、情感目标互融生成,不断促进学生学科核心素养的形成。

在提高教学质量、深化课堂教学改革的实践中,我撰写了《更具一体化操作性的"学、练、赛、评"教学模式探究》一文。文中的"学"以教师"教对"为前提;"练"以激发内驱力为基础;"赛"则是在"学""练"基础上的综合应用;"评"是导向、认可,更是提升,并用一体化的理念与实践力求操场、课堂的完美统一,力求澄清一线教师的迷茫,尽力为体育教育教学质量的提升、学生体育学科核心素养的形成做出有益的探索,也体现了用实践、实例、实绩支撑体育教师修炼具备"扎实学识"的真谛。

仁爱之心是教师的良心与灵魂

仁爱之心是教育的基石,没有爱就没有情怀,爱与责任是教师情怀的良心与灵魂。

教育是用"心"培育"心"的工作。具有仁爱之心的教师,要爱事业、爱老师、爱学生。爱事业就是要爱学科、爱教材、爱教案、爱操场、爱课堂。爱老师就要指导体育教师能坐得住(读、思、研、写),读得进(用心寻求解决问题的方法,寻求自我提升),思得清(思维敏捷且清晰),记得精(记与阶段性层面或主题相扣的经典碎片的索引),研得深(教理、学理、教材、学情、教法、学法深入透彻,形成自己的教学主张),写得美(通过做、读、思、研、记,上升为写美文、研课题、成名师)。"以爱己之心爱人,则尽仁"。爱学生,一要了解学生,二要理解学生,三要包容学生,教师要成为学生的"良师益友",为学生终身幸福奠基。

"双减"政策,对体育教师来说是机遇更是挑战,而新时代教育改革需要教师迎头赶上。从儿童青少年健康成长角度说,大到国家、社会,小到学校、家庭,对于体育教育都负有不可推卸的责任,体育教师更需要承担重任。为此,广大体育教师只有一个选择,那就是不忘初心、砥砺前行。

(节选自武云飞《做新时代"四有"体育教师》,中国教育新闻网,2022年5月24日,有改动)

第一节 体育教师教育政策概述

一、体育教师教育政策背景

党的二十大报告鲜明提出"强化现代化建设人才支撑",深刻指出"培养造就大批德才兼备的高素质人才,是国家和民族长远发展大计"。加快建设体育强国,必须高度重视人才、精心培养人才、真诚吸引人才,筑造强有力的人才支撑。在当前以人才竞争为主要竞争方式的国际局势下,如果说教育是国际竞争的制高点,那么体育教师则是体育教育竞争的制高点。优秀体育教师的培养离不开科学合理的体育教师教育,体育教师教育的重要性不言而喻。从这个意义而言,高质量的体育教师教育以及科学的体育教师培养过程是与一个国家的体育事业发展的好坏密不可分的。正因如此,体育教师教育正愈来愈被各国寄予振兴国家体育事业的厚望。[①]

体育教师在国家体育繁荣、强盛的发展道路上扮演着重要的角色,他们的教育问题备受国家重视,因此国家颁发了众多政策文件来促进体育教师教育的发展,如《中华人民共和国教师法》《中共中央 国务院关于深化教育改革全面推进素质教育的决定》《教育部关于大力推进体育教师教育课程改革的意见》《教育部关于实施卓越教师培养计划的意见》《教师教育振兴行动计划(2018—2022)》等,这些都是在国家层面上起到宏观引导作用的相关性体育教师教育政策,而专门针对体育教师教育的政策文件如《关于加强中、小学体育师资队伍建设的意见》《教育部办公厅关于组织实施中西部中小学体育、艺术骨干教师国家级培训的通知》等则较少。虽然体育教师教育政策体系还需进一步完善,但是在国家颁布的相关性和专门性政策的协同作用下,我国体育教师教育也取得了众多的历史成果,如师范院校、综合型高等院校和体育院校共同培养体育教师,体育教师教育课程标准的建立,体育教育专业新课程改革和体育教师培训考核工作的实施等。

二、体育教师教育政策概念

教师教育最早是通过"师范教育"出现在大众视野的。关于师范教育的论述源于梁启超于1896年在《时务报》上发表的《变法通议·论师范》,这是中国近代教育史上首次以专文论述师范教育问题,也是我国最早提出要设立师范学校的论述:"自京师以及各省府州县皆设小学,而辅之以师范学堂。以师范学堂之生徒,为小学之教习,而别设师范学堂之教习,使课之以教术。"顾明远教授将其划分为职前培养、初任考核试用、在职培训三方面内容。2001年,国务院颁发的《关于基础教育改革与发展的决定》首次提出"教师教育"的概念,也就是说教师的培养、培训与进修不再分离,而是一个连续的、互相联系的整体,都属于教师教育的范畴。这标志着我国教师教育开始从师范教育体系正式转变为教师教育体系。体育教师教育从属于教师教育,是教师教育的一部分,因此体育教师教育是以提高体育教师的素质和教学能力水平为目的的培养和培训[②]。

教师教育政策是指包括教师政策在内的所有涉及教师教学质量提升的政策,也可以

---

① 李广,李欣桐.中国共产党百年教师教育政策:历史进程、伟大成就与发展愿景[J].现代教育管理,2021(6):1-9.

② 陈婷婷.教师教育政策生产研究:价值话语的建构与重构——1978—2019年中国教师教育政策文本分析[D].金华:浙江师范大学,2020.

理解为是基于解决"如何建设高素质的教师队伍"这一根本问题而制定的政策,覆盖教师资格标准、教师招聘要求、教师培养培训体制、内容与方法、教师师资队伍建设、教师管理、教师教学评估以及教师教育机构建设等政策问题。隶属于教师教育政策的体育教师教育政策是国家政府、执政党以及体育教师教育机构等团体在特定历史时期,为解决体育教师教育发展过程中存在的问题,促进体育教师专业发展和专业化水平的提高,实现体育教师教育目标,达成体育教师教育发展任务,对体育教师教育进行整体规划与设计,对政府教育管理部门、体育教育机构以及体育教师施加影响的行为准则或采取的行动。体育教师教育政策是教师教育政策的重要组成部分,是属于教师教育政策中的学科教师教育政策。①

三、体育教师教育政策价值

教育政策蕴涵着价值性,教育政策的价值体现了作为主体的人与作为客体的教育政策之间产生的一种主客体关系,教育政策价值的主体主要通过教育政策的运行满足其需要的群体,包括教育政策的实践者和利益相关者。教育政策客体的属性主要是指教育政策具有协调教育系统内外部各种因素之间关系从而为教育事业提供资源、保障和规范的功能。教育政策的实践活动是教育政策的价值源泉,只有通过现实性的教育政策制定、实施和评价的实践活动,才能使主体需要和客体属性处于价值关系中。教育政策主体在制定和执行教育政策时会面对各种价值发展要素之间的关系,面对各种利益相关者不同的利益追求,面对所要处理的各种事物之间的价值差序,这些都需要他们作出一定的选择。教育政策主体们作出选择的依据就是其价值取向,即在他们的观念里何种价值处于优先地位。其秉持何种价值取向,必将对教育政策的实施效果产生重要影响,就其形成过程而言,教育政策作为各种力量博弈的结果,也是在多种价值观念斗争的基础上某种价值取向主导或多种价值观念整合的结果。作为一种价值性的实践,教育政策的制定和执行必须基于鲜明的价值取向,唯有如此方能以正确的价值观念来规范教育实践、指引教育的良好发展方向。②

教育政策价值有四种表现形式——政治的价值、社会的价值、教育的价值和人的价值。政治的价值主要指国家通过教育政策行使权力,发挥教育政策对社会、政治、经济、文化等方面的能动作用;教育的社会价值在于教育政策协调教育内外关系,保证社会的稳定、发展和进步;教育的价值指教育政策能有效整合各层面的教育,保证教育平衡有序

---

① 刘洪涛,毛丽红,王文莉,等. 我国体育教师教育政策的演变历程及特征研究[J]. 吉林体育学院学报,2017,33(2):8-11.
② 刘羡,安丽娜. 我国体育教师教育价值的选择研究[J]. 体育文化导刊,2015(11):136-139.

地发展；人的价值是指教育政策能够提高受教育者的人生价值，使人得到全面协调的发展。从教育政策代表国家利益的社会主体和代表个体利益的个人主体的不同利益需求来看，价值的四种表现形式可以囊括到社会取向和个人取向两个层面，这和教育政策的外在价值和内在价值是相承统一的。①

我国教师教育政策的价值取向表现为：坚持优先发展教师教育的战略地位，是教师教育政策的基石；坚持以独立设置的各级各类师范院校为主体、其他高等院校参与的多渠道、多层次、多规格、多形式的教师教育体系，是教师教育政策的体制基础；坚持教师教育的免费性，是教师教育政策的核心；坚持国家对教师教育的有限干预与规范，是教师教育政策的关键；坚持师范生权利与义务的统一，是教师教育政策的法律保障。②

四、体育教师教育政策特征

(一) 体育教师教育政策体系化

我国体育教师教育政策在模仿、移植与借鉴国外特别是西方发达国家体育教师教育经验的过程中，不断变革创新，由零星化、局部化向全面化、整体化方向发展，系统性逐渐增强，在整体上呈现职前培养、入职教育和在职培训相结合的一体化发展趋势，并且由独立封闭走向多元开放。我国体育教师教育政策在清末仿效日本，民国时期移植美国政策，新中国建立后全面学习苏联。新世纪以来在借鉴欧美国家教师教育政策变革经验基础上，体育教师教育政策由经验型向科学型转变，初步形成了具有中国特色的体育教师教育政策体系。③

(二) 政策目标由分化到统一

体育教师教育政策目标的改变经历了两个阶段。第一阶段是十一届三中全会后体育教师教育政策得到了快速发展，出现了一大批政策文件，政策结构以职前师范教育和在职教育培训为主，极大填补了体育教师教育政策的缺失。第二阶段是进入 21 世纪，我国的体育教师教育政策有了新的变化，进入了改革发展的阶段，政策结构从之前的职前教育和在职教育转变为教师教育。

(三) 政策内容由"数量供给"转向"质量增长"

体育教师教育的发展受不同历史时期时代诉求和社会发展的影响，21 世纪之前，出于国家政治、经济、文化建设的需要，学校体育追求普及教育，因此，需要推动体育教师的

---

① 杜智华.我国教师教育政策价值取向研究：以改革开放后重要教育政策为蓝本[D].长沙：湖南师范大学，2010.
② 祁占勇.中国教师教育政策的价值取向分析[J].当代教师教育，2012，5(2)：6-12.
③ 张波.国际体育教师教育者研究及启示[J].体育科学，2021，41(11)：61-68.

数量供给来补齐学校体育发展过程中师资力量不足的短板。21世纪之后,经济时代背景下的学校体育追求素质教育,期望通过高等教育质量的提升来推动基础教育的改革,进一步优化师资队伍,构建科学的课程体系,提升教学质量,建设一流学科和一流专业,从而达到"素质教育"的最终目的。因此,该阶段体育教师培养目标的重心由"数量供给"转向"质量增长"。

第二节 我国重要的体育教师教育政策演变

一、21世纪之前的体育教师教育政策

十一届三中全会后体育教师教育政策得到了快速发展,出现了一大批政策文件,政策结构以职前的师范教育和在职的教育培训为主,政策内容也更加合理,极大填补了体育教师教育政策的缺失。这一时期《中华人民共和国教师法》《中华人民共和国教育法》《中华人民共和国体育法》等法律法规的颁布标志着体育教师教育政策的实施有了法律的保障。

(一) 职前教育

1978年4月,教育部、国家体委、卫生部联合下发《关于加强学校体育、卫生工作的通知》,该通知强调师范院校要抓紧体育师资培养,解决体育教师数量和质量的问题,并要加快建立和完善相关规章制度。1978年7月,国家体委下发《关于认真办好体育学院的意见》,指出体育院校应根据自身需要设置体育部门,培养体育教师和教练员。1978年10月颁布的《关于加强和发展师范教育的意见》,对体育教师师范培养和建设一支又红又专的体育教师队伍做了有力铺垫。于是在国家重视体育教师发展的价值观念引领下,体育教师的社会地位也逐渐得到了提升。1985年5月,中共中央《关于教育体制改革的决定》首次提出义务教育和教育体制改革的决定,并对师范院校如何办学、培养怎样的教师做出指示,要抓紧建立数量足够的、合格而稳定的师资队伍,体育教育的指导思想也开始向全面发展的素质教育的思想转变。

1991、1992、1997、1998年,教育部先后出台各版《普通高等学校本科体育教育专业教学计划》,对高校体育专业教材进行了改革,并规定了体育教师的培养目标(表7-1)。1992年,国家教委办公厅制定《普通高等学校本科体育教育专业十一门课程基本要求》,对本科体育教育专业课程方案提出了新的要求。

1993年6月国家体委印发《国家体委关于深化体育改革的意见》,指出直属体育学院

的改革,可以根据学校的具体情况,调整院系和专业设置,更新教学内容,在完成国家招生计划后,可以逐步扩大学生的招生范围。1997年在上海师范大学举办了首届全国体育教育专业学生基本功大赛,以促进职前体育教师质量的提高。1998年1月,国家教委办公厅颁发《关于印发〈普通高等学校体育教育专业九门主干课程教学指导纲要〉的通知》,其中指出,要结合国家体育的实际情况制定课程计划,才能培养出优秀的体育师资队伍,之后教育部、体育卫生与艺术教育司就颁布了《全国普通高等学校三年制体育教师专业学科课程方案(试行)》和《全国普通高等学校二年制体育教育专业学科课程方案(试行)》,并在1999年开始试行。

表7-1 1991年版普通高等学校本科体育教育专业教学计划

课程及占比	具体课程
公共必修课 (693学时) 占总学时的 23.15%	1. 政治理论课(240学时) 中国革命史(68学时)、中国社会主义建设(70学时)、马克思主义原理(72学时)、法律基础(30学时) 2. 教育理论课(105学时) 心理学(54学时)、教育学(51学时) 3. 计算机语言(72学时) 4. 外语(276学时)
专业必修课 (1 606学时) 占总学时的 53.64%	1. 体育理论学科(756学时) 人体解剖学(118学时)、人体生理学(140学时)、体育心理学(54学时)、体育保健学(108学时)、体育测量与评价(84学时)、体育概论(32学时)、学校体育学(90学时)、运动生物化学(46学时)、体育绘图(36学时)、体育史(48学时) 2. 体育手段与方法(850学时) 田径(210学时)、球类(210学时)、体操(170学时)、武术与保健气功(108学时)、游泳、滑冰(50学时)、健美(32学时)、舞蹈(36学时)、体育游戏(34学时)
选修课(695 学时)占总学 时的23.21%	1. 限制选修课(495学时) 学科(210学时):运动训练学、运动生物力学、人类遗传学基础、体育锻炼学、学校卫生学、体育管理学、体育教育学、体育方法学。上述选修课程,各校可根据具体情况进行调整。学生在学校确定的选修课程中至少选修3门课程。 术科(285学时):主要是培养学生在运动项目上有所专长。提高选修项目的水平,使其具有从事学校课余体育训练和竞赛工作的能力。术科选修安排在第四至第八学期。各院校可根据实际条件和特点开设课程,每个学生至少选修其中的1门课程。 2. 任意选修课(200学时) 主要是发展学生的个性,发挥其本身的优势和扩大知识面,由各院校灵活安排开设课程(包括跨系选修),每个学生选修若干门课程。

(二) 在职教育

1978年1月,第一次全国体育工作会议召开,会议强调要培养一支又红又专体育教师队伍,规范体育教师规章制度。随后国务院发布《教育部〈关于加强中小学教师队伍管理工作的意见〉的通知》,通知要求恢复全国教育秩序,保障教师正常教学,加强教师的在职培训。1980年,在第三次全国体育工作会议上,《关于进一步加强中小学在职教师培训工作的意见》出台,涉及体育教师培养等重要问题,指出要发挥师范院校、体育院校培养体育教师的作用,提高其办学能力,关于各类学校体育教学计划的实施,都以培养合格、有教学能力的体育教师为目标。1983年5月,国家体委颁布《关于进一步加强学校体育工作的意见》,提出要将体育教师队伍的建设作为其中的重要任务之一。1983年6月,教育部颁布《关于中学在职教师进修大学本科课程有关问题的意见》,对参与培训教师的学历要求进行了规定。1986年2月,国家教委发布了《关于加强中小学体育教师队伍建设的意见》,对体育教师提出了相关要求:要继续加快中小学新体育教师的培养,按时完成体育教师培养任务。该政策的颁布对规范体育教师在职培训具有重要的意义,也标志着我国体育教师在职培训体系构建的开始。1989年1月,教育部颁布了《关于继续做好中小学教师考核合格证书试行工作的意见》,对教师的考核内容各个方面都做了比较详细的规定。

1990年3月,《学校体育工作条例》颁发,强调了女体育教师的重要性,要求学校要配备一定数量的女体育教师,重视体育教师进修工作。1990年12月,教育部公布的《全国中小学教师继续教育工作座谈会会议纪要》中指出要将教师培训的重点向继续教育上过渡,这也是体育教师教育发展的又一重要时期,体育教师教育的深度和广度得到了进一步加强。1992年,《全国高等师范学校师资培训"八五"计划要点》和《关于加快中学教师学历培训步伐的意见》的颁布让教师继续教育的内容和任务更加清晰,不仅仅要做好在职教师和新任教师的岗位培训工作,还要做好骨干教师和学历教育等工作,另外提出教师的在职培训要与考核、职称等挂钩,要通过多种方式进行培训进修。

1998年12月,教育部《面向21世纪教育振兴行动计划》中提出要全面推进教育的改革和发展,深化体育改革,实施"跨世纪园丁工程",保证学校体育教师的数量,大力提高体育教师队伍素质,提高教学质量,这也是教育振兴计划的开端。1999年,教育部颁布了《中小学教师继续教育规定》和《中共中央、国务院关于深化教育改革全面推进素质教育的决定》,以提高教师综合素质教育能力为重点,全面推进素质教育,改革师范教育,调整学校层次、布局,鼓励其他院校参加培养、培训教师工作,整体提高教师培养质量,鼓励高等学校加入培养、培训教师工作的队伍。体育教师继续教育得到加强。1999年,教育部实施国家级的"中小学体育骨干教师培训计划"。之后,不同级别和形式的体育教师继续教育项目逐渐增多。2000年,教育部颁布的《关于做好中小学骨干教师进行国家级培训工作的通知》中指出要对中小学教师特别是农村教师进行重点培训,提高农村教师队伍整体素质,推进义务教育教学改革,提高教育质量;发挥骨干教师的带头作用,完善教师队伍结构。在此之后,各种形式的体育教师继续教育项目也越来越多。

【案例分享】

邹凯:从赛场到校园 推动体育教育专业化发展

很多人认识邹凯,是在2008年的夏天,在北京奥运会赛场上,只有20岁的他一举拿下了男团、自由操、单杠三块金牌,成就中国体操队全满贯。从2016年退役至今,邹凯虽然离开了赛场,但又以另外一个身份活跃在体育界。

2022年2月3日,北京冬奥会火炬完成了在八达岭长城的传递。在1.47公里的传递距离里,40名火炬手高举着银红两色的火炬"飞扬"拾级而上,全国政协委员、四川体育职业学院体操运动管理中心主任邹凯有幸成为火炬手中的一员,火炬传递结束后他表示:"我有幸见证了双奥荣光。"

从校园到赛场,本身就是一个循环。学校为各级体育队输送专业人才,他们在经过大赛历练后,又可以回归校园为更多学生传授经验。

然而,在过去一年履职调研中,邹凯发现,尽管大部分院校在体育硬件设施上非常齐备,但在专业人才上相对比较匮乏。

"今年全国两会,我带来的提案主要围绕推动退役运动员入校任教,在持续推动体育教育专业化发展的同时,也为更多热爱运动的孩子提供更广阔的发展空间。"邹凯说。

退役运动员要想在赛场外继续发挥余热,需要渠道,也需要平台。

数据显示,"十三五"期间,中国义务教育阶段体育教师数量由50.2万人增加到59.5万人,尽管学校体育这些年取得长足发展,但在部分农村地区,体育教师仍存在短缺问题。

在此背景下,拓宽体育教师来源,成为学校体育发展的重要举措之一。

2020年8月,体育总局、教育部印发《关于深化体教融合 促进青少年健康发展的意见》,其中指出,落实《学校体育美育兼职教师管理办法》,制定优秀退役运动员进校园担任体育教师和教练员制度,制定体校等体育系统教师、教练员到中小学校任教制度和中小学校文化课教师到体校任教制度。畅通优秀退役运动员、教练员进入学校兼任、担任体育教师的渠道,探索先入职后培训。

政策也在地方接连"落地开花"。邹凯介绍,2021年7月,四川天府新区探索体教融合,建立体育教师共享机制,广纳退役世界冠军、退役运动员、教练和优秀体育教师到天府新区体育教师共享中心,通过全区"排课走校"的方式,向学生们传授各种各样体育项目。

据了解,退役运动员只需持专业资格证,以及相关资料,便可以申请进驻平台,在签订合作协议后,根据学生、学校的需求,由共享中心统筹协调,以体育教师或体育教练员的身份,为多所试点学校服务。

推广快乐体操进小学、举办四川省幼儿基础快乐体操比赛,与孩子们在一起时,邹凯总会俯下身和他们交流。

邹凯4岁就开始接触体操。他说,体操对身体基础训练非常有益,小朋友在3至6岁间学习体操,可以增强身体的协调、平衡和柔韧性,让身体更加"会运动"。

2月25日,邹凯度过了自己34岁的生日。从"奥运五金王"到全国政协委员,邹凯走下赛场、走进基层,把目光投向了全民健身和体操进校园。

"让更多孩子热爱体育、在体育中获得快乐,才能发现更多优秀的体育人才。青少年体育的发展,既是对竞技体育的支持,也是对人民身体健康的负责。"邹凯说。

(节选自栗翘楚《邹凯委员:从赛场到校园推动体育教育专业化发展》,人民网,2022年3月1日,有改动)

(三)法律法规

1993年,《中华人民共和国教师法》颁发,该法律强调教师培养培训的重要性,鼓励学生进入师范院校,促进教师事业的发展。这是首次以法律的形式提出了教师资格制度,明确提出获得教师资格的条件。1995年,依据《中华人民共和国教师法》,《教师资格条例》颁发,该条例对教师的资格认定等做了详细的规定。1995年,《中华人民共和国教育法》和《中华人民共和国体育法》的颁发对体育教师教育的发展提供法律保障。

1996年颁发的《中华人民共和国职业教育法》、1998年颁发的《中华人民共和国高等教育法》等一批法律规章性文件,再次规范了体育教师的教育资格和教育职责,确定了体育教师的社会地位、权利和应尽的义务等,并为解决体育教师教育领域内出现的问题提供了强有力的依据。至此体育教师的考核制度进入初期实施阶段,也标志我国体育教师教育进入了依法治理的新发展阶段。

二、21世纪的体育教师教育政策

进入21世纪,我国的体育教师教育政策有了新的变化,进入了改革发展的阶段,政策结构从之前的职前教育和在职教育转变为教师教育,政策内容为了适应社会发展的需求,分别为体育教师教育信息化建设、特设岗位计划、国家级培训计划、新时代体育教师教育计划。

2001年8月,教育部颁布《关于建设"国家体育与艺术师资培训基地"的意见》,加快了体育教师培训基地建设的进程,培训基地的建设保证了体育师资的培养、培训工作更好地进行,为体育教师教育起到了示范作用。2002年2月,教育部颁发《关于"十五"期间体育教师教育改革与发展的意见》,再次明确体育教师教育的意义是建立在终身教育思想下、按照教师专业发展的不同阶段进行的专门教育,指出体育教师教育是教育发展的趋势,并详细阐述了体育教师教育改革发展的指导思想、基本原则、主要任务和措施,这也进一步促进了体育教师教育改革,加快了体育教师教育一体化进程。

(一) 体育教师教育信息化建设

2002年3月,教育部颁发《关于推进教师教育信息化建设的意见》,提出信息化社会建设的重要性和发展必要性,通过建设教育信息基础设施、推进现代信息技术和教育技术的广泛应用,来提高体育教师教育质量,促进体育教师教育实现跨越式的发展。2003年9月,教育部下达《关于实施全国教师教育网络联盟计划的指导意见》,对发展全国体育教师教育网络联盟做出了详细的规定,计划的实施有利于课程资源共享、教师远程教育。2004年9月《关于加快推进全国教师教育网络联盟计划,组织实施新一轮中小学教师全员培训的意见》强调加快建立网络联盟,推动体育教师教育发展。2004年12月、2005年4月和7月教育部相继颁发《中小学教师教育技术能力标准(试行)》《关于启动实施全国中小学教师教育技术能力建设计划的通知》《关于印发〈中小学教学人员(初级)教育技术能力培训大纲〉的通知》,该类计划的提出和实施对新课程改革和远程体育教师教育培训有至关重要的意义,对体育教师实施教育技术能力培训,是体育教师教育信息化建设的主要途径,更进一步促进了体育教师教育的快速发展。2005年10月,教育部办公厅颁发《关于实施教师网联计划进一步加强和改进教师教育工作的意见(试行)的通知》,要求各级教育行政部门重视网联计划,认识远程教师培训的重要作用。

(二) 特设岗位计划

2006年5月,教育部、财政部等部门联合颁布《关于实施农村义务教育阶段学校教师特设岗位计划的通知》,鼓励高校毕业生到基层农村学校任教,在经过实施初见成效后,开始正式推广实施。2007年5月,《教育部直属师范大学师范生免费教育实施办法(试行)》的颁布标志着师范生免费教育这一传统教育计划的回归,确定了北京师范大学、华东师范大学等几所实施学校,以及师范生的优惠政策。2009年2月,教育部下达《关于继续组织实施"农村义务教育阶段学校教师特设岗位计划"的通知》,强调新入职教师培训,鼓励教师留校继续从教,并提出诸多的福利待遇[①]。同年3月颁发了《关于做好2009年"农村义务教育阶段学校教师特设岗位计划"实施工作的通知》,对2009年实施工作有关事宜进行通知。从此之后教育部每年就具体发展情况颁布相关的保障和补充政策,以保证"特岗计划"的顺利开展。2009年5月教育部又颁布了《关于做好2010年"农村学校教育硕士师资培养计划"实施工作的通知》,表明了对特设岗位教师的重视,鼓励特设岗位教师在职进修[②]。

---

① 邬跃.教育政策分析:以农村学校教师"特岗计划"为例[J].教育理论与实践,2010,30(1):28-30.
② 李娜.师范生免费教育政策下的体育教师创新能力及其影响因素研究[D].武汉:华中师范大学,2014.

(三) 国家级培训计划

2008—2011年,教育部办公厅相继颁发《关于印发〈2008年中小学教师国家级培训计划〉的通知》《关于印发〈2009年中小学教师国家级培训计划〉的通知》《关于组织实施"国培计划——2010年普通高中课改实验省教师远程培训项目"的通知》《关于召开全国中小学教师培训暨"国培计划"启动实施工作会议的通知》《关于组织实施"国培计划(2011)"——县级教师培训机构培训者远程培训项目的通知》等政策文件。为加强农村地区和中西部地区体育教师的培训工作,教育部颁发了《关于组织实施西部初中骨干体育教师国家级培训的通知》《关于组织实施中西部中小学体育、艺术骨干教师国家级培训的通知》等政策文件,培训以补充体育教师数量、提高体育教师质量和教学水平为主,利用多种培训方式培训骨干教师的专业技能和教学能力。而"国培计划"培训人员众多,培训内容广泛,对体育教师教育中教师培训体系的形成具有重大的意义。

(四) 新时代体育教师教育计划

2014年8月,教育部颁布《关于实施卓越教师培养计划的意见》,开始实施卓越教师培养计划,进一步全面提升教师培养的质量。政策还提到要建立高校与地方政府、中小学"三位一体"协同培养新机制,推动教育教学的改革与创新,优化教师师资队伍。2018年3月,教育部等五部门印发《教师教育振兴行动计划(2018—2022年)》,目标是经过5年左右努力,办好一批高水平、有特色的教师教育院校和师范类专业,教师培养培训体系基本健全,为我国教师教育的长期可持续发展奠定坚实基础。2018年9月,教育部发布《关于实施卓越教师培养计划2.0的意见》,其中强调了改革任务,要全面开展、完善师德教育培养机制,促进教师师资队伍的优化。2019年5月,教育部办公厅、科技部办公厅颁布《关于组织申报校园足球外籍教师支持项目的通知》,指出通过鼓励和支持部分地方和学校引进国际足球人才,聘请一批外籍教师到校开展校园足球教育教学和相关活动,学习借鉴国外青少年足球教学先进经验,带动和培训中小学体育教师改进教学方法。2021年6月,教育部办公厅印发《〈体育与健康〉教学改革指导纲要(试行)》,指出要强化师资队伍建设,配齐配足各级教研员,发挥重要的体育教学改革指导作用;按需引进体育师资,尤其是高校优秀体育毕业生和优秀退役运动员等要充实到体育教师和教练队伍中;关注农村体育教师的发展,通过送教下乡、城乡结对、连片教研等活动切实帮助农村体育教师成长。2022年4月,教育部等八部门印发《新时代基础教育强师计划》,计划措施包括提升教师思想政治素质、加强和改进师德师风建设、建设国家师范教育基地、开展国家教师队伍建设改革试点等十五项具体措施。

(五)体育教师思想政治教育和师德建设政策

2012年9月,国务院颁发《关于加强教师队伍建设的意见》,提出要加强教师思想政治教育和师德建设,在全面提高教师思想政治素质的同时要构建师德建设长效机制,这标志着国家对教师思想政治教育和师德建设的重视。全面提高教师思想政治素质能够帮助和引领学生形成正确的世界观、人生观和价值观,构建师德建设长效机制能够促进形成重德养德的良好社会风气。2013年9月,教育部颁发《关于建立健全中小学师德建设长效机制的意见》,分别从教育、宣传、考核、监督与奖惩五个方面提出了建立师德建设长效机制的具体要求,这是国家第一次从政策层面对教师师德建设做出了较为详细的阐述,为后续开展师德建设提供了参考价值。2014年9月,教育部颁发《关于建立健全高校师德建设长效机制的意见》,要求各地各高校要充分认识新时期加强和改进高校师德建设工作的重要性和紧迫性,建立健全高校师德建设长效机制,从根本上遏制和杜绝高校师德失范现象的发生,切实提高高校师德建设水平,全面提升高校教师师德素养。2017年10月,教育部印发《学校体育美育兼职教师管理办法》,进一步规范学校体育兼职教师管理,切实提高学校体育师资队伍整体素质,推进学校体育改革发展。

2018年1月,中共中央、国务院颁发《关于全面深化新时代教师队伍建设改革的意见》,提出要健全师德建设长效机制,推动师德建设常态化长效化,创新师德教育,完善师德规范,引导广大教师以德立身、以德立学、以德施教、以德育德,坚持教书与育人相统一、言传与身教相统一、潜心问道与关注社会相统一、学术自由与学术规范相统一,争做"四有"好教师,全心全意做学生锤炼品格、学习知识、创新思维、奉献祖国的引路人。2018年3月,教育部等五部门印发《教师教育振兴行动计划(2018—2022年)》,把师德教育放在了计划的首位,将学习贯彻习近平总书记对教师的殷切希望和要求作为教师师德教育的首要任务和重点内容,将师德教育贯穿教师教育全过程,作为师范生培养和教师培训课程的必修模块。2022年4月,在最新颁布的《新时代基础教育强师计划》中,也对师德师风建设做出了具体要求,要常态化推进师德培育涵养,创新师德教育方式,将师德师风建设贯穿教师管理全过程。

党的十八大召开,对于体育教师思想政治教育和师德建设是一个里程碑式的突破,国务院和教育部等部门出台的和教师相关的政策文件都有涉及教师思想政治和师德教育。国家对体育教师的思想政治教育和师德建设越来越重视,在体育教师的师范生培养、入职培训、在职培训方面都必须进行思想政治和师德教育,这样会形成体育教师良好的社会风气,改变社会对体育教师的刻板印象,从而提升体育教师的社会地位。[①]

---

① 曲铁华,吴彤.十八大以来我国教师教育政策发展研究[J].教学与管理,2022(4):1-6.

【案例分享】

体育老师怎么不能当班主任?

2020年10月16日,在教育部新闻发布会上,有记者提到,前不久青岛一所学校让体育老师当班主任,结果遭到家长反对、投诉。对此,教育部体育卫生与艺术教育司司长王登峰表示:体育教师、音乐老师、美术老师、科技老师都可以做班主任。

体育老师,往往就是那个"身体最不好的老师",因为其他老师经常说,"今天体育老师生病了,这节课上数学(语文、英语、物理、化学、历史……)"。体育老师当然不是真的身体不好,只不过在其他老师看来体育课相对不重要,所以只能委屈体育老师"常年抱病"了。也不只是有些老师这么看,很多家长乃至学生可能都这么想,这也是为什么青岛一中学让体育老师当班主任,家长群竟然炸开了锅,甚至去政府信箱投诉。

如今教育部发话了,而且"将来希望它能够成为一个时髦",也是给体育老师撑腰了。体育老师怎么不能做班主任?当然没有明文规定。只不过在以往的应试教育体系里,体育、音乐、美术、科技、劳动等课程,由于在升学中所占比重较小,所以自然而然被"边缘化"了,连任课老师仿佛都"低人一等",当班主任都"不配"。相信反对体育老师当班主任的家长,不是冲着老师本人去的,只不过担心身负重任的班主任,把大量教学资源匀给了体育课,影响了文化课怎么办?会不会影响孩子的升学?

因此,给体育老师撑腰,让他们理直气壮当班主任,最根本的途径当然是提升体育课在升学评价中的权重。比如日前云南就将中考体育分提至100分,目的之一就是"缓解体育课被挤占的情况"。分值提上去了,体育课还能不重要吗?体育老师还会一直"病快快"吗?

当然,关涉教育公平的改革,需要大手笔的气魄,也需要绣花一般的耐心。云南的政策,引发了很多讨论;山西长治中考新规规定近视要扣分,在网上也不是没有争议。因此,很多体育成绩、身体素质等评价指标的设定要科学合理,需在充分调研的基础上出台,避免简单粗糙、适得其反。

我们要认识到,体育、音乐、美术等课程,在面对主流的文化课时相对弱势的地位,不是一朝一夕形成的,其中的逻辑过程依然是需要细致梳理的。在以分数为主要评价手段的教育体系中,课外运动与备考刷分的张力是容易天然存在的;如果在普惠制的基础教育中过于强调音乐、美术等艺术课程,可能造成家庭的经济负担。当然,认识这些的目的,在于为改革寻找更恰当的发力点,毕竟,让体育等科目的老师腰板硬起来不是唯一的目的,真正的目的是让教育评价更合理,让学生能够更健全地成长为大写的"人"。

(节选自易之《人民来论:体育老师怎么不能当班主任?》,人民网,2020年10月16日,有改动)

第三节 我国相关体育教师教育政策解读

政策的宗旨在于引领、规范和推动各领域行业的发展。体育教师教育政策对我国体育教育和体育教师队伍建设同样会产生深远的影响,因而有必要对体育教师教育政策进行全面、深入的解读。

一、我国新近出台的体育教师教育政策

自党的十八大以来,我国教育部门虽然颁布了一系列教师教育政策,但当前我国并没有专门的体育教师教育政策。体育教师教育政策多散见于政府和教育部门颁布的各项教师教育法规、纲要、规定、决定等政策文本中,如《关于全面深化新时代教师队伍建设改革的意见》《新时代基础教育强师计划》《教师教育振兴行动计划(2018—2022年)》等,这些政策对教师教育体系、培养培训机制、师德师风建设等方面做出了具体要求。

表 7-2 党的十八大后我国体育教师教育政策(部分)

时间	名称
2012 年 9 月 7 日	《关于加强教师队伍建设的意见》
2013 年 9 月 2 日	《关于建立健全中小学师德建设长效机制的意见》
2014 年 8 月 19 日	《关于实施卓越教师培养计划的意见》
2017 年 11 月 8 日	《学校体育美育兼职教师管理办法》
2018 年 1 月 20 日	《关于全面深化新时代教师队伍建设改革的意见》
2018 年 3 月 22 日	《教师教育振兴行动计划(2018—2022 年)》
2019 年 2 月 23 日	《中国教育现代化 2035》
2019 年 12 月 16 日	《关于加强和改进新时代师德师风建设的意见》
2022 年 4 月 2 日	《新时代基础教育强师计划》

二、我国新近体育教师教育政策出台背景

教师是教育的根本,师德是教师的灵魂。长期以来,全国广大中小学教师教书育人,敬业奉献,为我国教育事业改革和发展做出了重要贡献,赢得了全社会的广泛赞誉和普遍尊重。但是,近年来极少数教师严重违反师德的现象时有发生,引起社会广泛关注,损害了教师队伍的整体形象。全面学习贯彻党的十九大精神,紧紧围绕统筹推进"五位一体"总体布局和协调推进"四个全面"战略布局,坚持和加强党的全面领导,坚持以人民为

中心的发展思想,坚持全面深化改革,牢固树立新发展理念,全面贯彻党的教育方针,坚持社会主义办学方向,落实立德树人根本任务,主动适应教育现代化对教师队伍的新要求,遵循教育规律和教师成长发展规律,着眼长远,立足当前,以提升教师教育质量为核心,以加强教师教育体系建设为支撑,以教师教育供给侧结构性改革为动力,推进教师教育创新、协调、绿色、开放、共享发展,从源头上加强教师队伍建设,着力培养党和人民满意的师德高尚、业务精湛、结构合理、充满活力的教师队伍。教师作为学生学习的榜样,时刻都在影响着学生的世界观、人生观和价值观。全面提高教师思想政治素质能够帮助和引领学生形成正确的世界观、人生观和价值观,构建师德建设长效机制能够促进形成重德养德的良好社会风气。①

三、我国新近体育教师教育政策基本目标

(一)建设高水平体育师资队伍

遵循教师成长发展规律,以高素质教师人才培养为引领,以高水平教师教育体系建设为支撑,全面提高教师培养培训质量,整体提升中小学教师队伍教书育人能力素质,促进教师数量、素质、结构协调发展,为构建高质量教育体系奠定坚实的师资基础。加大教师权益保护力度,倡导全社会尊师重教,激励广大教师努力成为"四有"好老师,着力培养德智体美劳全面发展的社会主义建设者和接班人。

(二)建立师德师风长效机制

要求经过 5 年左右努力,基本建立起完备的师德师风建设制度体系和有效的师德师风建设长效机制。在教师的师范生培养、入职培训、在职培训都进行思想政治和师德教育,建立教师权益保障体系,教师安心、热心、舒心、静心从教的良好环境基本形成,师道尊严进一步提振。全社会对教师职业认同度加深,教师政治地位、社会地位、职业地位显著提高,尊师重教蔚然成风。②

四、我国新近体育教师教育政策重点工作

(一)建设高质量体育教师教育体系

《关于全面深化新时代教师队伍建设改革的意见》明确指出,要"建立以师范院校为主体、高水平非师范院校参与的中国特色师范教育体系,推进地方政府、高等学校、中小学'三位一体'协同育人"。《中国教育现代化2035》指出需健全"开放、协同、联动的中国

---

① 曲铁华,吴彤.十八大以来我国教师教育政策发展研究[J].教学与管理,2022(4):1-6.
② 曲铁华,吴彤.十八大以来我国教师教育政策发展研究[J].教学与管理,2022(4):1-6.

特色教师教育体系",即以师范院校为主体,高水平非师范院校参与、优质中小学(幼儿园)为实践基地的教师教育体系,并强化教师职前培育与职后发展两者间的有机衔接。《教师教育振兴行动计划(2018—2022)》则进一步对教师教育体系进行了规划:一是开展教师教育改革实验区建设行动,在教育、发展改革、财政、人力资源社会保障、编制等部门的紧密合作下,由地方政府统筹建设一批中小学与高校协同开展教师培训、职前与职后相互衔接的教师教育改革实验区,以带动教师教育的区域性改革,提升教师培养培训的整体水平。二是实施高水平教师教育基地建设行动,通过研究制定师范类专业办学标准和师范院校建设标准,强化教育行政部门对入职教育与师资队伍的统筹规划,实行集中培训与跟岗实习相结合的新教师入职培养模式,使得高水平、有特色的教师教育院校充分发挥其示范引领作用。《新时代基础教育强师计划》则将持续推进国家师范教育基地建设、开展全国教师队伍建设改革试点、建立教师教育协同创新平台、推动高素质教师人才培育计划等,纳入以质量与效率为价值导向的高质量教师教育体系建设的政策体系之中。[①]

(二)健全体育教师培养培训机制

教育部发布《关于实施卓越教师培养计划的意见》,开始实施卓越教师培养计划,进一步全面提升了体育教师培养的质量,政策还提到要建立高校与地方政府、中小学"三位一体"协同培养新机制,推动体育教育教学的改革与创新,优化体育教师师资队伍。《教师教育振兴行动计划(2018—2022)》计划经过 5 年左右努力,办好一批高水平、有特色的教师教育院校和师范类专业,教师培养培训体系基本健全,为我国教师教育的长期可持续发展奠定坚实基础。《关于实施卓越教师培养计划 2.0 的意见》中强调了改革任务,要全面开展、完善师德教育培养机制,促进体育教师师资队伍的优化。

教育部办公厅印发《〈体育与健康〉教学改革指导纲要(试行)》,纲要指出要强化师资队伍建设,配齐配足各级教研员,发挥重要的体育教学改革指导作用。按需引进体育师资,尤其是高校优秀体育毕业生和优秀退役运动员等要充实到体育教师和教练队伍中。关注农村体育教师的发展,通过送教下乡、城乡结对、连片教研等活动切实帮助农村体育教师成长。2022 年 4 月,教育部等八部门印发《新时代基础教育强师计划》,其中包括提升教师思想政治素质、加强和改进师德师风建设、建设国家师范教育基地、开展国家教师队伍建设改革试点等十五项具体措施。

(三)建立师德建设长效机制和推进常态化师德培育

《关于加强教师队伍建设的意见》中提出要加强教师思想政治教育和师德建设,在全

[①] 荀渊,曹芷蕾,买寒笑.党的十九大以来教师教育政策导向与实施策略:基于公共政策的视角[J].教师发展研究,2022,6(2):8-15.

面提高教师思想政治素质的同时要构建师德建设长效机制,这标志着国家开始对教师思想政治教育和师德建设的重视。《关于建立健全中小学师德建设长效机制的意见》分别从教育、宣传、考核、监督与奖惩五个方面提出了建立师德建设长效机制的具体要求,这是国家第一次从政策层面对教师师德建设做出了较为详细的阐述,为后续开展师德建设提供了参考价值。《关于建立健全高校师德建设长效机制的意见》要求各地各高校要充分认识新时期加强和改进高校师德建设工作的重要性和紧迫性,建立健全高校师德建设长效机制,从根本上遏制和杜绝高校师德失范现象的发生,切实提高高校师德建设水平,全面提升高校教师师德素养。2018年1月,中共中央、国务院颁发《关于全面深化新时代教师队伍建设改革的意见》,提出要健全师德建设长效机制。《关于加强和改进新时代师德师风建设的意见》要求经过5年左右努力,基本建立起完备的师德师风建设制度体系和有效的师德师风建设长效机制。

《学校体育美育兼职教师管理办法》进一步规范学校体育兼职教师管理,切实提高学校体育师资队伍整体素质,推进学校体育改革发展。《关于全面深化新时代教师队伍建设改革的意见》提出,要推动师德建设常态化长效化,创新师德教育,完善师德规范,争做"四有"好教师,全心全意做学生锤炼品格、学习知识、创新思维、奉献祖国的引路人。《教师教育振兴行动计划(2018—2022年)》把师德教育放在了计划的首位,将学习贯彻习近平总书记对教师的殷切希望和要求作为教师师德教育的首要任务和重点内容,将师德教育贯穿教师教育全过程,作为师范生培养和教师培训课程的必修模块。在最新颁布的《新时代基础教育强师计划》中,也对师德师风建设做出了具体要求,要常态化推进师德培育涵养,创新师德教育方式,将师德师风建设贯穿教师管理全过程。

【本章小结】

中国的体育教师教育政策从改革开放前模仿国外一些国家的体育教师教育政策,到改革开放后的快速发展时期,再到现在新时代的改革优化时期,逐渐摸索出了中国特色体育教师教育的政策体系,形成了以法律法规为支撑,师范教育、入职教育、在职教育一体化,教育内容科学合理,教育手段现代化的体育教师教育政策体系。体育教师教育政策的发展为我国培养了许许多多优秀的体育教育人才,使体育的可持续发展得到了保障。

【课后思考题】

1. 体育教师工作相对于其他教师有何不同?
2. 你认为体育教师教育政策还应该涉及哪些方面?
3. 相比前几年,体育教师的地位发生了哪些变化?
4. 体育教师在新的时代里有哪些新的任务?

【参考文献】

1. 李广,李欣桐.中国共产党百年教师教育政策:历史进程、伟大成就与发展愿景[J].现代教育管理,2021(6):1-9.

2. 陈婷婷.教师教育政策生产研究:价值话语的建构与重构——1978—2019年中国教师教育政策文本分析[D].金华:浙江师范大学,2020.

3. 刘洪涛,毛丽红,王文莉,等.我国体育教师教育政策的演变历程及特征研究[J].吉林体育学院学报,2017,33(2):8-11.

4. 刘羡,安丽娜.我国体育教师教育价值的选择研究[J].体育文化导刊,2015(11):136-139.

5. 杜智华.我国教师教育政策价值取向研究:以改革开放后重要教育政策为蓝本[D].长沙:湖南师范大学,2010.

6. 祁占勇.中国教师教育政策的价值取向分析[J].当代教师教育,2012,5(2):6-12.

7. 张波.国际体育教师教育者研究及启示[J].体育科学,2021,41(11):61-68.

8. 邬跃.教育政策分析:以农村学校教师"特岗计划"为例[J].教育理论与实践,2010,30(1):28-30.

9. 李娜.师范生免费教育政策下的体育教师创新能力及其影响因素研究[D].武汉:华中师范大学,2014.

10. 曲铁华,吴彤.十八大以来我国教师教育政策发展研究[J].教学与管理,2022(4):1-6.

第八章
国外学校体育政策

【章结构图】

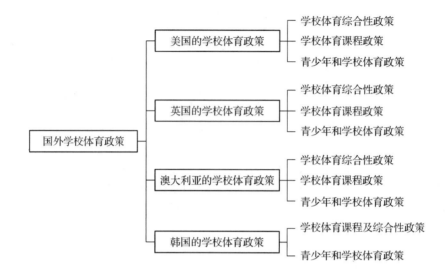

【本章概述】

  青少年是国家的希望、民族的未来。综观世界主要发达国家,都非常重视学校体育,并将学校体育作为体育发展的重点,视为国民健康、学校教育以及竞技体育的基础,通过制定相关法律或国家专项发展战略、规划和政策的形式,来加强国家和社会的重视与投入,并形成社会合力,实现学校体育的持续健康发展。然而,以美国、英国、澳大利亚、韩国等为代表的体育事业发达国家,这些国家的学校体育发展并非是"先天"地受到国家重视,也并非是一开始就发展得较好,而是经历了从无到有、从探索到繁荣的过程,甚至在一段时期内学校体育一度处于边缘化状态,尤其是在20世纪后期,各国政府对体育学科的漠视态度已经成为棘手的全球性问题。面对学校体育发展的地位下降,面对青少年体质的下降,英、美、澳、韩等体育发达国家纷纷以顶层设计为抓手,以完善制度为突破,通过制定与实施各项战略政策,来推动学校体育的发展。

【情景导入】

  1790年,美国战争部秘书亨利·诺克斯起草了一份提议,他建议国会把学校当作训练场以提高18~20岁青少年的身体素质。但是,清教徒对游戏、体育和身体锻炼持反对态度,这阻碍了美国教育机构和社会大众接受在学校内开展训练活动。

  1885年11月27日,年仅25岁的布鲁克林市阿德斐学院体育指导员安德森创立了一个由教会人士、大中小学校长、新闻媒介人士以及体育指导员等诸多人士参加的论坛,于美国政府管理领域之外初创了"美国健康、体育、娱乐和舞蹈联盟(AAHPERD)"的前身——美国历史上第一个体育科技社团,并于次年举办第一次会议,将组织确定为美国体育促进会。1890年后,基督教青年会的目标由最初的"以圣经研究及祷告,取代青少年街头生活"进行拯救革新,改变为通过活动来塑造人格,体育锻炼逐渐成为其主要活动内容,并在之后推出了相关体育项目比赛。1891年,体育被美国全国教育协会(NEA)正式确认并纳入学校课程。1893年,美国全国教育协会正式成立体育与卫生部,同年召开的芝加哥国际教育会议则正式确认教育为体育的母学科。新体育理念开启了全面走进学校、走进课堂的新篇章。①

第一节 美国的学校体育政策

一、学校体育综合性政策

美国的综合性学校体育政策的颁布大多为解决学生的体质健康下降以及体育运动参与率低等现实问题,因而美国政府陆陆续续出台了促进学校体育工作开展的法律法规。以学生体质健康监测和综合性学校体育计划为例,前者是为解决学生体质下降问题;后者是为提高学生运动参与率,培育青少年终身体育的意识。

(一)学校体育法律法规

1914年托马斯威尔逊总统成立了公立学校体育推进委员会,公立学校体育推进委员会的成立让美国学校体育的发展达到了一个新的阶段。1930年有30个州政府通过了体育教育相关的法律法规,22个州政府设立专门管理体育教育的机构。1910年美国游乐场协会(PAA)更名为美国游乐场及娱乐协会(PRAA),1930—1965年更名为国家娱乐协会(NRA),NRA对体育娱乐活动的功能做出了五个方面的说明:"一是修建儿童娱乐场所供儿童娱乐玩耍,让儿童的空余时间得到充分利用,减少儿童在外游荡时间,避免接触一些不良的环境,让儿童接触一些素质较高的人;二是学校要丰富学生的娱乐活动内容;三是增加学前儿童的课外体育活动场所的数量和范围;四是促进公共娱乐活动的发展;五是减少工作日时间,让人们有更多的时间参与体育相关的活动。"1958年,美国国会通过了《国防教育法案》,进行了教育改革,加大了对教育领域的资金投入,提升了青少年体质健康重视程度。1960年,美国医学协会全国代表大会通过了重视体育与学生身心健康发展重要关系的相关决议,要求美国医学协会下属各组织部门应尽最大努力去支持中小学校开展体育教

---

① 汤际澜,谢正阳,郭子斌.美国大众体育政策的历史变迁和发展特征[J].体育科学研究,2019,23(4):15-23.

育相关活动。1961年,肯尼迪总统发布《学校青年身体健康总统咨文》,意在促进学校体育运动的发展。1963年,"青年体质公民咨询总统委员会"(PCYF)更名为"体适能总统委员会"(PCPF)。1968年"体适能总统委员会"(PCPF)又被更名为"体适能与运动总统委员会"(PCPFS),主要是为了促进美国公民身心健康发展和公民体育活动的开展。1994年,克林顿总统在任职期间对美国教育领域实施全方位的改革,并在之后颁布了《美国2000年教育目标法》,该法律把国家教育标准制定的具体要求上升到了法律层面:"建立理事会来完善国家教育的相关标准,理事会的职责是与有关组织一起制定内容标准的具体指标。"该法律的实施给学校体育评价确定了具体的标准。2002年,小布什总统在职期间签署《不让一个孩子掉队法案》,法案中和学校体育相关的条例有:学校对待学生要公平,要为所有学生提供参与体育活动机会;州政府要制定单独的最低学习成绩标准,提升学校体育课程教学质量,增加教师薪资待遇。2015年12月,由于《不让一个孩子掉队法案》已经不适合美国青少年学生的发展状况,奥巴马总统签署了《每个学生成功法案》,为美国中小学教育提供联邦资金和指导方针,旨在全面发展教育的背景下为体育发展提供必要机会。

(二)学生体质健康监测

1958年,美国健康、体育、娱乐和舞蹈协会发布了青少年体质测试(YFT)全国标准手册,设计了7项指标对全国青少年体质进行普查,形成了学生体质测试的雏形。这是美国第一次全国范围的大型体质测试,用百分位数法制定性别年龄标准。1975年修改了标准的测验内容。1976年发布了新的YFT指导手册(表8-1)。1979年,美国健康、体育、教育、娱乐和舞蹈联盟与体适能与运动总统委员会就体质测定的内容达成一致,并于1980年发布了健康相关体质测试(HRPFT)手册。1982年,美国健康、体育、教育、娱乐和舞蹈协会制定了"身体健康相关的体质测验",并于1985年进行了修订和完善,最终命名为"最佳

表8-1 青少年体质测试指标

发布时间	指标体系
1958年	直腿仰卧起坐;立定跳远;引体向上(男)、改良引体向上(女);50码跑(45.72米);往返跑;600码(548.64米)跑—走;垒球掷远;水中运动(选测)
1965年	引体向上(男)、屈臂悬垂(女);直腿仰卧起坐;往返跑;立定跳远;50码跑(45.72米);600码(548.64米)跑—走;垒球掷远;水中运动(选测)
1976年	引体向上(男)、屈臂悬垂(女);1分钟屈膝仰卧起坐;往返跑;立定跳远;50码跑(45.72米);600码(548.64米)跑—走;9分钟跑/1英里跑(10~12岁);12分钟跑/1.5英里跑(13岁以上);水中运动(选测)
1980年	9分钟跑/1英里跑(10~12岁);12分钟跑/1.5英里跑(13岁以上);肱三头肌部与肩胛下角部皮褶厚度;1分钟仰卧起坐、坐位体前屈
1988年	1英里走/跑;肱三头肌部和小腿皮褶厚度;坐位体前屈;引体向上
2010年	1英里走/跑;长走;体脂率;BMI;半仰卧起坐;躯干拉伸;俯卧抬头;90°俯卧撑;屈臂悬垂;坐位体前屈肩部拉伸

身体测验",测验分为身体健康相关的测验和运动能力相关的测验。1987年3月青少年体质专家顾问委员会在佐治亚州亚特兰大召开会议,宣布启动FitnessGram项目。1988年,美国健康、体育、娱乐和舞蹈联盟发布最佳体质测试(Physical Best)。2012年起,青少年体质测试全国标准手册演变成为一个全国性的青少年体质促进协作项目"总统青少年体质项目",项目采用FitnessGram中的测试项目组成青少年体质测试系统。

(三) 综合性学校体育计划

2004年世界卫生组织通过《饮食、身体活动与健康全球战略》,旨在通过合理饮食、增加身体活动来促进各国人民健康,并敦促各会员国制定相关的政策方针。根据世界卫生组织要求,美国卫生与公共福利部建议6～17岁的青少年儿童每天至少要进行60 min中到大强度的身体活动,但是仅29%的学生能达到此标准。2008年,美国国家运动与体育教育协会(NASPE)发布《综合性学校体育计划》,要求学校的体育教育不能局限于课堂,还要拓展到课外,组织家庭、社区、体育教师和政府各部门,提高青少年参与体育活动人口,培育青少年终身体育的意识。《综合性学校体育计划》主要由五部分组成,分别是体育教育、校内体育活动、校外体育活动、学校教职工参与以及家庭和社区参与[1],这五个部分的具体内容如表8-2所示。2010年,美国健康与公共服务部发布《国民身体活动计划》,其中规定学校需要建立一些体育类的社团、俱乐部,组织体育比赛和体育表演,学校可以和教育部门共同合作,提供体育活动所需的场地和设施,激发学生参与体育活动的兴趣,促进学生身心健康发展。

表8-2 综合性学校体育计划的具体内容[2]

计划组成部分	内容
体育教育	高质量的体育课程,公平的学习机会,有价值的课程内容,适当的教学方法,有效的课程评估
校内体育活动	课间休息,课堂体育活动,课程间融合的体育活动,非体育课程中的体育活动,校内体育运动队等
校外体育活动	学校或社区发起的各种活动:传统体育项目,步行或骑车上学,校外俱乐部参与等
学校教职工参与	教职工体育纳入整个项目,教职工自愿参与的体育项目,员工健康计划,学校会议期间的体育活动放松,教职工积极的榜样效应
家庭和社区参与	促进家庭和社区积极参与体育活动,取得社会支持促进青少年体育参与,家长或监护人主导体育活动、家庭活动、青少年体育活动

---

[1] 严文刚,王涛,刘志民. 美国《综合性学校体育活动计划》解读及对我国青少年体育的启示[J]. 成都体育学院学报,2018,44(5):100-105.

[2] NASPE. Comprehensive school physical activity programs [EB/OL][2017-09-10]. https://www.docin.com/p-682627028.html.

二、学校体育课程政策

学校体育课程标准是衡量和指导学校体育课程的准则,同时也影响着美国学校体育的发展。健康公民计划、体育教育报告以及 K-12 国家体育教育标准是美国学校体育发展过程中较为重要的几项学校体育课程政策,此外相关部门还先后出台了一系列课程标准及战略计划以促进学校体育的可持续发展。

(一)学校体育课程标准及战略计划

1891 年,体育被美国全国教育协会(NEA)正式确认并纳入学校课程。1893 年,美国全国教育协会正式成立体育与卫生部,同年召开的芝加哥国际教育会议则正式确认教育为体育的母学科。新体育全面走进学校,走进课堂,意味着体育职业及职业教育的巨大需求。1935 年,美国全国教育协会(NEA)召开全美体育师范教育研讨会,开始主导美国体育教师标准的制定,随后影响美国体育教师培训与教育多年,直至现今的美国体育教师教育标准出台。1938 年,最早的体育课程著作、威廉的《体育课程指南》首度出版,提出体育课程活动时间为 3~6 周的"单元教学"模式,迅速成为体育教学计划的标准模式。1987 年,美国国会通过"97 号决议案"(Resolution 97),议案指出联邦政府要帮助各州的政府机构,提供优质的体育教育课程给小学至高中学段(K-12)的学生。1995 年,美国国家运动与体育教育学会(NASPE)发布《走向未来——国家体育标准:内容和评价指南》,其中要求美国各州的中小学每周分别有 150 分钟的体育课和 225 分钟的体育课。2005 年,美国国家运动与体育教育协会(NASPE)发布了第二版的《走向未来——全国体育课程标准》,其中规定在体育运动的知识、体育运动能力和生活方式上受过体育教育的学生需要达到的标准。标准也是衡量和指导学校体育课程的准则,学校和体育教师可以根据标准的要求来准备体育课的具体内容。2012 年,《美国身体活动指南中期报告:青少年身体活动提高战略》发布,报告要求提升体育课程的质量,增加体育课程在学校课程中的比重,并延长体育课的时间,设立促进青少年身心健康发展的体育课程,定期对体育教师进行专业培训。2015 年 3 月,健康和体育教育工作者协会(SHAPE America)发布 50 Million Strong by 2029,其任务是让所有儿童的生活更加积极健康。之后,健康和体育教育工作者协会组建了 50 Million Strong by 2029 的测量评估小组,研究并确定了四个领域的目标:身体活动目标、健康行为目标、健康与体育教育政策目标、健康与体育教育标准目标。

(二)体育教育报告

为了让各州了解体育教育实施的状况,美国国家运动与体育教育协会(NASPE)在 1987 年进行了简单的调查,在此调查的基础上,又对全国各州 K-12 体育教育开展的现状进行了细致的调查,并对调查结果进行了整理,在 1993 年发布了《1993 年美国中小学体育教育发展现状报告》,引起了政府、社会和公众对体育教育的积极响应。在之后的一段时间,美国国家运动与体育教育协会和美国心脏协会共同发布了六份报告——《体育教育报告 1997》《体育教育报告 2001》《体育教育报告 2006》《体育教育报告 2010》《体育教育报告 2012》《体育教育报告 2016》,报告主要是为了收集整理各州在促进学生健康发展方面的体育教育政策和相关政策的实践情况,着重强调了高质量的体育教学优势和身体活动政策的重要性,为体育教育评估体系和评估进展情况提供了关键的数据,为媒体和公共健康教育人员提供相关信息,进一步改善学校体育教育状况,提升儿童青少年的身体活动水平[①]。

(三) K-12 国家体育教育标准

1995 年美国国家运动与体育教育协会(NASPE)颁布第一个《K-12 国家体育教育标准》,后经 2005 年和 2013 年 2 次修订,从 1995 版最初的 7 条标准到 2005 版 6 条标准发展至目前实行的 2013 版 5 条标准(详见表 8-3),标准的修订越来越重视学生的运动技能,通过提升学生对运动技能的熟练程度和实践应用能力,达到促进学生身心健康发展的目的。2013 版注重培养"具有体育素养的人",1995 版和 2005 版注重培养"身体受过教育的人",从关键词的变化可以看出标准的修订更加重视个体学习运动技能和运动形式的能力以及提升体育素质的能力。标准的变化对美国学校体育的发展起着导向的作用,为各州在制定学校体育计划时提供了参考[②]。新的全美 K-12 体育教育标准出来之后美后美

表 8-3 K-12 国家体育教育标准的具体内容[③]

1995 版	2005 版	2013 版
身体受教育的人:	身体受教育的人:	具有体育素养的人:
标准1:展现多种运动形式的能力并熟练掌握几项运动技能	标准1:展现运动技能和运动形式的能力以适应多种体育活动需要	标准1:有展现多种运动技能和运动形式的能力
标准2:运用运动的概念和原则促进运动技能的学习和发展	标准2:展现对运动的概念、原则、战术和策略的理解并应用于体育活动的学习和表现中	标准2:有应用与运动和表现有关的概念、战术和策略的能力
标准3:表现积极的体育生活方式	标准3:定期参加体育活动	标准3:有通过知识和技能达到并保持一个增进健康的体育活动和体适能的能力
标准4:达到并保持一个不断增进健康的体适能水平	标准4:达到并保持一种增进健康的体适能水平	标准4:展现有自我责任感和尊重自我和他人的社会行为
标准5:在体育活动中展现负责任的个人和社会行为	标准5:展现自我责任和在体育活动中尊重自我与他人的社会行为	标准5:意识到体育锻炼对健康、享乐、挑战、自我表现和社会交往的价值
标准6:对人们在体育活动中的差异表现出理解和尊重	标准6:认识体育活动对健康、享乐、挑战、自我表现和社会交往的价值	
标准7:认识到体育活动为享乐、挑战、自我表现和社会交往提供机会		

---

① 胡小清,唐炎,刘阳,等. 近 30 年美国中小学体育教育发展现状及启示:基于《美国学校体育教育发展现状报告》的文本分析[J]. 上海体育学院学报,2018,42(6):82-97.

② 张大超,杨娟. 美国 3 版《K-12 国家体育教育标准》演变对学校体育影响的比较研究及启示[J]. 体育科学,2017,37(10):21-31.

③ SHAPE AMERICA. Grade-level outcomes for K-12 physical education [M]. US: Human Kinetics, 2013: 17.

国国家运动与体育教育协会(NASPE)开始建议各州摒弃此前的评价指标,采取基于体育素养的5个体育标准对学生的体育学习进行评价。根据2016年《体育教育报告》显示,采用体育标准1和标准2作为中小学生的体育学习评价指标的州有12个,采用标准3的州数为13个,采用标准4和标准5的州数则都为11个。

三、青少年和学校体育政策

为提高青少年的体育运动参与率,促进美国体育的稳步发展,美国总统及相关部门极为重视青少年和学校体育的发展,因而陆续颁布了以青少年体育国家标准为代表的一系列能有效提升青少年和学校体育发展效率的政策。同时,政府部门也极为关注青少年特殊人群的体育参与,并出台了相关的政策支持其积极参与体育运动。

(一)青少年和学校体育健康指南

1930年,胡佛总统召开促进青少年健康发展的主题会议,会议通过的相关文件指出,要解决青少年成长为成年人过程中出现的健康发展问题,包括健康活动的开展、健康行为的指导和如何进行放松身心的娱乐活动等。1994年,美国疾病控制与预防中心(CDCP)所管理的青少年学校卫生部、国家教育发展中心将学校课程健康指导、学校卫生服务等计划组合,发布了"综合性学校健康计划",计划包含了八个主题,分别是体育教育、学校健康教育、学校健康服务、健康学校环境、学校营养服务、学生心理咨询服务、学校教职员工健康服务、家庭和社区参与学校健康计划,并描述了具体的内容。1997年,美国疾病控制和预防中心发布《促进青少年终身体育活动:社区和学校项目指南》,其中强调青少年健康问题不仅仅是学校的任务,还需要社区和学校相互配合,突出社区体育在青少年健康发展过程中的重要性。2004年,联邦政府呼吁各州实施《国家体育教育与运动周》,缓解青少年肥胖问题,培养青少年健康的生活方式。2008年,大众健康部和青少年慢性病预防与健康促进中心发布《青少年体育活动指导工具包》,要求青少年每天要有1小时以上的体育时间,其中包括:每周至少有三天中度强度以上的有氧运动;每周至少有三天的拔河、举重、攀岩等力量活动;每周要有促进骨骼生长发育和增强骨骼韧性的体育运动。2011年,青少年和学校健康疾病控制中心发布《促进青少年体育活动的行动指南》,指南明确了社区、学校、家庭在促进青少年体育发展方面的职责,政府应充分利用好社会资源,指导各部门、机构共同促进青少年体育的发展。2016—2020年,《国民体力活动计划》发布,要求社区和其他地方的体育组织应当为青少年和儿童提供体力活动的场地,并对青少年和儿童进行体育课程和体育项目方面的指导。

(二)青少年特殊人群体育政策法案

1972年,美国国会通过了《教育法修正案》第九条,该法案明确了在青少年参与体育活动的过程中对性别的歧视是不被允许的,从而为青少年女性体育参与提供了法律保障。在此之前,美国男女青少年参加体育运动的人数之比非常悬殊,为了促进青少年女性体育参与,该法案从消除性别歧视角度出发,为高中和大学女生提供了一个平等参与体育活动的权利,这标志着美国青少年体育发展到了一个新的阶段。1973年,《康复法案》发布,该法案提供了残疾人参与体育活动的机会,要求必须给予残疾人参与校内活动和体育运动的权利。1975年,《残疾人全员教育法案》实施,要求免费给予残疾人一个适宜的教育机会,包括创造一个适合青少年残疾人参与体育活动的环境,并给予青少年残疾人参与体育活动的指导。1997年,《残疾人教育法案》发布,法案完善了学校指导青少年残疾人相关的法律法规,要求在学校课程上青少年残疾人能够拥有学习普通教育课程的权利。

(三) 青少年体育国家标准

1981年,美国非营利性青少年体育组织青少年体育国家联盟(NAYS)成立。美国在青少年体育发展中出现了一些问题,例如青少年体育运动的需求超出了家庭的支持范围;青少年参与体育缺少相关的法律法规保障,各州中小学体育课程较少,导致青少年参与体育活动的人数较少;青少年肥胖、犯罪、吸毒等,一直是影响美国青少年身心健康的重要问题。因此,1987年青少年体育国家联盟制定了《青少年体育国家标准》,明确了参与青少年体育的主体——学校、家长在青少年体育参与过程中的责任。2008年,第二版《青少年体育国家标准》发布,为青少年参与体育活动的形式和内容提供了理论框架,为参与青少年体育活动的相关人员提供了制定青少年运动计划和组织青少年体育活动的指导性准则[①]。2017年,第三版《青少年体育国家标准》发布,新的标准发生了重大变化,对原有的框架和内容进行了重构,分成四个核心领域。(详见表8-4)

表8-4 不同版本的《青少年体育国家标准》核心内容

1987年版	2008年版
1. 父母应该选择适宜的体育环境	1. 优质体育环境
2. 计划应该以儿童的健康为基础	2. 体育参与应该是乐趣和儿童生活的一部分
3. 父母应该鼓励无毒品、烟草和酒精的体育环境	3. 培训与问责
4. 体育必须被看作是青少年生活的一部分,教练员必须经过培训和认证	4. 筛选过程
5. 父母必须努力发挥积极作用	5. 父母的承诺
6. 父母必须是展示体育精神行为的积极榜样	6. 体育精神
7. 父母必须每年签署道德守则	7. 安全体育环境
8. 父母必须坚持安全的体育设施、健康的体育环境和适当的急救应用	8. 体育机会平等
9. 父母、教练和联盟管理者必须为所有青少年提供平等的体育机会,而不论其种族、信仰、性别、经济地位或能力	9. 无药物、烟草、酒精和兴奋剂的体育环境
10. 在青少年体育活动中,家长必须戒毒、戒烟、不饮酒	

---

① 王占坤,黄可可,王永华,等. 美国《青少年体育国家标准》的演进、特征及启示[J]. 体育学研究,2019,2(5):46-55.

续表

2017年版			
核心领域一:以儿童为中心的政策和理念	核心领域二:志愿者	核心领域三:家长	核心领域四:安全的体育环境
1. 6岁以下儿童发展计划:运动技能发展注重没有进攻或防守示意图的基本功并介绍团队运动。 7岁和8岁儿童的教育计划:技能发展注重基础规则的基本概念和基本的进攻或防守示意图。 9岁和10岁儿童组织方案:技能发展注重基础逐步引入简单的进攻或防守示意图和引入内部比赛。 11岁及以上儿童技能提升计划:继续技能发展集中于逐步引入进攻或防守示意图的基础,引入更具竞争力的比赛。 2. 家长和教练应鼓励参加除体育以外的各种青少年活动,注意不要全年只参加一项活动或体育活动。 3. 所有管理者、裁判、教练、家长、运动员和观众有责任提供一个积极的环境。	1. 教练员和工作人员应接受以下方面的培训:青少年体育训练概论,体育专项训练信息,儿童的情感需求,安全,伤害预防和急救训练;水合和营养,教授适当的体育技术,包括所有儿童,防止虐待儿童,防止欺凌,以及预防毒品、酒精和烟草。 2. 志愿者应为欺凌、虐待儿童和暴力行为提供零容忍政策。教练员应在运动员、家长和观众中倡导积极的体育精神。 3. 教练员应不断地获得一般性和体育专项的训练技能。 4. 应鼓励、计划为教练和家长提供额外的教育资源,帮助他们为每个孩子提供尽可能好的青少年体育经验。 5. 应要求所有志愿者签署行为守则,保证他们致力于提供愉快、健康的青少年体育体验。	1. 家长应至少每年参加一次联盟赛季会议,其定位应涵盖以下几个方面:青少年体育理念、计划目标、预期行为和责任以及体育专项信息。 2. 在每个赛季开始时,球队应该至少有一个队/家长会。 3. 父母应该通过父母行为守则来证明他们对孩子的体育体验的承诺,该守则包括对不遵守行为守则的惩戒处分。 4. 如果父母/监护人拒绝签署父母的行为守则,孩子不能参加练习和比赛。 5. 所有的家长和观众都应该为运动员、教练和其他观众提供一个积极的环境,不提供积极的环境将引发政策中规定的纪律处分。 6. 父母应该熟悉体育专项信息包括竞赛规则。 7. 应该给父母提供评估孩子体验的机会包括训练和管理。	1. 在每次体育活动之前,执行检查比赛设施的安全隐患的程序。 2. 发生医疗、天气或其他紧急情况时应执行书面的紧急行动计划。 3. 要求父母/监护人在儿童参与之前正确填写和签署基本医疗与伤害治疗表格。 4. 在训练和比赛之前应该通知教练与工作人员每个队员的紧急联系和健康信息/状况。 5. 在任何练习或比赛中都应该至少有一名接受过心肺复苏(CPR)、自动体外除颤器(AED)和基本急救训练的成年人在现场保证安全的体育环境。 6. 医生允许儿童在受伤后寻求医疗之前的书面许可。 7. 11岁以下的儿童应参加限制碰撞可能性的活动并修改规则,以显著减少受伤的机会。 8. 在练习、比赛和其他相关活动中至少有两个成年人在场。

第二节　英国的学校体育政策

一、学校体育综合性政策

英国的学校体育综合性政策的颁布大多为解决英国在当时的发展过程中所遇到的学校体育相关的难题。以英国学校体育和活动计划为例,它是为防止出现青少年静态时间过长、身体素质下降,以及改善肥胖等。除此之外,政府及相关机构陆陆续续出台了一系列学校体育政策以提升英国学校体育发展质量。

(一) 学校体育法律法规

从18世纪末到19世纪,英国除了商业体育的引领和带动外,另外一个推动青少年体育开展的重要力量就是公学体育。实际上,英国公学作为一种中等教育机构,并非是由国家和政府出资设立和行使管理权的"公立学校",而是不依靠政府,由国王、富商、富有农场主等出资捐建的独立学校,历史上比较有名的英国公学有伊顿公学、温彻斯特公学、圣保罗公学、哈罗公学、什鲁斯伯里公学、威斯敏斯特公学等。随着1868年《公学法案》(The Public Schools Act)的颁布,英国公学的学生数量增长加速,许多英国普通阶层子弟进入公学接受多种课程教育。由于在公学学生之中开展体育运动被看作是培养青年精英的重要方式,自18世纪晚期开始,体育运动(尤其是板球、赛艇、英式橄榄球、足球等团体竞技运动)在英国公学得以蓬勃开展,公学体育不仅在英国校园生活中占有越来越重要的地位,引领着英国青少年体育的发展,而且为现代体育的形成和传播做出了重要的历史贡献[①]。1944年,英国政府颁布《教育法案》,规定成立教育部,领导全国教育事业,确立了包括初等教育、中等教育和继续教育的公共教育体系,并扩大教育投资,该法案还规定所有的教育机构要为小学、中学和继续教育提供充分的体育训练设施,以保障青少年更好地参与各项体育活动。1988年,英国保守党政府制定并通过了《教育改革法》,打破了多年来地方分权的教育行政制度,把许多课程决策权集中到了中央政府,同时削弱了地方教育当局的权限,取消了教师的课程自主权。2000年伊始,英国文化、传媒和体育部(DCMS)颁布了《关于全民体育运动的未来计划》(A Sport Future for All),该政策是在英国许多学校用于体育教育的时间日益减少的背景下提出的,强调了学校体育、社区体育以及精英体育对社会文化福祉的重要作用,特别提出了政府改变学校体育

---

① 张新,凡红,郭红卫,等.英国体育史[M].北京:人民体育出版社,2019.

状况的决心,从而保障 5~16 岁青少年参与体育运动与接受体育教育的权利。该政策着力打造一种新的"体育教育和学校体育的动态框架体系"[①],计划提供 1.5 亿英镑用来改善学校体育基础设施,到 2003 年底建成 110 所专业体育运动学校以培养精英体育人才,培训 600 名学校体育协调员用来协调学校、社区以及家庭之间的关系。《关于全民体育运动的未来计划》为青少年通过参与体育运动改善生活方式提供了重要契机,开启了英国政府发展青少年体育的新篇章。2002 年 10 月,学校体育伙伴关系方案(School Sport Partnerships)的发布为体育教育、学校体育和俱乐部联盟战略(PESSCL)奠定重要基础,该方案规定伙伴关系是基于地方学校网络建立的,每个伙伴关系一般由 1 所体育学校、8 所中学以及 45 所小学组成,每一个这样的伙伴关系的建立都会配套 2 500 英镑的资金支持,预计到 2006 年建立 411 个伙伴关系,创建 400 所体育学校,培养 2 464 名学校体育协调员以及培训 14 397 名小学体育教师,实现学校体育伙伴关系在英国的全覆盖。学校与俱乐部联系方案(the School Club Links)的目标是提升 5~16 岁青少年在体育俱乐部的参与率,从 2002 年的 14% 提升到 2008 年的 25%,英格兰体育理事会向 22 个国家级体育协会提供资金支持,并与学校协同建立可持续、有效的联系。PESSCL 是英国从 2003 年到 2007 年期间促进青少年体育发展的重要战略,据 2008 年《积极的英格兰计划报告》显示,实施该战略以来,已经有 63 万多青少年参与到体育活动中来。

(二)英国学校体育和活动计划

英国政府为防止出现青少年静态时间过长、身体素质下降的情况,帮助儿童和年轻人与同龄人建立联系,解决孤独和社会孤立问题,以及改善肥胖等问题。为确保体育活动成为学校日常活动和课后活动的一个组成部分,2019 年 7 月,在教育部(DFE),文化、媒体和体育部(DCMS)以及卫生和社会保健部(DHSC)的联合承诺的基础上出台了《英国学校体育和活动计划》(School Sport and Activity Action Plan)。

《英国学校体育和活动计划》(以下简称《活动计划》)共 24 页,包含 9 个部分的内容。第 1、2 部分是关于该《活动计划》的介绍和面临的挑战,进一步阐释了体育活动的意义以及新策略惠及的群众面,提出在 2030 年肥胖儿童减半的巨大挑战。第 3 部分是关于青少年的一种新的、合作的方法,提出 Ofsted 的新检查框架,具体包括两个方面:一是跨政府合作,为确保《活动计划》领域的正确性,除政府政策及资金的支持外,与政府之外的体育协会、体育联盟等组织联合建立了一个新的、联合起来的组织成为体育运动的最有力的支撑。二是实施范围,由于苏格兰、威尔士和北爱尔兰的卫生、教育和草根体育政策已经下放,因此这项计划只适用于英格兰。第 4 部分主要是《活动计划》的壮志雄心和实现

---

① DCMS. A sporting future for all[M]. London: HMSI, 2000.

成功的框架。第 5 部分是具体的行动和承诺,包含提供体育联合活动、尝试新方法、增强运动能力、提高体育认识四个方面。第 6 部分是学校的行动,包括资金对于学校的直接支持能够让学校更加自主地支配使用权;对教师的培训能够更好地让学生接触到高质量的体育教育;设立运动津贴从而给予小学体育有力支持。2020 年 9 月开始普及新的健康与关系课程,规定了体育活动的重要性,确保所有儿童离开小学时都具备重要的游泳和水安全技能、学校评价等级计划。第 7 部分是社区和地方体育,主要包括对课后体育俱乐部、校运动会以及体育联盟等的具体要求措施和标准;第 8、9 部分是测量体系和各部的具体工作职责。(详见表 8-5)

表 8-5 《英国学校体育和活动计划》中各部门的具体职责

部门	承诺	行动
教育部,文化、媒体和体育部	创新试点	政府将启动一系列区域试点,尝试新的创新方法,让年轻人积极参与体育活动
教育部,文化、媒体和体育部	授权学校	学校应确保学生有机会在学校一整天都积极参与,通过吸引他们注意力的方式;英格兰体育将提供 100 万英镑的资金,帮助增强女孩的能力,建立她们的信心;教育部将提供高达 40 万英镑的经费,让更多年轻人有机会参加体育志愿活动
教育部,文化、媒体和体育部,卫生和社会保健部	提高认识	政府将提高人们对儿童和青少年体育活动重要性的认识,并重点关注"每天至少 60 分钟"等信息

二、学校体育课程政策

英国学校体育课程计划旨在使英国在校学生更准确地认识体育运动及体育课程标准。2002 年 10 月由英国文化、传媒和体育部(DCMS)与教育技能部(DFES)联合发布,并于 2003 年 4 月 1 日起正式启动实施的 PESSCL 是英国学校体育课程的一项具有广泛代表性的学校体育课程政策。

(一)学校体育课程标准及体育教育指南

2004 年,英国教育技能部(DFES)与文化、传媒和体育部(DCMS)联合颁布了《青少年高质量的体育教育与运动指南》(High Quality PE and Sport for Young People),该指南从 10 个方面解释了什么是高质量的体育运动,以及如何才能实现高质量的体育运动[1]。2005 年,教育技能部(DFES)又制定了《在学校你拥有高质量的体育教育与运动

---

[1] Flintoff A. Targeting Mr average: Participation, gender equity and school sport partnerships[J]. Sport, Education and Society, 2008, 13(4): 393-411.

吗?》(Do You Have High Quality PE and sport in Your School?),进一步对高质量的体育教育与运动进行了解释,通过文字与图片相结合的形式指导学生用高质量的体育教育与运动标准进行自我评估,并在评估结果的基础上进行改进与完善。

2008年,英国文化、传媒和体育部(DCMS)与青少年、学校和家庭部(DCSF)联合颁布了为期5年的青少年体育教育和运动战略(PESSYP),目的是要创造一种世界先进水平的体育教育与运动体系。该战略的具体实施方案是《提供5小时运动优惠指南》(A Guide to Delivering the Five Hour Sport Offer),该指南由英格兰体育理事会(Sport England)、青少年体育信托基金会(YST)以及青少年体育教育与运动理事会(PSFYP)等协同制定,指南开篇明义地指出随着伦敦奥运会的临近,更需要倍加努力建立世界级水平的体系来改善英国的体育教育与运动水平。《5小时交付指南》的核心内容是要保证英国所有5~16岁青少年每周有2个小时用于接受高质量的体育课程教育,有3个小时用来参与由学校、志愿者或社区提供的体育活动。该指南的目标是要在2010—2011年保证40%的青少年能够参与到5小时交付活动中,80%学校体育联盟的学生每周有3个小时参与到体育教育与运动中,2012—2013年保证60%的学生参与体育教育与运动的时间达到每周5个小时。①

2013年9月,英国政府在准备两年的基础上,颁布了新的《英国国家课程标准》(New National Curriculum),旨在解决教育质量持续降低、国家课程结构和内容不合理等问题,并于2014年9月在全国实施。英国新的国家课程标准将英国的中小学分为四个关键阶段,共包括12门学科,其中英语、数学、科学3门是核心课程,艺术与设计、公民权、计算、设计与技术、语言、地理、历史、音乐以及体育9门是基础学科(见表8-6)。国家课程标准明确提出了英国国家体育课程的四条学习目标:发展多种身体活动能力,保持长时间持续性的体力活动、参与竞争性的体育运动和活动以及形成健康、积极的生活方式,并围

表8-6 《英国国家课程标准》规定的学科结构和开设学段

阶段		KS1	KS2	KS3	KS4
年龄/岁		5—7	7—11	11—14	14—16
年级		1—2	3—6	7—9	10—11
核心学科	英语	✓	✓	✓	✓
	数学	✓	✓	✓	✓
	科学	✓	✓	✓	✓

---

① DCMS. The PE and sport strategy for young people: A guide delivering the five hour offer[M]. London: HMSI, 2009.

续表

阶段		KS1	KS2	KS3	KS4
基础学科	艺术与设计	✓	✓	✓	
	公民权			✓	✓
	计算	✓	✓	✓	✓
	设计与技术	✓	✓	✓	
	语言		✓	✓	
	地理	✓	✓	✓	
	历史	✓	✓	✓	
	音乐	✓	✓	✓	
	体育	✓	✓	✓	✓

注：KS2中语言科目是外语，KS3中是现代外语，前者强调基础性，后者更强调发展性、应用性与现代性。

绕课程学习目标提供了具体的课程内容[①]。2014年11月，英国又颁布了针对普通学生的《国家体育课程学习评价指南》以及针对特殊教育需要学生的《特殊教育需要学生表现性等级评价》，为科学评价学生的体育学习情况提供了权威依据和参考。

（二）体育教育、学校体育和俱乐部联盟战略

2002年10月，"体育教育、学校体育和俱乐部联盟"（the Physical Education，School Sport and Social Sport Club Links，简称PESSCL）战略由英国文化、传媒和体育部（DCMS）与教育技能部（DFES）联合发布，并于2003年4月1日起正式启动实施。该战略颁布之前，英国学者对体育教育国际发展情况开展了研究，结果表明，学校体育课程愈发面临边缘化的威胁，体育学科在学校中的地位严重下降，尤其是在20世纪后期，各国政府对体育学科的漠视态度已经成为棘手的全球性问题。在英国，尽管已经通过立法对学校体育课程进行保障，但是课程分配时间的减少，物质和人力支持的缺乏，以及学校、俱乐部、教师、教练之间"若即若离"的关系都不可避免地造成了学校体育教育质量的下降，英国体育教育发展陷入困境。2002年，英国工党政府充分意识到问题的严重性，因此将体育教育和学校体育纳入其公共政策重点领域。

英国慈善组织青少年体育信托基金会（YST）在制定和实施PESSCL战略方面发挥了重要作用。时任YST首席执行官坎贝尔（Sue Campbell）在英国体育理事会的委托下领导了英国青少年体育战略规划小组（Young People and Sport in England Strategy Group）

---

① 季浏,尹志华,董翠香.国际体育与健康课程标准解读[M].上海:华东师范大学出版社,2018:11.

的咨询会议,为了鼓励青少年更多地参与到体育运动和身体活动中来,此小组开始讨论战略的基础结构框架,并认为应将学校体系作为发展青少年体育的基础:学校可为所有儿童、青少年提供平等的体育权利与机会,此外还考虑了社区组织、青少年部门、体育管理机构和地方当局协同参与的多元治理模式,这为政府 PESSCL 战略的制定提供了思路。YST 基于"看到更多的人在操场上运动"的愿景,期望通过以学校为中心向社会体育组织辐射,强化学校和社区体育俱乐部之间的联系,进而普及和提高青少年体育运动,这为 PESSCL 战略结构框架的成型奠定了基础。

该战略的目标与当时英国政府的重要议程规划相吻合,即将提高学校体育教育标准、培养竞技体育后备人才、改善学校教育风气、提高国民健康水平、培养积极公民意识等都涵盖在内。PESSCL 战略由最初的 8 个相互联系计划扩展至 9 个,并形成了英国青少年和学校体育一体化的工作链——体育学院建设计划,学校体育伙伴关系,学校与俱乐部链接,"天才青少年运动员"培养计划,资格鉴定及课程管理局对学校体育的调查计划,志愿者与领导者步入体育计划,游泳计划,运动场地和专业发展计划。这 9 条工作链将一系列举措合理化并连接到一个通过《公共服务协议》(简称 PSA)目标向政府负责的统一框架中。其中,体育学院和学校体育伙伴关系是该战略结构的两个主要组成部分,体育学院是学校网络和学校体育伙伴关系的中心基点。学校体育伙伴关系是由小学和中学组成的网络,通常与专业的体育学院相联系,该学院获得 DFES 的额外资助,以增加伙伴关系中所有学校的体育机会。政府承诺对 PESSCL 战略的投入总额超过 10 亿英镑,资金主要来自财政部而非彩票资金,这也呼应了工党政府之前明确表达的要大大提高体育教育和学校体育资金投入的承诺。

三、青少年和学校体育政策

(一)让运动成为生活习惯——新青少年体育战略

2012 年 1 月,英国文化、媒体和体育部启动了"让运动成为生活习惯——新青少年体育战略"(Creating a Sporting Habit for Life: A New Youth Sport Strategy)。该战略的目标是提高青少年锻炼人口数量,减少走出校门后不再参加体育活动的青少年人数,培养青少年形成良好的体育锻炼习惯。应该讲,该战略是伦敦奥运会之前颁布的最后一项促进青少年体育发展的政策,既体现了英国政府坚定不移地改变青少年参与体育运动的态度,又是伦敦奥组委一如既往地向着兑现申奥承诺目标前行的写照。

新青少年体育战略的主要措施包括五个方面[①]。第一,在学校建立可持续发展的竞

---

① DCMS. Creating a sporting habit for life: A new youth sport strategy[M]. London: HMSI, 2012.

技体育遗产。其中指出,英国文化、媒体和体育部预计投资1.5亿英镑,针对英国所有学校建立包含30多个项目的全年运动会框架体系,目的是为年轻人提供令人难以置信的体育竞争机会,鼓励他们参与到体育运动中去。该运动会框架包括校内运动会、校际间运动会、郡级运动会和全国总决赛四个等级,参加学校运动会的主体不再只面向少数精英青少年运动员,而是面向所有年龄阶段的有各种运动能力的青少年学生,以及残疾青少年学生。第二,改善学校与社区体育俱乐部之间的关系。英国政府将强化体育俱乐部与中小学、学院以及大学之间的关系,积极创建涉及学校和社区俱乐部的网络联盟体系。到2017年,建立6 000个新的学校与俱乐部联盟,其中足球协会已经承诺下辖2 000个俱乐部将与英格兰各地中学建立联盟,板球协会1 250个俱乐部、英式橄榄球协会2 300个俱乐部以及网球协会的1 000个俱乐部都已承诺与地方中学建立联盟关系。此外,到2017年英国将为150所继续教育院校配置每校至少1名的体育专业人员,负责提供学生参与体育运动的机会,保证至少3/4的大学生获得参与一项新运动的机会,或者是继续他们在学校时参与的体育活动。第三,加强与国家单项体育治理组织合作。英国文化、媒体和体育部将把整个战略计划以合同的形式交付给英格兰体育理事会(Sport England)以及46个国家单项体育治理组织(NGBs),由这些组织负责整个青少年体育战略的具体推行。同时规定在该战略的第一阶段,单项体育治理组织等实施主体需要重点关注16岁以下的青少年学生,保证这一群体体育运动参与率的提升;第二阶段关注的群体是年龄介于14~25岁的青少年学生,保证至少60%的资金总数投入到该年龄阶段的群体。在战略的具体实施中,每项措施都应该包含明确的目标,以确保青少年学生参与率的提升。第四,投资兴建与升级社区体育场馆设施。英格兰体育理事会将投入5 000万英镑彩票公益基金用来升级1 000所地方体育俱乐部和设施,投入3 000万英镑用来修建标志性的综合性体育设施,投入1 000万英镑用来更新与保护体育场馆设施。在第一轮投资的基础上,英格兰体育理事会进一步投入1.6亿英镑的彩票公益金建立或改善地方的体育设施和俱乐部。英国四分之三的体育场馆、室外人工场地以及三分之一的游泳池都隶属于各级各类学校,但在节假日这些场馆设施使用率不高。为使学校体育场馆设施发挥其最大化的价值,英格兰体育理事会将投入1 000万英镑交付于学校。第五,放宽供给渠道,寻求合作伙伴。为了确保让更多的青少年参与体育,英格兰体育理事会将提供专项资金,鼓励地方那些与NGBs不相关的体育俱乐部、志愿组织等提供给青少年一定的运动体验,培养青少年形成终身体育的习惯。此外,英格兰体育理事会将与"街道游戏"(Street Games)合作,通过建立1 000个持续发展的"家门口俱乐部",延长他们的"家门口体育"方案;英格兰体育理事会也将与霍姆斯女爵遗产基金会(Dame Kelly Holmes Legacy Trust)合作,鼓励至少2 000名处于社会边缘的青年人参与体育运动,同时学会新的生活技能。

(二) 青少年体育及学校体育战略计划

2013年,英国青少年体育信托基金会发布了《体育改变生活:青少年体育信托基金会战略规划》(Sports Change Lives: Youth Sport Trust Strategic Plan)。它是一项长达5年的战略规划,并且重新对体育的功能进行了认知(见图8-1),提出了体育信托基金会5年战略的工作重点集中在"体育开始"、"体育机会"和"体育优异"三个领域,每个领域都有相应的目标及完成标准。如"体育开始"领域的目标是培养青少年学生的体育素养,测量标准是要改变英国100万基础学校学生的生活;"体育机会"领域的目标是改变残障人对学校体育和运动的态度和理解,测量标准是要培养25万立志服务于青少年体育的教师、志愿者等;"体育优异"领域的目标是最大化扩展体育对青少年生活改变的能力,测量标准是要推动250万青少年最优生活的改变①。

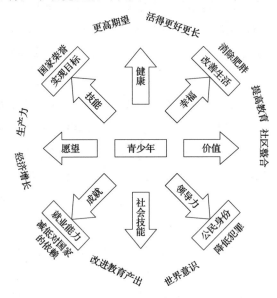

图8-1 英国青少年体育信托基金会战略规划提出的体育认知①

第三节 澳大利亚的学校体育政策

一、学校体育综合性政策

澳大利亚学校体育的发展并不是一帆风顺的,由于20世纪50、60年代澳大利亚由

---

① 童建红.英国青少年体育信托基金会战略及启示[J].山东体育科技,2015,37(1):6-11.

自由党领导,该党秉持一贯保守的执政理念,他们深信澳大利亚体育发展"业余性"的重要性,因此澳大利亚体育发展基本处于自给自足的原生态格局[①]。但在工党政府上台后事情出现了转机,学校体育逐渐受到重视和发展。"澳式体育"政策和积极课后社区计划都是澳大利亚政府出台的比较具有代表性的学校体育政策。

(一) 学校体育法规及体育教育发展计划

1972年,惠特兰领导的工党政府上台后,在随后三年内,联邦政府转变原有的原生态格局,迅速启动对体育的积极治理。首先将体育政策制定纳入澳大利亚公共政策的合法领域,其次委托相关科研机构对联邦体育发展现状和棘手问题进行研究,接着据此着手进行国家体育改革,最重要的是提出了建立国家体育学院助力精英体育发展和培养后备人才的建议。20世纪80年代以后,澳大利亚工党在与自由党激烈的政治博弈中占据了上风地位。与自由党相比,澳大利亚工党领袖对体育的态度有了极大改观,更加重视体育所蕴含的多元价值,因而在1981年,澳大利亚体育学院(AIS)在首都堪培拉建立。为了提高在校青少年的体育参与率、促使其终身体育习惯的养成,问题解决导向的政策制定思路促成了1986年"澳式体育"(Aussie Sports)政策的出台。它是澳大利亚有史以来第一部国家层面上指向所有小学学龄儿童的体育教育政策,是澳大利亚体育和教育史上一项独特创举。澳大利亚体育委员会于2004年出台了"积极课后社区计划"(The Active After-school Communities,AASC)用以应对儿童和青少年体育参与率呈下降趋势的掣肘难题。2012年伦敦奥运会期间,澳大利亚所有小学生可通过"总理的奥林匹克挑战"(Prime Minister's Olympic Challenge)活动参与各种奥运项目,在享受乐趣的同时还可以通过活动时长和参与运动项目数量的积累来获得金银铜牌、证书奖励。完成注册后,儿童青少年必须做到每周在学校、家里、体育小组参与体育活动[②]。趁着伦敦奥运热潮澳大利亚进一步提高了儿童青少年体育参与率。2012年澳大利亚体育委员会通过"获胜优势2012—2022"(Australia's Winning Edge 2012—2022)明确了未来十年的精英体育发展计划,政府认为同样重要的是看到更多的澳大利亚人,尤其是青少年群体,更经常地参与到体育运动中来——这也正是"游戏·体育·澳大利亚"(Play·Sport·Australia)计划于2013年出台的主要目的。澳大利亚体育委员会于2019年颁布了《澳大利亚身体素养框架》,这个框架确定了四个主要身体素养领域——身体、心理、社交、认知,同时介绍了此四个领域所包含的30个身体素养要素(见图8-2),此框架适用于所有能力、年龄和

---

① 浦义俊,吴贻刚. 百年奥运视角下澳大利亚竞技体育的二次崛起历程分析及启示[J]. 南京体育学院学报(社会科学版),2014,28(6):99-106.

② 李晨. 澳大利亚推出总理的奥林匹克挑战活动[EB/OL]. (2012-07-23)[2016-09-12]. http://www.sportinfo.net.cn.

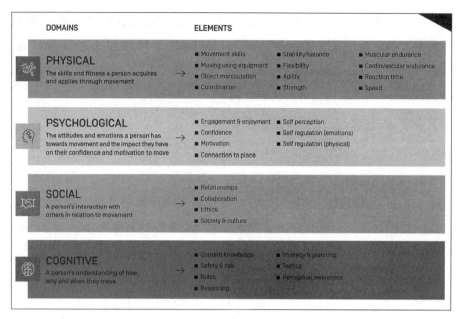

图 8-2　澳大利亚身体素养四个关键领域及其包含要素[1]

背景的澳大利亚人。AASC 开发的"为生活而运动"的活动卡也据此做了相应改进和更新,以便儿童和青少年适应新的身体素养要求。教师、教练、父母、课后托管服务看护人员等都可通过儿童和青少年个性化的身体素养发展需求,针对性选取活动卡片去开展高质量体育教学指导,以便更好地发展儿童和青少年的各领域素养,使其全面发展。

(二)"澳式体育"政策(Aussie Sports)

"澳式体育"政策(Aussie Sports)由澳大利亚体育委员会(ASC)于 1986 年 4 月发起。这是澳大利亚首次制定的针对所有小学学龄儿童(all primary school-aged children)的全国性体育教育和发展计划,是澳大利亚体育和教育史上一项独特创举。在此计划颁布之前,ASC 成立了一个"儿童体育委员会"(Children in Sport Committee),由罗伊(Roy Masters)担任主席。该委员会与州和领地政府、教师、体育教练、澳大利亚健康体育教育和娱乐委员会(the Australian Council for Health Physical Education and Recreation,ACHPER)以及众多国家体育组织(NSOs)进行了为期 18 个月的磋商。委员会确定了青少年体育领域六个备受关注的问题[2]:儿童体育活动参与率低,儿童运动技能水平低下,儿童可以参加的体育活动范围、数量和种类有限,许多儿童运动中的成人目标(竞争性)过于强烈,女孩更充分地参与体育运动的机会有限,缺乏高素质的体育教练。这些问题都为 ASC 制定"澳式体育"政策提供了思路。

---

[1] ASC. Australian physical literacy framework[M]. Canberra:Sport Australia,2019.
[2] https://www.clearinghouseforsport.gov.au/kb/aussie-sports.

首先,"澳式体育"以现有的成人运动项目为基础,将其修改成适合儿童参与的运动游戏,如儿童板球、篮球、足球和垒球等,一些规则包括运动场地和设施器材都随之进行了修改。这使孩子们能够体验到游戏各个方面的乐趣,并享受定期参与体育运动所带来的回报。其次,它还注重鼓励孩子们对体育运动的态度从"成年人的体育态度和目标"(强调竞争性)进行适当调整,呼吁新的关注点不再是"不惜一切代价取胜",而是"试一试",让每个孩子都有平等的参与到体育运动中去的机会。此外,"澳式体育"鼓励家长参与到孩子们的运动中去,针对家长开发的短期初级教练课程(short beginner coaching courses)可以帮助那些没有接受过专业体育训练的孩子父母。这些课程是与当地体育俱乐部联合举办的,只需几个小时就能完成。"澳式体育"还相当注重青少年体育俱乐部的培育,它鼓励青少年加入当地的体育俱乐部。俱乐部能为青少年在校外提供课后体育服务以及假期项目等,运动场地、体育设施器材、教练等资源在学校与俱乐部的紧密联系中得以充分整合。

(三)积极课后社区计划(The Active After-school Communities,AASC)

澳大利亚体育委员会(ASC)于2005年出台了积极课后社区计划(The Active After-school Communities,AASC)。AASC计划由澳大利亚体育委员会(ASC)针对影响青少年体育参与的社会趋势因素制定,包括:澳大利亚学校体育教育的衰落,家庭支持校外活动的机会减少以及青少年在家中进行体育锻炼的机会减少等。AASC计划旨在为5~12岁小学生在下午3点到5点半的课后时段提供免费参加运动和有组织的身体活动的机会,并培养他们对体育的热爱,激励他们加入当地的体育俱乐部,促进他们终身体育参与。除在小学实施外,该计划也在校外看护服务机构(Out Of School Hours Care Service,OSHCS)实施。

AASC计划基于"为生活而运动"(playing for life)理念,该理念框架下开发出的各种活动卡片通过精心设计的体育游戏来循序渐进介绍特定的运动技能和战术,用以满足不同年龄段学生的身体素养发展需求。这些基于游戏的活动也在不断改进,始终与国家健康与体育课程标准以及澳大利亚身体素养框架保持步调一致性,并有助于为儿童和青少年创造一个安全、包容和具有挑战性的参与环境,极大促进了儿童和青少年的体育参与。在AASC计划运营的10年中(2004—2014年),来自6 000所学校以及OSHCS的200万儿童和青少年参与了该计划,并且有70 000名教练参与了六大州和两大领地的活动,平均每学期有190 000名青少年参加[①]。

二、学校体育课程政策

学校体育课程政策的颁布与实施是澳大利亚学校体育发展过程中不可或缺的一

---

① ASC. Celebrating 10 years of the AASC[R]. Canberra:Australian Government,2014.

部分,体育学校计划是澳大利亚颁布的学校体育课程政策当中的一项较为重要的政策。此外,澳大利亚也先后出台了一系列学校体育课程政策以求提升学校体育课程质量。

(一) 学校核心课程及学校体育课程目标

20 世纪 40 年代之后,伴随着《1941 全民健身法案》的颁布,体育课程开始出现在澳大利亚基础教育阶段课程体系中,这与澳大利亚开展的较大规模的教育教学改革密切相关,各州通过颁布法令延长义务教育年限,公立学校实施九至十年义务教育,并免除中学学费。同时,澳大利亚致力于推进学校课程改革,根据儿童和青少年的身心发展规律及特点科学开设各类课程,并降低学术课程和考试难度,减轻学生学习负担,从根本上提高了学校教育教学质量。此外,澳大利亚各州教育部门在传统学术课程基础上,积极研发并增设体育、音乐和手工等方面的课程,通过多样化的综合课程促进学生全面发展。这是体育课程首次出现在澳大利亚联邦层面的政策内容中,改变了殖民地时期儿童青少年教育课程体系中无体育课程的局面。20 世纪 80 年代以来,在澳大利亚基础教育课程改革的背景下,先是于 80 年代初,澳大利亚全国课程发展中心(CDC)发表了一份颇具影响力的报告《澳大利亚学校的核心课程》(Core Curriculum for Australian Schools),报告认为"核心课程"必须包括八个核心学习领域,其中包含健康与体育课程,这意味着体育课程是学校课程的核心内容之一。进而在 1989 年通过的《霍巴特宣言》中明确了统一的国家十大教育目标,有关体育课程的目标表述为:增强学生们的体质和身心健康,创造性地利用娱乐时间[1],此外国家课程建设也提上议程。然而在此时期,学校体育教育在学校课程中往往受到忽略,暴露出学校体育课程无论是在数量还是质量上都在持续下降的问题。为此,"保持势头 1992—1996"的第六项优先事项专门聚焦于此,呼吁州/领地教育部门对学校体育教育需给予充分重视,建议举措与之前在 1991 年 10 月举行的"青少年体育——交付的时候到了"(Junior Sport: Time to Deliver)会议中提出的"教育部门应尽快制定出学校体育核心课程和国家课程"的建议前后呼应。[2] 世纪之交通过的《阿德莱德宣言》是根据全球及澳大利亚新的发展形势而提出的国家教育战略,从而取代了 1989 年《霍巴特宣言》所制订的国家教育目标体系[3],从之前的八个核心学习领域的形神分离转向强调各学科课程安排均衡化以及各核心学习领域之间的相互关联,从而促进学生综合能力的提高,保障学生德智体美劳全面发展。此阶段的学校体育方面,《学校资助法案 2004》(Schools Assistance Act 2004)在国家层面规定了各州/领地公立学校必须满足每

---

[1] 汪霞. 八十年代以来澳大利亚课程改革轨迹[J]. 比较教育研究,1998,20(2):37-40.
[2] ASC. "Maintain the momentum" Australian government sports policy: 1992 to 1996 [M]. Canberra: Department of the Arts, Sport, the Environment and Territories,1992.
[3] 冯大鸣,赵中建. 世纪初美、英、澳国家教育战略述评[J]. 教育发展研究,2002,22(10):32-36.

周为小学和初中生提供至少两个小时的身体活动才能获得资助的硬性要求[①],作为核心学习领域之一的健康与体育课程自然成了这两小时学生身体活动的主要承担载体。然而"一周仅两个小时"足以见得学校体育课程在所有核心学习领域里的边缘化位置,加之儿童和青少年课后体育活动时间有限,导致儿童和青少年整体上的体育参与率依然有待提高。在20个世纪就提出的澳大利亚国家课程从理念萌生到真正实施,经历了较长时期的等待。直到2008年,国家课程研制才提上日程,新成立的澳大利亚课程委员会负责监管全国课程的规划和决策工作。同年12月教育、就业、训练及青年事务部长委员会在墨尔本发表了《墨尔本宣言:澳洲年轻人的教育目标》,之后又在2009年提出了具体的《4年行动计划(2009—2012)》。从澳大利亚于2008年颁布《墨尔本宣言:澳洲年轻人的教育目标》,并确立"促进公平,追求卓越"和"使所有澳大利亚青少年成为成功的学习者、自信且富有创造力的个体以及积极明智的公民"两大教育目标开始,拉开了澳大利亚基于核心素养的课程改革帷幕。2012年5月,澳大利亚课程评估与报告管理局讨论、修订并正式颁布了纲要文件。至此,澳大利亚中小学课程彻底改变了过去各州各自为政的局面,真正开始实施全国统一的课程。[②] 澳大利亚教育委员会2015年颁布了中小学义务教育阶段首个全国性课程标准,作为八大核心学习领域之一的健康与体育课程也颁布了《健康和体育课程(F-10)7.5版》;2016年6月又通过了《健康和体育课程(F-10)8.2版》,精简了课程内容和成就标准的呈现方式,增强了对素养的关注且提升了课程的可管理性[③];至2022年2月8日课标更新至8.4版。

(二) 体育学校计划(Sporting Schools)

由于AASC计划目标群体只局限于小学生,无法满足中学阶段的青少年的体育需求。因此,澳大利亚政府宣布,AASC计划于2014年底停止,作为升级款的覆盖澳大利亚小学和中学的体育学校计划(Sporting Schools)于2015年正式启动。体育学校计划是澳大利亚体育委员会(ASC)青少年体育参与战略的重要组成部分,并有助于推动国家体育组织(NSOs)的发展和成长。它是澳大利亚最大的校本体育参与计划,为5~12岁和13~17岁的儿童、青少年提供课前、课中和课后直接参加体育活动的机会,旨在培养兴趣、提高青少年体育参与率并助其养成终身体育习惯,该计划相当注重学校和社区、体育俱乐部的紧密联系。澳大利亚体育委员会通过向学校和体育组织提供资金,让所有青少年都能拥有平等的参加体育运动的机会。打开体育学校计划官网,映入眼帘的即"寻找一个俱乐部"(Find a Club)字样,可见ASC在鼓励青少年踊跃加入当地体育俱乐部的用

---

① Michalis Stylianou, Jacqueline L. Walker. An assessment of Australian school physical activity and nutrition policies[J]. Australian and New Zealand Journal of Public Health, 2018, 42(1): 16 - 21.
② 李新翠. 澳大利亚基础教育[M]. 上海:同济大学出版社,2015:62 - 65.
③ 刁玉翠,李梦欣,党林秀,等. 澳大利亚健康与体育课程标准解读[J]. 体育学刊,2018,25(2):85 - 90.

意。青少年可根据自己的兴趣从篮球、足球、羽毛球、高尔夫等 39 种体育运动项目中快速定位到附近的体育俱乐部并参与其中,各州为了响应政府号召,都引入了青少年体育俱乐部"州代金券计划"用以帮助青少年支付注册费和会员费。

随着该计划的发展,澳大利亚体育委员会(ASC)于 2017 年 6 月分别发布了名为《一体化课程指南》(Curriculum Alignment Guidelines For The Sport Sector)和《教师专业学习指南》(Teacher Professional Learning Guidelines For The Sport Sector)的配套政策。

三、青少年和学校体育政策

(一)澳大利亚青少年体育政策框架(National Junior Sport Policy：A Framework for Developing Junior Sport in Australia)

由澳大利亚体育委员会(ASC)牵头成立的工作组于 1994 年 2 月颁布了目标群体年龄范围为 5～19 岁的《澳大利亚青少年体育政策框架》(National Junior Sport Policy：A Framework for Developing Junior Sport in Australia)。之前"澳式体育"的成功促成了全国青少年体育工作组(the National Junior Sport Working Party)的成立,该工作组由澳大利亚体育委员会(ASC)、娱乐和体育常务委员会(The Standing Committee on Recreation and Sport,SCORS)和教育部长会议(The Conference of Directors—General of Education)的代表组成。

该政策的主要目标是为所有的澳大利亚青少年提供平等、优质机会,通过体育来发展和丰富他们的生活,并鼓励其终身参与体育,并为 5～7、8～10、11～12、13～19 岁四个年龄段的青少年提供了体育发展指引。该政策内容包含七个部分[①]：第 1 节详细介绍了该政策的使命、目标和基本原理,概述了体育运动的好处,并强调了体育运动和体育教育之间的关系;第 2 节描述了青少年体育运动参与者的权利和义务,提出了青少年体育发展模式;第 3 节涉及青少年体育的竞争问题,即合适的竞争水平、男女共同参与情况下和青少年弱势群体的竞争水平;第 4 节的"体育教育者"强调对青少年体育参与者进行高质量体育教育的重要性,因此需要对教师和教练进行专业培训;第 5 节为学校和社区青少年体育提供方之间的联系提供了指导方针,特别是强调资源(人员、场地和设施)的最佳整合利用;第 6 节概述了其他重要贡献者对青少年体育发展的作用和责任;第 7 节的安全指南为青少年的运动安全提供了基本建议。

---

① The National Junior Sport Working Party by the ASC. National Junior Sport Policy：A Framework for Developing Junior Sport in Australia[M]. Canberra：Australian Government,1994.

(二) 青少年特殊人群体育政策

1985年,澳大利亚体育委员会(ASC)成立,在联邦层面终于有了一个专门负责国家体育事务的政府职能部门,它决定体育宏观发展方向和资源的实际分配以及颁布国家体育政策。近十年来,教育工作者、体育管理人员和州政府部长对青少年和学校体育表达了相当的重视,他们认为青少年体育活动应该是多样化的且需要不断改进。社会各界也开始愈发对青少年的体育参与态度和行为给予热切关注,并发现了一些亟待解决的问题:青少年可以参加的体育运动种类和数量相当有限且现有运动的趣味性不足但竞争性过度,导致了青少年体育参与率低下、身体活动不足,女孩相比于男孩来说情况甚至更糟糕些;由于缺乏高素质的体育教练导致青少年运动技能水平不高。伴随着青少年体育工作组(Youth Sport Workshop)于1988年的成立,全国性青少年体育论坛(Youth Sport Forums)也于次年在全国范围内如火如荼地展开。此阶段凸显出的一个重要问题是女孩的体育参与率依然低下,同时,另一关键问题是之前的"澳式体育"政策由于最初目标群体局限于小学生而导致其配套方案无法充分满足中学生的体育需求。作为积极回应,澳大利亚体育委员会(ASC)于1989年颁布了旨在提高所有澳大利亚人体育参与率的"下一步"(The Australian Sports Kit Next Step)政策,同样,它也旨在提高国家精英体育水平[1]。针对提高全澳体育参与率的政策措施包括之前"澳式体育"计划[2]的进一步发展完善、推动妇女和残疾人体育发展并积极培育国家体育组织(NSOs)等。体育部长、参议员理查德森(Graham Richardson)宣布在未来四年中有854万英镑将用于协助州和体育团体之间合作以共同促进青少年体育发展。此外澳大利亚体育委员会(ASC)还针对青少年体育领域特别发表了《青少年体育下一步》(Youth Sport the Next Step)的报告。随着"下一步"政策的实施,"澳式体育"已发展为一个综合方案,有适合三岁到二十岁各年龄阶段的体育参与项目资源,特别是加入了鼓励青少年女性体育参与的Active Girls' Campaign。在"下一步"政策颁布的四年内,澳大利亚88%的小学有两百万儿童和青少年参与了之前的"澳式体育"计划,大量青少年女性和在校中学生也都通过新开发的"澳式体育"内部资源积极参与到体育运动中来。"下一步"政策不仅巩固了最初目标群体是小学生的"澳式体育"成果,而且在发现诸如缺乏针对中学生的计划、女孩参与率远低于男孩等掣肘难题基础上,积极应对、与时俱进,不断优化政策措施。1992年颁布的《"保持强劲势头":1992—1996澳洲政府体育政策》("Maintain the Momentum" Australian Government Sports Policy: 1992 to 1996),顾名思义即继续保持"下一步"的良好发展势头,再创辉煌。它

---

[1] ASC. The Australian Sports Kit Next Step[M]. Canberra: Department of the Arts, Sport, the Environment, Tourism and Territories, 1989.

[2] ASC. "Maintain the momentum" Australian government sports policy: 1992 to 1996[M]. Canberra: Department of the Arts, Sport, the Environment and Territories, 1992.

列出了七个优先事项,"体育参与"被列为第一个优先事项:除了之前一直关注的青少年体育参与领域(继续推进"澳式体育"发展,加强学校、社区、俱乐部、家庭的联系等),同样对老年人、妇女、职工、土著居民等人群的体育参与给予充分重视。2005年颁布的《青少年体育指南》倡导体育公平参与,残疾、性别、经济状况、地域、种族都不应影响平等参与。

第四节 韩国的学校体育政策

韩国学校体育政策融合文化性、民族性和乡土性的特质,将学校体育生活图景与民族特色呈现在青少年面前,有效满足了城市居民和青少年体育锻炼和强身健体的需求。在体育政策学理念下,探讨韩国学校体育政策演变与政策协同,能帮助我国学校体育更好更快发展,具有显著社会效应和经济效应。基于此,本节从体育政策学理论与实践角度出发,探讨韩国学校体育政策协同的特点、问题,并探索当下的应对对策。

一、学校体育课程及综合性政策

为确保学校体育工作的顺利开展,保障青少年群体享有平等接受体育教育、参与体育锻炼的机会,韩国国家教育、体育及卫生等相关行政部门联合制定并发布了一系列相关条例、规章、制度、细则,搭建起相对完备的学校体育政策法规体系。这直接决定了学校体育应然与必然所做之事项,继而间接影响了学校青少年体育教育及全民健康竞争能力。其中《学校体育振兴法》《学生体能检查制度》以及《学校保健法》都是韩国颁布的较为重要的学校体育政策。

(一)学校体育课程内容及体育教育政策

19世纪70年代后期,从东莱的武艺制度(1878年)和元山的元山学士(1883年)开始的学校体育,在甲午战争(1894年)之后设立的各种近代学校开始全面发展。近代体育教育大部分是在基督教系学校进行的,培材学堂作为特别活动及课外活动场所进行各种体育活动,安德伍德学堂设置了体操课程,女子学校梨花学堂也教授体操。从这时开始,韩国近代学校体育正式开始。[1]

1910年8月29日,寺内正毅统监和内阁总理李完镕制定并公布了《关于韩国合并条约》,由此大韩帝国灭亡,韩民族被置于日本帝国主义的殖民统治之下。在日本帝国主义殖民统治下,学校体育走上正轨是从1914年制定《学校体操教学要目》开始的。[2] 1919年

---

[1] 이학래(2003). 한국 체육사 연구. 국학자료원.
[2] 이학래(2003). 한국 체육사 연구. 국학자료원.

"三一运动"爆发,日本帝国主义的殖民统治政策从无端政治转变为文化政治。随着《第二次朝鲜教育令》(1922年2月)的颁布,教育政策也发生了变化,从表面上看,该政策增加了韩国人的教育受惠层。1931年发动满洲事变的日本帝国主义以加强战时体制为目的,制定了《第三次朝鲜教育令》,实施了彻底的皇国臣民化教育。[1] 这一时期,战时动员体制下的学校体育脱离了体育本来的功能,沦为提高日本帝国主义发动战争能力的工具。以往实施的学校教改受制于形式上的瑞典体操,尽管当时以各学校运动部为中心的体育普及取得了进展,但在教学大纲中并没有反映这一点,因此政府在1927年修订了《学校体操教学要目》,提出了体操、训练、游戏及竞技教学内容。1931年满洲事变后,随着《第三次朝鲜教育令》的施行,《学校体操教学要目》也被改编。在第三轮学校体育教学需求目录中,还对女学生采用了剑道、柔道、弓道等教材,这可以说是把自己的军国主义目标原原本本地反映在学校体育中。1942年颁布的《学校体育革新指导方针》,决定了战时体制体育的基本方向。也就是说,体育教育是配合国家的要求。

1955年文教部文化局由社会教育科、文化保存科、艺术科、体育科等组成,学校体育相关政策由体育科负责。[2] 这一时期学校教育政策开始关注体育教师培养、体育与课程重新修订、体育设施、学生健康相关的政策问题,政策开始被制定并执行。这一时期虽然制定了学校体育政策,但由于军事教育性体育政策的支配,带来了非民主的教学方法的运作,变成了过度以体育为中心的体育。文教部于1951年3月10日制定并公布《学校身体检查规定》[3],对当时学生的体质和基础体能进行体检。但是由于战乱,一直未能正常实施,1955年才开始全面实施。学校体检的实施明确了学生身体发育及发展的特质,使健康保健指导具有合理性,为体育科学化提供了契机。文教部于1955年10月将检查对象扩大到小学学生。

1961年5月,朴正熙通过军事政变掌握政权,开启了第三共和国时代[4]。朴正熙政权最重要的是需要确立政治正统性的政策,并为此表现出民族主义理念。在此背景下,朴正熙政权表现出对体育活动的积极关注,并表达出了体育民族主义,形成了后来政府体育政策的基调。第三共和国将体育视为国家发展的基本健民体育和弘扬国威的精英体育,开展了集中支援扩大体育设施和提高运动员竞技能力的政策。这一时期,随着《国民体育振兴法》的制定和国民体育振兴财团的成立,法律、制度性政策等被制定,实现了体育政策的展开和发展。学校体育成为国民体育振兴政策的基本内容,朴正熙政权制定了

---

[1] 이학래(2003).한국 체육사 연구.국학자료원.
[2] 김달우(1992).해방이후 학교체육의 재편 및 정착과정에 관한 연구:1945년—1955년을 중심으로.미간행 박사학위논문,서울대학교 대학원,서울.
[3] 이학래(2003).한국 체육사 연구.국학자료원.
[4] 이학래(2003).한국 체육사 연구.국학자료원.

"学校体育方针"并落实到学校。这一时期学校体育方针强调的是培养学生通过健康的身体活动对民主社会做出贡献的人格,这种方针的制定和执行包括加强体育奖学、完善体育课程及严格遵守课程设置、配备体育专业教师、鼓励课外体育活动、培养体育特长生、落实体能制度等。

1979年10月26日,朴正熙总统逝世,维新政权宣告崩溃。维新政权垮台后,崔圭夏过渡政府上台,并于1980年9月1日将第11届总统之位让给了全斗焕。1981年3月3日全斗焕就任第12届总统,第五共和国正式成立。第五共和国被誉为"体育共和国",对体育立国给予了极大的关注,制定和推进了积极的体育政策,1981年通过国际奥林匹克委员会获得1988年汉城(现名首尔)奥运会主办权,同年11月获得1986年亚运会主办权,这些是第五共和国的成果。这一时期,政府有组织地支持和集中培养专业选手的精英体育政策带来了整个韩国体育领域的竞技能力提高和体育先进化,并推出了职业棒球、职业足球等职业体育项目,为体育的大众化做出了贡献。1987年"6·29宣言"接受了总统直选制,卢泰愚候选人通过12月的总统选举当选,第六共和国诞生。第六共和国以前政权的精英体育培养政策为母体,带动了汉城奥运会的成功,并以此为跳板制定了国民生活体育振兴三年综合计划,组成了生活体育专门机构——韩国国民生活体育协议会。然而,这种精英体育在数量和质量上的膨胀,却给学校体育层面带来了适得其反的效果,从而导致这一时期学校体育政策反而出现倒退。此后,1993年上台的文民政权给体育政策带来了巨大变化:将文化部和青少年部合并,成立了文化体育部。文化体育部中与体育相关的部门有体育政策局和体育支援局。从第五共和国到国民之政府,学校体育政策因行政组织的变化而被分解,可以说是处于停滞阶段。

卢武铉政府也像以前的政府一样,坚持以宣传国家和弘扬国威为目标建设精英体育中心结构。这一时期仍然维持了学校体育在教育人力资源部、精英体育在文化旅游部的双轨制政策结构。更具体地说,教育人力资源部作为学校体育的主管部门,制定学校体育基本方向等其他学校体育相关政策,各市、道教育厅以此为基础负责各领域的工作。2003年"天安小学足球队火灾"事故导致了《2003学校体育振兴方案》的出台。曾以精英体育为中心的学校体育政策以该事件为契机,成为了学校体育向生活体育、终身体育转变的起点。2005年12月文化和旅游部与教育人力资源部签署了《体育领域业务合作协议书》,致力于学校体育—生活体育—精英体育的对接与整合,建立和实施了草坪运动场等体育设施扩充和先进化、增进青少年体能、引入体育俱乐部制度、扩大学校内体育活动机会等多种学校体育政策[①]。这些政策在学校体育现场生根发芽,为目前学校体育政策的发展奠定了很大的基础。20世纪70年代以后,随着韩国经济持续复苏和反弹,全国性

---

① 서재하,박창범.노무현 정부의 체육행정·정책에 관한 연구.한국체육과학회지,2011,20(3):819-833.

学校体育政策的制定也被提上议程。尤其是自 1988 年汉城奥运会以来,韩国体育事业发展成绩有目共睹,这既与韩国体育政策紧密相关,也在一定程度上刺激了学校体育政策进一步完备的需求。在体育法与体育展望计划的共同加持下,政府构筑起了相对完善的学校体育政策体系,既配置了专门的中央体育行政组织,以便更好地实施各项体育政策,也围绕宣扬国威和竞技提升两个路向开展了精英体育政策。同时,针对国内青少年整体身体素质下降的现实,政府制定了基于提升身体素质的大众体育政策,并在相关法律和基本计划的引导下有条不紊地实施。2008 年李明博总统上台后,提出"文化展望 2008—2012"政策,推动"快乐体育 15 分钟项目",将体育运动拓展至中小学校。2013—2017 年朴槿惠政府时期,韩国政府提出了"参加体育活动,创造国民幸福、希望的新时代"的体育政策制定方向。

从协调发展层面来看,韩国在学校和青少年体育领域制定的政策,是其在竞技体育、生活体育、学校体育等领域共同发力、协调整合的产物。在内容上看,相关政策主要包括以下几个方面。一是《学生体能检查制度》(以下简称《制度》)。《制度》以国际体力检查标准委员会制定的内容为基本标准,侧重对于全国范围内中小学生进行考量,在结果基础上修订发布《学生身体检查规定》。此外,韩国政府还依据"大学入学预备考试令"专门实施了针对韩国高考的《制度》,目的在于培养学生体育运动的习惯,增加其从事体育活动的热情,对体育生活化起到推动作用。对于中小学生而言,该项制度旨在引导学生认识到身体机能和运动能力,从而自发进行体育运动和专项锻炼,有效提升全民的身体健康水平。该项制度在满足整体国民健康体质增强目标的同时,解决了长期以来忽略学生体能训练一贯性,以及存在的过分强化应试教育功利性的问题,具有重要价值。二是《韩国体育大学设置令》。1976 年 12 月 14 日,韩国文教部制定了设立体育大学的计划,拟定了设立四年制正规体育大学的具体实施方案。随着该项法令的公布,1977 年 3 月 7 日韩国体育大学正式成立。这是韩国本土意义上设立的第一个专门体育大学。该法令同时规定,凡是进入该大学学习的学生均免缴相关费用,都接受相应的体育训练,都需要在学校期间完成指定的相关领域任务,从而更好地培养优秀选手、更好地从事体育锻炼。三是《关于学院设立运营和课外教育法》。此项法令最初为《有关私设教育所的法律》,后更名为《有关学院的设立运营的法律》,2001 年再次更新为《关于学院设立运营和课外教育法》。其基本管辖部门由文教部、教育部转变为教育人力资源部。该法案规定了学院设立及其运营的相关事项,规定了有关课外教学的相关事项。四是保健法。1967 年,韩国政府制定了《学校保健法》,至今已经修改了 10 余个版本。在历史上,《学校保健法》还曾经被废止过。2002 年,《学校保健法》规定有关学校体检需遵循《学校体检规则》,还对《学校体检规则》进行了专门修改和部分修改,规定了相关体力检查和体质检查项目与标准。

(二)《学校体育振兴法》

韩国《学校体育振兴法》于2011年3月发起,12月30日在国会全体会议上通过,2013年1月开始实施。韩国《学校体育振兴法》从立法层面对学校体育进行单独立法,使学校体育法制建设由依附走向独立,由宏观调控走向微观操作[①]。为保证《学校体育振兴法》各项政策的落实和稳定推进,《学校体育振兴施行令》和《学校体育振兴法施行规则》等配套法规也同时出台,使法律条文的落实更具针对性。通过成立体育振兴委员会、设立学校体育振兴院、加强社会与学校合作,合力促进学校体育活动的开展,促进学生体质健康水平提升。通过制定和实施学生健康体力评价计划,利用体能测试来评估和提升学生身体素质,同时为体力过低或肥胖学生开设正规或非正规课程,充分保障这类学生的体育活动权益。将兴奋剂教育以法律条文的形式列入学校教育,强调通过教育来预防和阻止校园兴奋剂的使用。

(三)《学生体能检查制度》

《学生体能检查制度》(简称《制度》)于1971年正式实施。《制度》以国际体力检查标准委员会制定的内容为基准,对中小学生进行考察,在考察结果基础上根据"文教部令",修订发布了《学生身体检查规定》。《制度》的目的是使学生养成体育活动的习惯,谋求扩大体育人口,为体育生活化做贡献,希望通过对学生的体力检查使学生认识到自身的身体功能或运动能力,从而自发地进行体育活动,提高国民健康水平。《制度》的实施虽然在以考试为主的教育中产生了负作用,但是在提高学生的体能、提升基础体力的基本运动项目的普及度、改善并提高学生体力方面起了决定性的作用。

(四)《学校保健法》

1967年韩国制定了《学校保健法》,至今修改了10余次。《学校保健法》规定36个班级以上学校将配备2名以上保健教师。[②] 之前的规定是,韩国所有中等学校和有18个班级以上的小学都要配备保健教师。此次修改过后,除大学以外的所有韩国学校都要配备保健教师。其中《学校体检规则》规定了体力检查和体质检查,尤其在体力检查方面提出了初、高中生和大学生的体力检查的种类和细节标准。

二、青少年和学校体育政策

为提升韩国青少年体育和学校体育的发展质量,韩国相关政府部门先后出台了一系

---

① 韩改玲,朱春山,韩彩灵,等. 韩国《学校体育振兴法》的解读与启示[C]//第十二届全国体育科学大会论文摘要汇编:专题报告(学校体育分会). 日照,2022:1169-1171.
② 于佳靓. 韩国:重视学校保健和终身教育[J/OL]. 中国教师报,2022-03-30. http://www.chinateacher.com.cn/zgjsb/html/2022-03/30/content_607322.htm.

列青少年和学校体育政策,其中包含《韩国体育大学设置令》、《国家体育促进计划》以及《2022年韩国学校体育振兴计划》等比较具有代表性的青少年和学校体育政策。

(一)《韩国体育大学设置令》

1976年12月30日,《韩国体育大学设置令》颁布并实行,1977年3月7日,作为韩国最早的国立体育大学——韩国体育大学诞生。《韩国体育大学设置令》规定学生免缴入学费,所有学生都寄宿,接受体育训练,学生在校期间有义务完成文教部长官所指定的学校或体育领域的任务,表明该学校是以培养优秀选手及体育教练为目的而设立的。

(二)《国家体育促进计划》

第一次《国家体育促进计划(1993—1997年)》的颁布,旨在全国普及体育,其主要特点包括鼓励参与体育活动(鼓励学校青少年参与体育活动,增加人们参与体育活动的机会,提高公众对体育的兴趣);提供更多的体育活动场地(增加公共体育设施,鼓励学校和工作场所保障体育设施,培育私营体育设施企业,提高体育设施利用率,鼓励生产体育锻炼器材);培养所有教员的体育素质(培养和增加教员的体育素质分配,改进所有教员的体育素质培养和管理制度,使用志愿教员来支持他们的活动,支持提高学校体育教员的专业水平);系统地促进和支持公众体育活动(科学培育学校青少年健身意识,发展和传播学校青少年体育项目,鼓励和支持会员体育活动);增加公众进行有益身心的休闲活动的机会(促进娱乐活动,培养精英运动,普及赛马,推行自行车和汽艇比赛,以及向公众开放奥林匹克设施)。

第二次《全国体育促进计划(1998—2002年)》提出了以下政策任务,以创造学校青少年参与体育的良好环境:为以地方社区为中心的体育活动创造适当的条件;扩大体育设施空间作为居民进行体育活动的空间(创造面向区域的学校青少年体育环境和有效利用学校青少年体育空间);增加非参与性人群对学校青少年体育项目的参与(让人们有更多机会参与学校青少年体育;对会员俱乐部和活动的促进和支持;系统地促进工作场所的体育活动,让人们更多地参与所有运动的体育;提高学校青少年体育项目的质量);培养和利用所有教员的体育活动(体育教员的培养、有效管理和人力开发);学校青少年健身管理的科学支撑(促进体育科学服务大众,学校青少年健身系统管理);引入更多由私营部门主导的学校青少年体育活动(有效管理学校青少年体育的公共关系,加强学校青少年体育的公共关系能力,加强学校青少年体育的推广体系,并深入培育专门从事学校青少年体育的组织)。

第三次《全国体育促进计划(2003—2007年)》提出了以下政策任务,作为激活学校青少年体育的手段:按地区单位不断扩大学校青少年体育的居民友好空间;体育俱乐部的系统推广(支持在俱乐部成员之间举办体育比赛,促进会员在工作场所的活动);

运营多样化的项目以促进体育活动的参与(向所有年龄和性别开放,增加社会弱势群体如老年人和残疾人的参与体育活动的机会,发展和传播所有项目的体育);建立学校青少年健身科学管理体系(为学校青少年提供体育科学服务,学校青少年健身系统管理);拟订新的休闲运动发展计划(培育休闲运动);培养和使用学校青少年体育领域的教员(改进所有教员的体育培养体系,有效管理和使用所有教员的体育);管理学校青少年体育方面的公共关系(通过多样化的公共关系活动和加强针对学校青少年体育的宣传体系,提高人们对学校青少年体育的认知)。

第四次《国家体育促进计划(2008—2012年)》提出了以下政策任务,以改善参加体育活动的条件:建立和使用区域性体育俱乐部;更好利用体育教员,提高学校青少年健身水平;实施终身定制的体育福利;在所有设施中加强培养、传播、扩大和改进体育运动的使用;增加休闲运动设施和扩大休闲运动空间。

第五次《国家体育振兴计划(2018年)》的提出,为体育参与平台的建立创造了良好的政策环境,其中提出了六种体育项目:增加体育设施(公共体育均衡分配设施,建立小型体育场馆,引进各代人可以交流的体育设施、老年人体育设施,运动体育场馆的运营等);增加体育相关信息的提供(建立学校青少年体育呼叫中心服务,建立教练系统、体育活动历史管理系统);鼓励参与体育运动(引入学校青少年健身认证制度,即健身认证、体育活动认证、体育项目认证);创造教员职位和提高有关的精英证书水平(增加所有教员的体育项目分配,加强教员的专业精神);扩大针对儿童、学生和青少年、老年人、妇女、工人和低收入家庭的个性化支持。

(三)《2022年学校体育振兴计划》

2022年3月,韩国教育部公布了《2022年韩国学校体育振兴计划》。该计划的重点是加强学校体育教育,通过体力活动改善新冠肺炎疫情下学生的身体素质,并建立面向未来的体育人才支持系统。为此,该项计划共设置了五个主要任务,分别为完善校内体育课程、提高校内体育俱乐部的运作水平、培养具有自主性和前瞻性的学生运动员、提高体育教师和专职教练的专业知识、完善学校体育管理制度和运作水平。在各个主任务下又设置了若干个子任务,全方位发力,增强学生体育健康,全面提高韩国学生的体育水平[①]。

首先,为了在任何时间、任何地点都能进行体育活动,正在推进面向未来的体育课程和量身定制的体育活动课程,此外,为促进学校体育俱乐部的多样化,积极开展体育节等与本地区有关的活动。第一,通过创建在线操作系统(在线平台)和人工智能驱动的手机App,实现线上线下的体育课程,支持个人参与学校和身体层面的体育活动。第二,通过

---

① 陈思佳.韩国公布2022年学校体育振兴计划[J].上海教育,2022(24):52-53.

建立区域体育协商机构,鼓励学校体育俱乐部在其区域内相互密切合作,它们的活动与公共体育俱乐部联系起来,使活动多样化。第三,组织现场(2022年11月)和在线学校体育俱乐部节(2022年9月),以激励学生广泛参与。

其次,为了支持学生运动员成为自主运动员,帮助他们铺设职业道路,从小学阶段开始解决学生的学习缺失问题,并进行针对性的辅导。第一,为小学阶段的学生运动员开发和提供电子学校计划(e-School Programs),以配合他们的学习水平。第二,逐步增加线上线下的职业咨询或职业指导,随着以职业为中心的高中课程运营的进一步完善,为学生运动员提供丰富的发展机会。

最后,为了使学校体育促进活动产生可持续的效果,建立并运行了学校体育管理系统。第一,中央政府及有关部门成立并运营体育合作组织和体育促进论坛。第二,为了迅速应对与处理与学校体育相关的各种问题,中央和省建立了一个支持小组,为学校体育的高度相关打下基础[①]。

【本章小结】

学校体育是国民体育的基础,对增强国民体质和提高竞技体育水平有重要的战略意义。本章节通过对美国、英国、澳大利亚、韩国这些体育事业发达国家的学校体育发展总结,发现这几个国家的体育事业并非是"先天"受到国家重视的,也并非是一开始就得到顺利发展的,而是经历了从无到有、从探索到有丰富成果的过程,甚至在一段时期内学校体育一度处于边缘化状态,尤其是在20世纪后期,各国政府对体育学科的漠视态度已经成为棘手的全球性问题。然而面对学生体质下降、运动参与率降低等现实问题时,体育发达国家纷纷以顶层设计为抓手,以完善制度为突破,通过制定与实施各项战略政策,来推动学校体育的高效发展。

关键术语:学校体育;青少年体育;体育政策;体育课程

【拓展阅读】

1. 季浏、尹志华、董翠香编著的《国际体育与健康课程标准解读》,华东师范大学出版社,2018。

2. 观看国内外官方网站发布的学校体育政策。国内官方网站包括中共中央、国务院、国家体育总局、教育部的官网;国外官方网站大多为各国的体育部门官网。

---

① 国际教师教育中心. 韩国深入开展学校体育教育[EB//OL].[2022-03-22]. http://untec.shnu.edu.cn/9a/5e/c26039a760414/page.htm.

【课后思考题】

1. 英、美、澳、韩的学校体育政策发展有何不同?
2. 通过对英、美、澳、韩的学校体育政策的了解,能否简要归纳其特征?
3. 英、美、澳、韩的学校体育政策发展对中国的学校体育政策发展有何借鉴意义?
4. 通过本章的学习并结合自身的学习经历,能否对我国的学校体育政策的发展提出建议?

【参考文献】

1. 季浏,尹志华,董翠香.国际体育与健康课程标准解读[M].上海:华东师范大学出版社,2018.
2. 刘红建,高奎亭,张航,等.中外青少年和学校体育政策演进及借鉴[M].南京:南京大学出版社,2023.
3. 李新翠.澳大利亚基础教育[M].上海:同济大学出版社,2015.
4. 张新,凡红,郭红卫,等.英国体育史[M].北京:人民体育出版社,2019.
5. The National Junior Sport Working Party by the ASC. National Junior Sport Policy: A framework for developing junior sport in Australia[M]. Canberra: Australian Government, 1994.
6. DCMS. Creating a sporting habit for life: A new youth sport strategy[M]. London: HMSI, 2012.
7. SHAPE AMERICA. Grade-level outcomes for K-12 physical education[M]. US: Human Kinetics, 2013.